Oliver Greenfield

DAS GEHEIMNIS DES HORNHOKKO

**Aus dem Englischen von
Esther Mattille**

BASTEI-LÜBBE-TASCHENBUCH
Band 61 921

© 1992 by Oliver Greenfield
Die Originalausgabe erschien unter dem Titel
IN QUEST OF THE UNICORN BIRD
bei dem Verlag Michael Joseph Ltd., London
© der deutschsprachigen Ausgabe 1995 unter dem Titel
DER GEHÖRNTE VOGEL
by Schweizer Verlagshaus, Buchverlag, Zürich
Lizenzausgabe im Bastei-Verlag Gustav H. Lübbe GmbH & Co.,
Bergisch Gladbach
Printed in Germany, Januar 1998
Einbandgestaltung: RST, Köln
Titelfoto: © by NAS / T. McHugh / Okapia
Satz: hanseatenSatz-bremen, Bremen
Druck und Bindung: Ebner Ulm
ISBN 3-404-61921-8

Für meine Mutter und meinen Vater

Inhalt

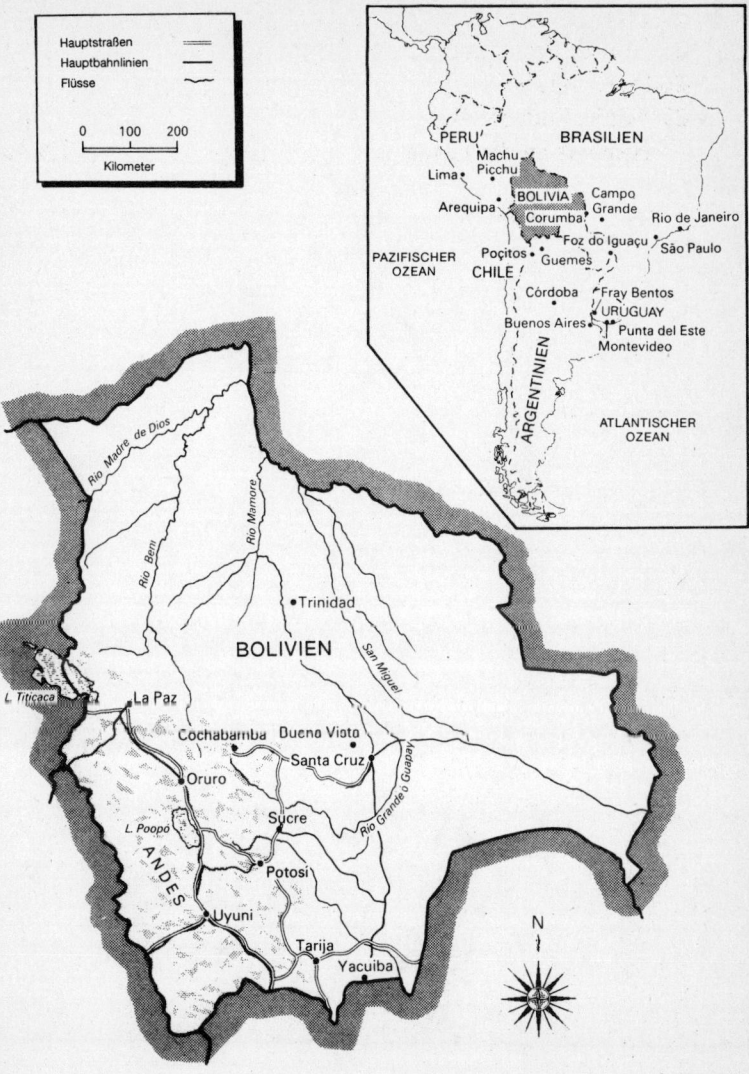

PERU
BRASILIEN
Machu Picchu
Lima
BOLIVIA
Arequipa
Corumba
Campo Grande
Rio de Janeiro
Foz do Iguaçu
São Paulo
PAZIFISCHER OZEAN
Poçitos
Guemes
CHILE
Córdoba
Fray Bentos
URUGUAY
Buenos Aires
Punta del Este
Montevideo
ARGENTINIEN
ATLANTISCHER OZEAN

Rio Madre de Dios
Rio Beni
Rio Mamore
Trinidad
BOLIVIEN
San Miguel
L. Titicaca
La Paz
Cochabamba
Buena Vista
Oruro
Santa Cruz
Sucre
L. Poopó
Rio Grande o Guapay
A N D E S
Potosi
Uyuni
Tarija
Yacuiba

N

1
Der Rüssel

»Ammmmmmm« – ein tiefes, volles Brummen hallte durch die Bäume.

»Verdammtes Einhorn!« flüsterte ich ärgerlich.

Ich saß mitten im Dschungel, am südwestlichsten Zipfel des Amazonas, in Bolivien. Rund um mich war Urwald, mit dem ganzen, beinahe unerschöpflichen Vorrat an Bäumen, Dornen und all dem anderen organischen Zeug, das einem das Leben höchst ungemütlich machen kann.

Es war sieben Uhr morgens. Ich saß allein auf einem Felsen in meinem Vogelbeobachtungsposten. Mein Versteck bestand aus einem Geflecht von Asten, die mit Palmschnur zusammengebunden waren. Zur Ergänzung meiner Tarnung hatte ich über das Ganze Palmblätter drapiert. Die Sonne stand bereits seit zwei Stunden am Himmel. Dennoch erreichte das Licht unter dem Blätterdach des Dschungels nur Nuancen von schwarz bis nicht ganz so schwarz. Wenige Meter von mir entfernt pickte ein Pärchen Toco-Tukane eifrig in einer Kolonne Wanderameisen herum. Hin und wieder war der Wind stark genug, um durch die Laubdecke zu fahren, was vereinzelten Sonnenstrahlen ein Durchschlüpfen erlaubte. Das Spiel des Lichts auf den schwarzen Federn der Tukane erzeugte einen schillernden Glanz. Bataillonsweise schaufelten die leuchtenden Vögel die Insekten auf und warfen die Köpfe zurück, um sie von den rotgelben Bananenschnäbeln durch die weit aufgesperrten Kehlen zu schleusen. Mit ihren eleganten weißen Lätzen und den blauen Lidstrichen wirkten sie in der baumbestandenen Umgebung eigenartig und deplaziert. Sie waren fast etwas zu gut angezogen für ein simples Dschungelfrühstück.

Ich versuchte, die Tukane davon zu überzeugen, daß ich nur eine eigenartig geformte Verlängerung des Felsens sei, auf dem ich saß, und hatte mich deshalb über eine halbe Stunde nicht gerührt. Die rauhe Oberfläche des Steins hatte ein unerträgliches Kribbeln in meiner linken Gesäßhälfte ausgelöst. Die Moskitos waren ebenso früh aufgestanden wie ich und steuerten mit blutrünstiger Wut auf mich zu. Da ich die Tukane nicht verscheuchen wollte, stießen die Moskitoangriffe auf keinerlei Gegenwehr. Daraus hatten die lieben Tierchen offensichtlich gefolgert, daß sie auf eine kostenlose Blutbank gestoßen waren. Die Nachricht verbreitete sich in Windeseile, und bald riß das Geräusch ihres Flügelschlagens nicht mehr ab, während sie sich unbarmherzig einer Orgie mit meinem kostbaren Blut hingaben.

Ich wußte, daß ich bald unter diesem Sperrfeuer von Blutsaugern, die im Sturzflug angriffen, zusammenbrechen würde. Aber ich wartete geduldig, bis ein großer Moskito auf meiner Hand gelandet war. Ich sammelte mich, während ich zusah, wie er mit seinem gierigen Rüssel zustach. Noch immer wartete ich. Sein durchsichtiger Körper begann sich rot zu färben und mit Blut anzuschwellen. Während ein Moskito trinkt, ist er am verletzlichsten. Er muß erst den Blutfluß stoppen, bevor er seinen Rüssel wieder herausziehen kann; er war deshalb zeitweilig in mir verankert. Meine andere Hand näherte sich mit geübter Ruhe. Der Moskito geriet in ein Dilemma: trinken oder fliehen?

Bevor er zu einer Entscheidung gelangen konnte, schloß ich lässig meine Hand um ihn. Während ich meine Beute vorsichtig zwischen den Fingern hielt, überlegte ich, auf welche Art sie sterben sollte. Die Zahl der Pusteln von Insektenstichen auf meinem Körper nahm stetig zu, und ich wußte, daß ich auf verlorenem Posten kämpfte. Aber es war äußerst wichtig für meine Moral, daß ich in seltenen Augenblicken wie diesem Rache nahm. Ich hatte bereits Flügel, Beine und Köpfe in allen möglichen Kombinationen ausgerissen. Aber die Variationen waren nicht unendlich, deshalb mußte ich gründlich nachdenken, bis ich den Gipfel der Grausamkeit entdeckte.

Mit den Fingernägeln zwickte ich dem Moskito das Ende seines Rüssels ab und entließ ihn ansonsten unverletzt in die Freiheit. Er flog davon, dankbar für die Begnadigung. Er ahnte nicht, daß er nie mehr trinken konnte und langsam verhungern würde. Mein kurzer Anflug von Schuldgefühlen wurde abrupt gestoppt, als ein weiterer Moskito in meinem Augenwinkel landete und seinen nadelscharfen Rüssel in mein Auge steckte.

Die Tukane kreischten noch lauter als ich, flatterten davon und teilten allen Dschungelbewohnern unmißverständlich mit, wo genau ich mich befand. Ohne die Tukane stießen die Ameisen rasch zu meinem Ausguck vor und drangen ein. Mit ihren unverhältnismäßig großen Kiefern, die sich durch alles hindurchbeißen, was ihnen in die Quere kommt, ergossen sie sich als schwarzrote Flutwelle in mein Versteck. Da ich mich der millionenfachen Übermacht dieser fanatischen Krieger nicht gewachsen fühlte, verließ ich meinen Posten und zog mich hinter einen praktischerweise umgefallenen Baumstamm zurück. Ich hatte gerade fünf Sekunden dort gesessen, als der Himmel seine Schleusen mit so überstürzter Gewalt öffnete, daß selbst Noah beim Lackieren seiner Arche überrascht worden wäre. Bevor mich noch ein Schauder durchfahren konnte, war ich bereits vollkommen durchnäßt. Mir war kalt, ich war schmutzig, hatte Hunger und litt unter einer Ungezieferplage. Starr saß ich auf dem Baumstamm und verfluchte im stillen alles, was mit Bolivien zu tun hatte. Ich wünschte jedem einen qualvollen Tod, der je das Wort Bolivien ausgesprochen hatte. Dann fragte ich mich mit erstaunlicher Gelassenheit: Herrgott! Was zum Teufel mach' ich hier eigentlich? – oder so was Ähnliches.

2
Die Bausparkasse

Gegen Ende Juni 1988 sagte mein Vater, er gehe nach Bolivien, um für die britische *Overseas Development Agency (ODA)*, eine Regierungsstelle für Entwicklungshilfe, eine statistische Analyse zu machen. Diese Abteilung operiert in Drittweltländern und hat eine beratende Funktion in vielen Fragen, hauptsächlich jedoch für Getreideanbau und Viehzucht. In Bolivien hatten die Mitarbeiter jahrelang Daten über verschiedene Getreidesorten und Anbautechniken gesammelt, waren sich nun jedoch unsicher über die richtigen Methoden zu ihrer Auswertung. Deshalb hatten sie sich an meinen Vater mit seinem statistischen Fachwissen gewandt.

Da Bolivien auf der Europakarte an meiner Wand nicht zu finden war, schlug ich im Index meines Weltatlas unter »B« nach. Ich fand heraus, daß es ein Binnenland ist, ungefähr so groß wie Frankreich und Spanien zusammengenommen, und im Herzen von Südamerika liegt.

Ich beneidete meinen Vater sehr und erzählte ihm von meiner Unzufriedenheit mit meinem langweiligen Alltag. Sobald ich etwas Geld gespart hätte, würde ich zusammenpacken und mir die Welt ansehen. Ich sagte ihm, er solle sich in Südamerika nach einer Beschäftigung für mich umsehen. Darauf antwortete er: »Und welche Qualifikationen soll ich anbieten?« Dies war eine ziemlich heikle Frage, da ich in den traditionellen Schulfächern keine besonderen Leistungen vorzuweisen hatte. Deshalb druckste ich eine Minute herum, bevor ich strahlend antwortete: »Begeisterung.« Nach einigem Hin und Her verständigten wir uns darauf, daß dies vielleicht nicht ganz ausreichte, und nach reiflicher Überlegung kamen wir überein, daß es »Begeisterung und Größe« sein sollte.

Einen Monat später kehrte mein Vater zurück. Ich fragte ihn, wie die Dinge stünden. Er antwortete: »Es gibt dort einen Mann, der einen Nationalpark leitet. Er sagt, du kannst für ihn arbeiten.«

Verblüfft sah ich vor meinem geistigen Auge, wie ich mit Landrovern versteckte Dschungelpfade hinunterfuhr, durch breite Flüsse watete und mit Schlangen und Jaguaren kämpfte. All diese Bilder kreisten um eine Vision meiner selbst in einem Khaki-Dschungelanzug samt Tropenhelm und Jagdgewehr, und auf meiner Brust stand in Großbuchstaben PARKWÄCHTER.

Wie die meisten war auch ich als Kind von Tieren fasziniert. Doch aufgrund meines Heuschnupfens und einer starken Allergie gegen Tierhaare konnte ich diese Leidenschaft nie mit normalen Haustieren ausleben. Statt dessen kostete es meine Familie ein Vermögen, für mich eine Sammlung von Tierbüchern anzulegen, die es mit dem Naturhistorischen Museum aufnehmen konnte. Da sie weder ein Fell besaßen noch Heu fraßen, begeisterte ich mich später für Reptilien und Amphibien. Im Alter von neun Jahren hatte ich mir in den Kopf gesetzt, der bedeutendste Herpetologe der Welt zu werden und über alle Lurche und Kriechtiere Bescheid zu wissen.

Ich las ausgewählte Bücher über Reptilien, lernte Namen, Größe, Form, Farbe und sogar die Gewohnheiten von allem, was kroch oder glitt. Bis zu meinem elften Geburtstag war

16

ich ein ziemlicher Fachmann geworden. Mein Wissen bestand hauptsächlich darin, daß ich den lateinischen Namen jedes europäischen Wassermolchs hersagen konnte. Bis dahin hatte ich mein Zimmer und viele andere Teile unseres Hauses mit jedem Frosch, Molch, jeder Kröte oder Eidechse gefüllt, die sich fangen oder von meinem Taschengeld kaufen ließ. Meine Eltern mißbilligten diese Begeisterung nie, obwohl meine Mutter bei Schlangen eine Grenze zog. Damals empfand ich das als schrecklich rücksichtslos. Ich widersprach jedoch nicht, da kurz zuvor die Heuschrecken ausgebrochen waren, die ich hielt, um meine Menagerie zu füttern. Es war nur eine Frage der Zeit, bis meine Mutter mich zur Rede stellen würde, was da unter den Bodendielen hinter dem Heizkörper so zirpte. Außerdem konnte ich bei meinem Kreuzzug für die Schlangen auch nicht auf die Unterstützung meiner Schwester zählen, da sie sich noch nicht davon erholt hatte, daß sie »Warzi, den rotgepunkteten Molch« in ihrem Gummistiefel gefunden hatte.

Daran mußte mein Vater wohl gedacht haben, als er dem Parkdirektor erzählte, ich sei ein Hobbyherpetologe von beinahe internationalem Rang.

Robin Clarke, der wissenschaftliche Leiter des Parks, versuchte mit Hilfe von zwei englischen Freiwilligen, die ihr Studium abgeschlossen hatten, die gesamte Flora und Fauna eines Dschungelabschnitts, der so groß ist wie Wales, zu katalogisieren. Außerdem erforschten sie eine wilde Truthahnart. Dies und eine Telefonnummer, die man nur an einem Morgen in der Woche anrufen konnte, waren die einzigen Informationen, die mir mein Vater liefern konnte. Das Gespräch zwischen ihm und dem Parkdirektor hatte nur zwei Stunden und mehrere Biere gedauert.

Ich sah ein, wie unbestimmt dieses Angebot eines unbezahlten Jobs tatsächlich war und daß ich es mir noch ein bißchen besser überlegen mußte, bevor ich meine Stelle kündigte, um ans andere Ende der Welt zu reisen. Ich entschied mich aber, die Nummer auf alle Fälle anzurufen.

Drei Tage später verließ ich während der Mittagspause meinen Arbeitsplatz bei einer Bausparkasse, um mit Bolivien zu telefonieren. Mit einer Zehn-Pfund-Taxkarte ausgerüstet und dem eingeübten Satz *No hablo Español!* wählte ich die ungefähr fünfzehn Zahlen.

Zum Glück sprach ich mit Valerie, der englischen Hochschulabsolventin. Über das Knistern in der Leitung hinweg bestätigte sie, daß es ihnen vollkommen ernst sei, mich mitarbeiten zu lassen. Es wäre eine große Hilfe, wenn ich so schnell wie möglich abreisen könnte. Außerdem fragte sie mich, ob es mir etwas ausmachte, nur vegetarisch zu essen; sie seien alle Vegetarier. Angesichts des Umstands, daß ich der schwerwiegendsten Entscheidung meines ganzen bisherigen Lebens gegenüberstand, fand ich es etwas eigenartig, mit einer zehntausend Kilometer entfernten Stimme über die Vor- und Nachteile des Vegetarismus zu sprechen. Ich kam zu dem Schluß, daß sie verrückt sein mußte, und antwortete deshalb, daß ich eine Vorliebe für Karotten hätte. Wir verabschiedeten uns, und ich sagte, ich würde es sie wissen lassen, sobald ich mich entschieden hätte.

In meinem Kopf drehte sich alles. Ich stahl mich zur Bausparkasse zurück wie ein Zirkustiger, der in seinen Käfig zurückkehrt. Auf meinem nach hierarchischen Kriterien gezielt positionierten Schreibtisch stapelten sich unglaublich langweilige Akten über Hypotheken.

Ich starrte noch immer ausdruckslos auf ein Blatt mit Zahlen, kritzelte gedankenverloren an zwei Nullen herum und verwandelte sie in einen Frauenoberkörper, als der Ressortleiter auf einem seiner Überraschungsbesuche hereinschneite. Ich ordnete rasch meine Papiere, aber er verschwand ohne ein Wort im Hinterzimmer. Der Abteilungsleiter erschien zehn Minuten später, und ich wurde gerufen. Als ich meine Personalakte offen auf dem Tisch liegen sah, setzte ich mich etwas besorgt.

Die nächsten zwanzig Minuten wurde ich über meine Leistungen und meine Ansichten zur Arbeit verhört. Ich beschloß, nicht kampflos klein beizugeben, und erklärte, obwohl mir die Arbeit gefalle, könne ich es mir nicht leisten, bei meinem gegenwärtigen Gehalt noch länger zu bleiben. Aus reiner Notwendigkeit würde ich mich nach einer anderen Stelle umsehen müssen. Sie nickten, dankbar für meine Offenheit und meine Ehrlichkeit. Dann gab es eine kurze Pause, bis sich der Ressortleiter für seine Rede gesammelt hatte.

»Wir haben sehr wohl bemerkt, was Sie geleistet haben. Ich werde dafür sorgen, daß Sie eine Gehaltserhöhung bekommen. Wenn Sie sich jedoch dazu verpflichten, die fünf Jahre dauernde Ausbildung bis zum Examen des Bausparkasseninstituts zu absolvieren, werde ich Ihnen einen Posten in der Geschäftsleitung besorgen.«

In der Zeitlupenwelt der Bausparkassen und im Alter von zwanzig Jahren, mit nur zehn Monaten Berufserfahrung, hätte ich dies als ein großes Lob betrachten müssen. Doch die Folgen, welche die Annahme dieses Angebots mit sich bringen würde, jagten mir einen gewaltigen Schrecken ein. Die großen Eisentore der Verantwortung und Wohlanständigkeit würden sich geräuschvoll für immer hinter mir schließen und mich zu einem Leben mit finsteren Prozessen, dunklen Krediten, Hypotheken, Anträgen und, zwangsläufig, einer Ehefrau verdammen.

Eine Ehefrau! Ich sah all diese Dinge mit so erschreckender Deutlichkeit vor mir, daß es mir heiß und kalt über den Rücken lief. Mein einziger Ausweg war Bolivien. Ich zwang mich, den Mund zu öffnen, und antwortete: »Ich weiß Ihre Anteilnahme und Ihr Interesse für meine Zukunft sehr zu schätzen. Deshalb will ich auch vollkommen offen zu Ihnen sein. Mir ist eine Stelle in Südamerika angeboten worden, und ich habe beschlossen, sie anzunehmen.«

Meinen Gesprächspartnern fiel die Kinnlade hinunter. Nicht das leiseste Geräusch war zu hören. Ich versuchte, mich mit der Entscheidung anzufreunden, die mein Mund so bereitwillig geäußert hatte, mit der mein Gehirn jedoch überhaupt noch nicht vertraut war.

Glücklicherweise erholte ich mich als erster von der einschlagenden Wirkung meiner Eröffnung und fand, daß ich eine Erklärung abgeben sollte. Deshalb fügte ich hinzu: »Dieser Job hat eigentlich nicht viel mit Bausparkassen zu tun.«

Das Wort Bausparkasse brachte sie wieder zur Besinnung. Sie erholten sich bemerkenswert schnell und sagten, sie verstünden, daß ich weg wolle, um etwas zu tun, was mir gefalle. Der Ressortleiter schüttelte mir die Hand, wünschte mir viel Glück und sagte, vielleicht gebe es immer noch eine Stelle für mich, wenn ich zurück sei. Mein Chef nahm mich mit in den Pub, und ich erklärte ihm so viel, wie ich selbst wußte, mit ein paar Ausschmückungen, um zu beweisen, daß ich noch bei Verstand war. Wir kehrten zur Bausparkasse zurück, und er erklärte meinen neugierigen Kollegen: »Oliver wird als Herpetologe im Dschungel des Amazonas arbeiten.«

Erst da erkannte ich die Absurdität meiner Situation, aber nun war es zu spät, um meine Meinung zu ändern. Meine Entscheidung war der Welt verkündet worden, ich war verpflichtet. Ich reichte die offizielle Kündigung ein und saß den Rest meiner Zeit ab. Dann kaufte ich einen Rucksack, ein Moskitonetz und ein Ticket nach Rio de Janeiro.

3
Einmal Rio de Janeiro

Ich verabschiedete mich in Heathrow von meinen Eltern und bestieg die Maschine nach Paris. Im Flughafen Charles de Gaulle mußte ich umsteigen. Ich fühlte mich noch immer frisch und voller Zuversicht. Mein erster Telefonanruf nach Bolivien lag kaum einen Monat zurück.

Nachdem ich der Menschenmenge und den Pfeilen gefolgt war, bis ich meinen Jumbo nach Rio gefunden hatte, wurde ich an der Kabinentür von zwei ausnehmend hübschen französischen Stewardessen begrüßt. Obwohl ich mich in sieben Jahren Schulunterricht gewissenhaft davor gedrückt hatte, benutzte ich jetzt die Gelegenheit, meine Französischkenntnisse anzubringen.

»*Bonjour, Madame*«, ging es mir flüssig von den Lippen.

Die Flugbegleiterinnen schenkten mir ein leeres Lächeln. Zum Glück endete das Gespräch an dieser Stelle, da mein Französisch erschöpft war und hinter mir bereits zig Leute darauf warteten einzusteigen. Ich war sehr aufgeregt, als mich die Stewardessen zu der spiralförmigen Treppe wiesen, die nach oben führt. Ich fand meinen Sitz und richtete mich auf einen vierzehnstündigen Flug ein. Wenn die beiden Deutschen neben mir nicht gerade knutschten, schnarchten sie, und das während der gesamten Reise. Hinzu kam das unaufhörliche Weinen eines Säuglings direkt hinter meinem linken Ohr. Da ich nicht schlafen konnte, sah ich mir den Film an. Ich hatte mich soeben an das Schreien des Babys und das Schlürfen und Grunzen meiner deutschen Nachbarn gewöhnt und begann einzuschlummern, als mit einemmal die Lichter angingen und mir ein Frühstückstablett vor die Nase gehalten wurde.

Es war noch dunkel, als wir um halb fünf Uhr Ortszeit morgens in Rio landeten. Der Flughafen sah aus wie jeder andere. Als ich durch die Tür auf die fernen Lichter der Stadt blickte, wurde ich von einer düsteren Vorahnung ergriffen. Ich stellte mir vor, wie diese flimmernden Lichter drohend flüsterten: »Dies ist Südamerika. Stell dich darauf ein, oder du wirst ungekaut verschluckt!« Meine Zuversicht schwand. Mit einer Gänsehaut drehte ich mich um und marschierte los, um meinen Rucksack in Empfang zu nehmen.

Um sechs öffnete der Informationsschalter. Ich fragte in meinem besten Portugiesisch: »Wann nächster Flug nach Santa Cruz in Bolivien?«

»Nicht fliegen heute.«

»Aha.«

Die Frau am Schalter war der Meinung, daß ich meine Antwort gekriegt hatte und dem nächsten Platz machen sollte. Ich gab jedoch nicht auf.

»Aha!« wiederholte ich etwas betonter.

Sie seufzte, und entgegen den Gepflogenheiten eines Informationsschalters gab sie mir eine Information: »Heute nach Santa Cruz fliegen von São Paulo.«

Ich trug meine gesamten Ersparnisse, rund dreitausend US-Dollar, auf meinem Körper verteilt bei mir und hatte es deshalb eilig, mich davon zu befreien, bevor ich irgendwelche Ausflüge unternahm. Ich beschloß, gleich den Flug von São Paulo zu nehmen.

»Okay, wo kriege ich ein Ticket?«

Sie zeigte in westlicher Richtung. Schließlich befand ich mich am richtigen Schalter und erfuhr, daß ich nicht in Dollars bezahlen konnte. Also machte ich mich auf die Suche nach einer Bank, wo ich meine Dollars in die örtliche Währung, in Cruzados, wechseln konnte.

Ich kämpfte mich durch die leeren Korridore, schleppte mein Gepäck und hoffte, das Schild einer Bank zu entdecken. Plötzlich sprang ein kleiner Mann hinter einer Säule hervor. Er sah aus wie ein schmieriger, verschlagener Gangster. Er machte mir ein Zeichen, das soviel wie »Wechseln« bedeuten sollte. Ich war mir bewußt, daß die Bank wohl frühestens in etwa drei Stunden öffnen würde, und mir blieb nicht mehr viel Zeit, um den Flug nach São Paulo zu erwischen. Also sagte ich: »*Sim.*«

Der kleine Mann führte mich um die Ecke zu einem Fahrstuhl. Wir hielten zwischen zwei Etagen, um unser Geschäft abzuwickeln. In meinem Reiseführer stand, der Wechselkurs auf dem Schwarzmarkt sei in der Regel besser als der offizielle. Als sich die Tür des Fahrstuhls schloß, fühlte ich mich trotzdem unwohl. In dem Monat vor meiner Abreise hatte ich schreckliche Bilder von den Gefahren Südamerikas vor meinem geistigen Auge heraufbeschworen. Ich war entschlossen, mich nicht schon so kurz nach der Ankunft übertölpeln zu lassen, und vergewisserte mich, daß niemand durch ein Loch in der Decke auf mich herunterspringen würde.

Der kleine Mann beobachtete neugierig, wie ich versuchte, gefährlich auszusehen, und fragte freundlich, wieviel ich wechseln wollte. Er zeigte mir seinen Wechselkurs auf einem Taschenrechner. Ich kratzte mir das Kinn und tat so, als würde ich überlegen. Ich wußte, daß ich längst keinen festen Boden mehr unter den Füßen hatte. Die Zahl war mindestens siebenstellig. Nach scharfem Nachdenken nickte ich.

Er konnte mir nicht so viel wechseln, wie ich brauchte, aber er zog ein dickes Bündel Banknoten hervor. Es dauerte etwa fünf Minuten, bis er es mir auf einem niedrigen Hocker vorgezählt hatte. Ich hatte nicht die leiseste Ahnung, wieviel diese Noten mit ihren unterschiedlichen Größen und Farben und mindestens sechs Nullen auf jedem Schein wert waren. Um meine Unwissenheit zu verbergen, tat ich so, als ob ich mit den Fingern mitzählte, und sagte alle paar Sekunden: »*Uno, dos, tres.*« Schließlich bündelte er die Geldscheine und hielt sie mir im Tausch gegen meine Dollars hin. Ich kriegte es wirklich mit der Angst zu tun, als ich mir ausmalte, daß dieser Berg Banknoten möglicherweise nur etwa zehn Pfund wert war. Ich beschloß, die Nerven meines Geschäftspartners zu prüfen. Ich nahm die Noten und bedeutete ihm, daß ich nicht mit seiner Zählung einverstanden sei. Er würde meine kostbaren Dollars erst erhalten, wenn ich das Geld selbst nachgezählt hätte. Der Mann willigte ein, und ich kniete mich vor den Hocker und widmete dem Haufen meine volle Aufmerksamkeit. Meine Finger blätterten die Scheine gewandt durch. In der Mitte hielt ich inne und sah, daß ihn meine Geschicklichkeit beeindruckte. Ohne einmal zu zögern, blätterte ich weiter und lächelte ihm zu, damit er merkte, daß ich so etwas nicht zum erstenmal machte. Was er nicht wußte, war, daß mein Kopf keine einzige Zahl registrierte.

Ich lächelte erneut, als ich versuchte, ihm nur zwei statt drei Banknoten zu geben. Er fiel jedoch nicht auf diesen alten Trick herein, und wir lachten beide. Nachdem wir den

Fahrstuhl verlassen hatten, drückte er mir fest die Hand, als wollte er mich überzeugen, daß wir ein gutes Geschäft gemacht hätten. Da ich jedoch keine Ahnung hatte, was die großen Ausbuchtungen in meinen Hosentaschen für einen Wert besaßen, beschloß ich, die Vorstellung nicht zu wiederholen.

Ich ging los, um die Bank zu suchen. Wie erwartet, öffnete sie erst in etwa zwei Stunden, aber ich setzte mich hin, um zu warten. Zwei andere Schwarzmarkttypen boten mir an, Dollars zu wechseln. Ich bedeutete ihnen mit einem Lächeln, daß ich nicht von gestern sei. Dies schien die Sprachbarriere zu überwinden, denn sie zogen mißmutig davon. Unterdessen hatte mich ein Polizist mißtrauisch gemustert.

Ich hatte Gerüchte über die südamerikanischen Polizisten gehört – daß sie einen überfallen, einem Drogen unterschieben oder einen vergewaltigen. Nach zwanzig Stunden ohne Schlaf und mit dreitausend Dollar in meinen Boxershorts war ich bereit, alles zu glauben. Als er das dritte Mal an mir vorbeischlenderte, stand ich auf und ging davon. Vorsichtig blickte ich über meine Schulter, um zu sehen, ob ich ihn abgehängt hatte. Ich seufzte vor Erleichterung, da stieß ich beinahe mit ihm zusammen, denn plötzlich tauchte er auf wundersame Weise hinter einer Säule hervor auf. Er stellte ungefähr hundertfünfzehn Kilo unberechenbare Autorität dar mit seiner großen Kanone unter dem riesigen Bauch. Und um das Bild zu vervollständigen, trug er auch noch eine goldgerahmte, verspiegelte Sonnenbrille.

»Kann ich Ihnen 'elfen?«

Da mir klar war, daß er mit mir machen konnte, was er wollte, glitt ich wieder in meine fließende Portugiesisch-Imitation.

26

»Ich warten auf Bank, zum Geldwechseln.«

»Bank noch lange nicht öffnen, Sektion C 'ilft Ihnen. Folgen Sie mir.«

Wenn ein großer, schwerbewaffneter Polizeibeamter zu mir sagt: »Folgen Sie mir«, bin ich in der Regel bereit, ihm zu folgen. Nicht enden wollende, leere Korridore später begann ich leicht nervös zu werden und entschloß mich zur Flucht. Ich versuchte, hinter eine große Topfpflanze oder Säule zu schlüpfen. Aber sein Instinkt eines Gefängnisaufsehers sagte dem Polizisten jedesmal, daß er mich zu verlieren drohte. Er drehte sich um, schenkte mir ein goldgefülltes, aufmunterndes Lächeln und bedeutete mir weiterzugehen.

Als ich merkte, daß es kein Entrinnen gab, versuchte ich, ihn milde zu stimmen, indem ich alberne Bemerkungen über das Wetter machte. Albern deshalb, weil es noch immer stockdunkel war. Er grunzte nur. Nach einer Weile, die mir wie eine Ewigkeit erschien, kamen wir bei der Scktion C an, die sich ominöserweise als Hotel entpuppte.

»Also Vergewaltigung«, dachte ich und preßte unwillkürlich meine Hinterbacken zusammen.

Er schob mich zur Rezeption in der eindeutigen Absicht, ein Doppelzimmer zu buchen. Dann stieß er mich nach vorn und flüsterte hoffnungsvoll: »Wechseln.«

Der Manager nickte, und ich entspannte meinen Hintern und reichte ihm ein paar Dollars. Ich merkte, daß ich zwei Bündel weniger erhielt als vom Fahrstuhlmann. Aber da mein Freund mir über die Schulter blickte, sagte ich nichts. Er blieb während der ganzen Transaktion bei mir und marschierte dann mit mir dahin zurück, wo er mich gefunden hatte. Ich war mir nicht sicher, ob ein Trinkgeld als ungesetzlich ange-

sehen würde, deshalb sagte ich nur sieben- oder achtmal
»*Gracias*« und »*Adiós*«. Dies schien das richtige gewesen
zu sein, denn er klopfte mir herzhaft auf die Schulter und
zog davon.

Ich kaufte meine Flugtickets und wurde in das südamerikanische Spiel des »Kein Kleingeld« eingeweiht. Egal,
wie groß die Banknote ist, die man hervorzieht, die La-
denbesitzer haben nie Kleingeld. Das Vorhandensein von
Kleingeld scheint in direkter Beziehung dazu zu stehen,
wie eilig man es hat. Nach zehn Minuten war die Frau
vom Ticketschalter immer noch nicht von ihrer Suche zurückgekehrt. Ich überließ ihr den Sieg und bestieg das Flugzeug, das so aussah, als ob es nach São Paulo und Santa
Cruz fliegen würde.

Da ich nun mit einer südamerikanischen Ratterkiste flog,
sah ich zu, daß ich einen Sitz in der Nähe der Tür kriegte.
Das Flugzeug war so leer, daß man sich hinsetzen konnte,
wo man wollte. Ich war ganz zufrieden, in meiner Fluchtni-
sche nur das Fenster zur Gesellschaft zu haben. Unglücklicherweise interessierte sich jedoch eine große, verschwitzte
Bolivianerin für mich. Sie stellte die verschiedensten Topf-
pflanzen auf den Platz zwischen uns und führte mir ein weiteres südamerikanisches Spiel vor: »Starr den Fremden an.«
Ich erwischte sie mehrmals dabei, wie sie mich durch die
Farne und Reben beäugte. Außerdem gab sie immer wieder
unfeine Geräusche von sich, die ihren Höhepunkt erreichten, nachdem eine ausgesprochen häßliche Stewardeß örtliche Spezialitäten gereicht hatte. Ich war nicht besonders
hungrig, obwohl mir die Stewardeß so aufmunternd zugrin-
ste, daß ihr Schnurrbart ihre Nase berührte. Um sie zufriedenzustellen, nahm ich eine kleine braune, übel zugerichtete
Kugel vom Tablett. Unter der Kruste aus Bröseln hatte sie

bemerkenswerte Ähnlichkeit mit einem Hoden. Unbeobachtet ließ ich sie in einen der Blumentöpfe fallen.

Viel von der Landschaft unter uns konnte ich nicht erkennen, aber es sah überraschend kahl aus. Wir landeten auf einem winzigen Flughafen, und ich fragte meine beißend riechende Nachbarin: »*Santa Cruz?*«

»*No.*«

Ich mußte »Santa Cruz« so korrekt ausgesprochen haben, daß sie annahm, ich spreche fließend Spanisch. Sie benützte die Gelegenheit, um ein Gespräch zu beginnen. Jedesmal wenn sie eine Pause einlegte, um Atem zu holen, sagte ich »Mmm«, um meine Zustimmung zu geben, oder »Mmm?«, um meiner Überraschung Ausdruck zu verleihen. Nach Jahren ähnlicher Unterhaltungen mit meiner Mutter fiel es mir leicht, den erwarteten Tonfall meiner Antwort zu erraten, auch wenn ich keine Ahnung hatte, was meine Gesprächspartnerin gesagt hatte. Meine »Mmms« schienen sie zufriedenzustellen, denn in den kommenden zwei Stunden plauderte sie munter drauflos.

Während wir auf der Landebahn standen, fuhr ein Gepäcktransporter unter dem Flugzeug hervor. Zuoberst auf den Koffern sah ich deutlich meinen rotblauen Rucksack.

»Verdammt, wo bringen sie denn den hin?«

Ich starrte ihm nach, wie er in Richtung Terminal verschwand. Mein Schlafsack war nicht mehr dabei.

»Verdammt, wo ist mein Schlafsack?«

Ich preßte mein Gesicht gegen das verstärkte Plastik und versuchte, um die Tragfläche herumzuspähen. Ein Mann von der Gepäckabfertigung kam unter dem Flugzeug hervor. Er trug meinen Schlafsack, aber er ging in die falsche Richtung. Ich gestikulierte verzweifelt durch das kleine Fenster: »Du gehst in die falsche Richtung!«

Doch er trottete davon, ohne mein hilfsbereites Winken zu bemerken. Ich mußte ohnmächtig zusehen, wie mein Gepäck verschwand. Ich setzte mich in meinen Sessel zurück und atmete tief durch. Jetzt blieb mir nichts mehr, als zu hoffen.

Zum Glück wurde meine Aufmerksamkeit abgelenkt, als zwei blonde, blauäugige Mädchen die Maschine bestiegen. Erstaunlicherweise sprachen sie Spanisch miteinander. Dabei sahen sie aus wie zwei direkte Nachfahren der Hitlerjugend. Später traf ich einige kahlrasierte, blauäugige, achtzigjährige Deutsche, die erzählten, sie seien 1937 hierhergekommen, sie seien Juden. Klaus Barbie hat viele Jahre in den Außenbezirken von Santa Cruz gelebt und als Berater für die bolivianischen Sicherheitskräfte gearbeitet.

Als wir am Flughafen von Santa Cruz ankamen, war es bereits dunkel. Ich war sehr erleichtert, als ich sah, daß ich nur meinen Schlafsack verloren hatte. Mechanisch schleppte ich mein Gepäck durch die Türen des Flughafengebäudes und atmete die erste wirklich südamerikanische Luft ein. Sie war warm.

Ich las einem Taxifahrer den Namen eines Hotels vor und wurde durch verschwommene Lichter gefahren. Ich konnte mir kein Bild von der Stadt machen. Der Fahrer setzte mich am Hotel ab und ließ mich allein mit meinem Gepäck auf dem Gehsteig zurück. Ich stolperte hinein an die Rezeption und sagte den Satz, den ich die letzten zehntausend Kilometer geübt hatte.

»¿Tiene una habitación simple por una noche?«

»No.«

Dies war nicht die Antwort, die mein Sprachführer vorsah. Ihm zufolge hätte die Frau an der Rezeption sagen sollen: »Ja, Sir, mit oder ohne Bad?«

Ich flüchtete mich in: »¿*Habla Inglés?*«
»*No.*«

Ich steckte den Sprachführer weg und suchte in meiner Tasche nach dem Taschenwörterbuch. Was, wann, wie, wo – wo: ¿*Dónde?*

»¿*Dónde habitación?*«

Sie rief ein Hotel in der Nähe an und zeigte mir dann, in welche Richtung ich gehen sollte.

»*Gracias, adiós.*«

Ich schleppte mein Gepäck um die Ecke zum nächsten Hotel und versuchte es noch einmal.

»¿*Tiene un habitación simple por una noche?*«

»*Sí.*«

Sie fragte mich jedoch nicht, ob ich eins mit oder ohne Bad wollte. Ich sagte es ihr trotzdem.

»*Con baño*«. Meine Aussprache klang wie in einem schlecht synchronisierten asiatischen Kampfsportstreifen.

»*Sí.*«

Ich trug mich ein, erhielt einen Schlüssel, und die Dame an der Rezeption erklärte mir, wo mein Zimmer war. Es befand sich im Hinterhof. Der Schlüssel öffnete ein Vorhängeschloß, das an der Tür befestigt war. Das Zimmer enthielt nur gerade das Allernotwendigste, aber für fünf Pfund die Nacht würde es gehen müssen. Ich legte mein Geld unter das Kopfkissen, schloß mich ein und brach zusammen. Seit ungefähr vierzig Stunden war ich unterwegs. Innerhalb von Sekunden war ich eingeschlafen.

4
Santa Cruz

Am nächsten Morgen wachte ich um neun Uhr auf und öffnete vorsichtig ein Auge. Aus der Geborgenheit unter den Bettüchern hervor ließ ich meinen Blick durch das Zimmer wandern. Es hatte einen Fliesenboden, weißgetünchte Wände und einen kaputten Ventilator. An das Bett gelehnt stand mein großer blauer Rucksack.

»Mein Gott! Ich bin in Bolivien!«

Ich schlug die Decke zurück und suchte den Boden nach Skorpionen ab, bevor ich die Füße aufsetzte. Zu meiner Überraschung befand sich das Bad im Zimmer, aber ohne Badewanne. Ich wagte mich nicht unter die Dusche, da entlang der rostigen Leitungen nackte Drähte gefährlich herunterhingen. Das kalte Wasser aus dem Warmwasserhahn wusch den letzten Rest Müdigkeit hinweg. Ich schloß die Tür auf und ging hinaus, um Südamerika zu entdecken.

Am Empfang trug ich mich für eine weitere Nacht ein und ließ meinen Fotoapparat und meinen Feldstecher in den Safe schließen. Dann, die Karte unter dem Arm, die mir mein Vater gegeben hatte, spähte ich zur Hoteltür hinaus. Nach kurzem Zögern stand ich draußen – ein Fremder, allein.

Was mir als erstes auffiel, waren die sechseckigen, ineinandergreifenden Platten, aus denen der Straßenbelag bestand. Da Teer in der Hitze rissig wird, hatte ein findiger Kopf diese Methode erfunden, die sich den Temperaturschwankungen besser anpaßt. Die hohen Gehsteige führten an quadratischen, einstöckigen, weißgetünchten Häusern entlang. Nur wenige hatten Fenster, dafür gab es große Läden aus Holz, die nun offen standen. In den Straßen pulsierte das Leben; die Leute beeilten sich, ihre Arbeit vor der Mittagshitze zu erledigen.

Es gab zwei Sorten von Menschen, die sich deutlich voneinander unterschieden. Da waren einmal die *Camba,* Leute spanischer Abstammung. Sie sind braungebrannt und braunhaarig und in der Regel kleiner als europäische Spanier. Viele brüsten sich damit, daß in ihren Adern reines spanisches Blut fließt. In Wahrheit sind praktisch alle gemischtrassig *(Mestizos)* und stammen sowohl von Spaniern als auch von Indios ab (die spanischen Soldaten haben über Generationen Indiofrauen vergewaltigt). Die Camba bilden die herrschende Schicht des Departements Santa Cruz. Sie sind berühmt für ihre Feste und ihre Leichtlebigkeit.

Und dann gibt es die *Colla* (»Kolja« ausgesprochen), die Nachfahren der Aimara- und Quechua-Indianer. Die Aimara stammen vom Titicacasee im Norden der Anden. Sie waren einst ein wildes, kämpferisches Volk, das nie vollständig von der Großmacht des Inkareichs bezwungen wurde. Die Quechua standen unter dem Joch der Inka. Ihre Sprache, das Quechua, wurde zur Sprache der Inka.

Obwohl im bolivianischen Hochland in gewissen Ortschaften die Quechua und Aimara noch immer unabhängig voneinander leben, werden sie in Santa Cruz unter dem Namen Colla zusammengefaßt. Ursprünglich waren die Colla ein Stamm der Aimara. Heute wird der Begriff jedoch verächtlich mit der Bedeutung »Siedler« gebraucht. Die Politik der Regierung zwang die Colla, die Berge zu verlassen und in das nur spärlich besiedelte Tiefland in der Umgebung von Santa Cruz zu ziehen.

Die Colla sind ein klassisches Bergvolk, kräftig gebaut und mit mächtigen Brustkästen, die den großen Lungen Platz bieten, welche der dünnen Höhenluft gewachsen sind. Ihre Gesichter wirken wie gemeißelt, mit scharfen Gesichtszügen, hohen Wangenknochen, starken Kiefern und gebogenen Nasen mit breiten Nasenflügeln. Die meisten sind kleiner als die Camba, im Durchschnitt nur etwa einen Meter fünfzig groß. Dies kommt von der schlechten Ernährung in den Bergen. Unten im Tiefland wird jede Generation bereits etwas größer.

Die Frauen sind untersetzt, was sie noch zusätzlich unterstreichen, indem sie mehrere Schichten von Röcken in leuchtenden Farben übereinander tragen. Diese Röcke sind ein Überbleibsel aus der Zeit der Konquistadoren. Als die Eroberer kamen, trugen die Indios klassische, praktische Bauernkleider, die Frauen in der Regel schlichte, lange Kleider. Die Konquistadoren fanden, sie sähen schmuddelig aus, und befahlen den Frauen, Kleider zu tragen, die von der Uniform der spanischen Armeetrommlerjungen inspiriert waren, mit ausgestellten, weiten Hosenbeinen. Daraus wurden im Laufe der Jahre knielange Unterröcke und bunte Röcke.

Die Frauen lassen ihr Haar bis über die Taille wachsen. Wenn sie arbeiten, flechten sie es zu einem einzelnen Zopf auf dem Rücken, sonst tragen sie es in zwei seitlichen Zöpfen. In die Zöpfe weben sie bunt bestickte Bänder.

Die Camba und die Colla vermischen sich nicht. Ausnahmen gibt es keine. Die rassistischen Vorurteile der Camba sind so stark und so tief verwurzelt, daß sie die Existenz der Colla kaum zur Kenntnis nehmen. Für sie stehen sie noch unter den Hunden. In La Paz ist die Situation genau umgekehrt. Dort sind die Colla in der Überzahl. Später fragte ich einmal verschiedene Camba, weshalb sie die Colla haßten. Ich erfuhr, daß jene arme, langweilige, unwissende Bauern seien.

Als ich darauf hinwies, daß ich als Westler mehr Geld habe als die Camba, daß ich mich ihnen aber trotzdem nicht überlegen fühle, entgegneten sie, daß die Colla alles anders machten. Auf meine Frage nach konkreten Beispielen hieß es, sie töteten die Hühner anders, schnitten ihnen die Kehle durch, statt ihnen das Genick zu brechen; sie äßen Apfelsinen anders, schälten die Schale in einem langen, kreisförmigen Stück ab und saugten dann die Frucht aus, statt sie einfach in Stücke zu schneiden.

Ich bewegte mich vorsichtig die überfüllten Straßen entlang, zwischen den Colla-Straßenhändlern hindurch, die ihre Auslagen mit Rasierern, Spiegeln und Kämmen auf dem Gehsteig ausgebreitet hatten. Mein Ziel war das Büro der *ODA,* wo mein Vater gearbeitet hatte. Das Aufsehen, das ich allein durch meine Gegenwart erregte, zeigte mir, wie selten Westler hier durchkamen. Die Leute versuchten mir immer wieder den Weg zu zeigen, aber ihre Erklärungen erwiesen sich als unverständlich. Also lächelte ich nur freundlich und ging weiter.

Santa Cruz wurde im Jahre 1561 von Spaniern aus Paraguay gegründet. In den letzten dreißig Jahren erlebte die Stadt einen unglaublichen Aufschwung und ist nun sehr reich. Mit seinen sechshunderttausend Einwohnern ist Santa Cruz nach La Paz, das im Hochland liegt, die zweitgrößte Stadt Boliviens. Als offizieller Grund für den neuerworbenen Reichtum werden die drei oder vier kleinen Öl- und Gasfelder in der Umgebung angegeben. Tatsächlich stammt das Geld jedoch aus dem Kokainhandel. Zusammen mit Kolumbien ist Bolivien führend im Anbau von Koka. Die Macht und die Ressourcen, die das Kokain Santa Cruz gebracht hat, sind kaum zu überschätzen.

Einem Gerücht zufolge soll einer der großen Drogenbarone – in Bolivien *Pichegeteros* genannt (das hat etwas mit Gänsehaut zu tun) – versucht haben, ein Abkommen mit der bolivianischen Regierung zu schließen. Er bot ihr an, die Staatsschulden in Höhe von sechs Milliarden Dollar zu tilgen, wenn dafür die Ausfuhr von Kokain legalisiert würde. Das Gerücht erhärtete sich nie, aber ich weiß, daß die *Pichegeteros* für ihre Arbeiter in entlegenen Gegenden ganze Ortschaften aus dem Boden stampfen, einschließlich der dazugehörigen Krankenhäuser, Schulen und Kirchen. Sie haben die wahre Macht in dieser Gegend in Händen und bestimmen praktisch alles.

Es fiel mir sehr leicht, mich zurechtzufinden, da die Stadt nach einem einfachen Prinzip gebaut ist. Im Zentrum gibt es eine große *Plaza,* und von dort aus führen die Hauptstraßen in einem Blocksystem nach außen. Zwei Ringstraßen begrenzen die Stadt; sie sind auf der Karte breiter eingezeichnet als die übrigen Straßen.

Das Büro der *ODA* lag am inneren Kreis. Problemlos fand ich das saubere Backsteingebäude und ging hinein, um mich vorzustellen. Zum Glück sprachen die Damen dort Englisch und erkannten sogleich die Ähnlichkeit mit meinem Vater. Von der *ODA* aus rief ich beim Nationalpark an.

Das Büro und Hauptquartier des Amboro-Parks ist in Buena Vista untergebracht, einer kleinen Ortschaft etwa sechzig Kilometer außerhalb von Santa Cruz. Ich kam sogleich durch und sprach zum erstenmal mit Robin Clarke. Ich war einen Tag zu früh angekommen, was ihm ganz und gar nicht gefiel.

Bevor ich zu Hause abgereist war, hatte ich ihm meine

Ankunftszeit in Rio de Janeiro mitgeteilt. Offenbar wartete nun Guy, der englische Freiwillige, am Flughafen auf mich, da sie sich erkundigt hatten, wann der nächste Flug aus Rio ankam. Ich hatte überhaupt nicht erwartet, daß mich jemand abholen würde. Die Frauen von der *ODA* riefen daraufhin im Flughafen an und ließen Guy ausrufen. Ich entschuldigte mich für die Verwirrung, und wir kamen überein, daß ich ihn dort treffen sollte, da der Flughafen auf dem Weg nach Buena Vista lag. Ich bedankte mich bei den Damen und ging wieder zum Hotel zurück. Abgesehen von diesem kleinen Mißverständnis ging alles erstaunlich glatt.

Im Hotel erfuhr ich per Zeichensprache, daß die Frau, die den Schlüssel zum Safe hatte, weggegangen war und erst spätnachmittags wieder zurückkommen würde. Ich fluchte und redete auf die schüchterne Empfangsdame ein, aber sie zuckte nur hilflos die Schultern. Also ging ich wieder zurück zur *ODA* und erklärte meine Zwangslage. Sie riefen im Hotel an und schrien die Empfangsdame in Spanisch an. Das war etwas, was ich sobald als möglich lernen mußte. Dann organisierten mir die Damen eine Fahrt zurück ins Hotel und weiter zum Flughafen und ließen Guy eine Nachricht zukommen, daß ich etwas später käme. Ich fühlte mich vollkommen bemuttert und bedankte mich überschwenglich. Dann sammelte ich meine Ausrüstung bei der Frau mit dem Safeschlüssel ein, die auf wunderbare Weise plötzlich aufgetaucht war, und fuhr los zum Flughafen.

Irgendwie ging mir alles viel zu schnell, und es störte mich, daß ich direkt nach Buena Vista mußte. Ich hätte nichts dagegen gehabt, mich erst einmal zwei Tage an Santa Cruz zu gewöhnen.

Auf der Straße zurück zum Flughafen konnte ich zum erstenmal einen Blick auf die Umgebung werfen. Das Land war vollkommen flach, und an jeder Stelle, wo ein Auto möglicherweise anhalten mußte, standen Colla und verkauften Apfelsinen, Zigaretten und Kekse. Außerdem gab es unzählige Leute, die Lose für den bolivianischen Nationalsport, das Lotto, verkauften. Der Flughafen war zwar leer, aber sehr sauber und modern. Er war erst vor zehn Jahren von den Japanern als eine Geste guten Willens erbaut worden.

Ich erkannte Guy als den einzigen anderen Westler auf dem Flughafen. Er sah beinahe wie die Karikatur eines Feldbiologen aus: mittelgroß, struppiges Haar, struppiger Bart und struppige Kleider. Er wirkte sehr entspannt, da er etwa drei Stunden auf mich gewartet hatte. Wir nahmen ein Taxi nach Montero, eine mittelgroße Bauernstadt auf halbem Weg nach Buena Vista. Dies ist die größte Kokaanbaugegend des Departements Santa Cruz.

Außerhalb des Flughafengeländes wurde die Straße schnell schlechter. Schon bald fuhren wir auf einer weißen Staubspur dahin. Von der Straße sah es so aus, als würde das Land vor allem zum Weiden des Viehs benutzt. Die Brahmanen-Rinder sind wegen ihrer Robustheit ursprünglich aus Indien eingeführt worden. Sie sind mager, cremigbraun und haben große Hörner und einen großen Höcker über den Schultern. Fast auf allen Tieren saß unverschämt ein Kuhreiher. Dieser weiße Vogel sieht einem Reiher sehr ähnlich. Er frißt die Zecken und anderes Ungeziefer, das die Rinder anziehen. Große schwarze Vögel kreisten in den Aufwinden über uns.

»Das sind Truthahngeier«, erklärte Guy nebenbei.

»Oh«, antwortete ich und versuchte, genauso lässig zu wirken.

Während sich der Wagen zwischen kratergroßen Schlaglöchern hindurchschlängelte, erklärte mir Guy die Organisation des Parks.

Vor ungefähr sieben Jahren hatte Robin, der damals noch für die *ODA* in Santa Cruz arbeitete, mehrere Reisen in eine größtenteils unerforschte Gegend namens Amboro unternommen. Dort hatte er einen wilden Truthahn entdeckt, den er als den Hornhokko *(Crax unicomis)* identifizierte. Er trägt seinen Namen wegen des blauen Horns, das auf seiner Stirn vorspringt. Dieser Vogel war 1947 zum letztenmal gesehen worden, und man hatte angenommen, er sei ausgestorben. In seiner Freude über den Fund, aber auch erschrocken über die Geschwindigkeit, mit der die Wälder abgeholzt wurden, hoffte Robin, dieses Gebiet in einen Nationalpark verwandeln zu können.

Die bolivianische Regierung wies seinen Vorschlag damals zwar nicht zurück, ermunterte ihn aber auch nicht gerade. Deshalb begann er, aus eigenen Mitteln eine Lobby aufzubauen, und übte so lange Druck aus, bis der Amboro-Park 1984 offiziell eröffnet werden konnte. Es handelt sich um ein Gebiet, das so groß ist wie Wales, und Robin erhielt ein jährliches Budget von fünftausend Dollar. Offizielle Grenzen wurden gezogen, sonst gab es jedoch kaum eine Änderung. Weil die nötige Infrastruktur fehlte, um den Schutz der Natur auch durchzusetzen, fällten die Leute weiterhin Bäume und machten Jagd auf die Tiere.

Zu sagen, der Park sei finanzschwach, wäre eine glatte Übertreibung.

Guy hatte Robin vor zwei Jahren auf einer Rucksackreise durch Südamerika kennengelernt. Er war damals nach England zurückgekehrt. Während er seinen Studienabschluß machte, organisierte er die Expedition, an der sich auch Valerie, eine Genetikstudentin, beteiligte. Gemeinsam hatten sie genug Sponsorengelder aufgetrieben, um ein Jahr lang mit Robin zusammenarbeiten zu können. Die Arbeit, bei der ich ihnen helfen sollte, bestand im Bestimmen der Flora und Fauna des Parks; insbesondere würden wir den Hornhokko beobachten. Die Ornithologen waren nach wie vor skeptisch und wollten nicht glauben, daß der Vogel noch existierte, deshalb bestand unsere Aufgabe darin, Fotos und Material über ihn vorzulegen. Wenn es uns gelänge, die weltweit organisierten Tierschutzverbände zu einer Beteiligung an dem Projekt zu bewegen, würden ihre Mittel vielleicht mithelfen, Amboro zu einem wirksam geschützten Park zu machen.

Ich fragte Guy, was sie bisher erreicht hätten. Robin hatte sieben Jahre lang Vögel bestimmt. Mit Hilfe von Val und Guy war es ihm gelungen, in den letzten Monaten insgesamt vierhundertsechzig Arten zu identifizieren. Außerdem hatten sie mehrere Quadratkilometer beinahe unzugänglichen Bergdschungels entdeckt, wo der Ruf des Hokkos regelmäßig zu hören war. Valerie hatte den Vogel zwar noch nie gesehen, aber Guy hatte drei- oder viermal einen flüchtigen Blick auf ein Exemplar werfen können.

Ich war sprachlos. Sie hatten acht Monate damit zugebracht, Tag und Nacht nach diesem großartigen Mordstruthahn zu suchen, und Valerie hatte noch keinen einzigen gesehen. Es überraschte mich nicht mehr, daß die Welt glaubte, der Vogel sei ausgestorben. Sie hatten keine Ahnung, wie viele Hokkos es noch gab, da sie immer nur zufällig auf ein Exemplar gestoßen waren und es sonst offenbar nirgendwo mehr welche gab. Es konnte gut sein, daß nur noch ein Dutzend Vögel am Leben waren.

Bis mir Guy all dies erklärt hatte, waren wir in Montero angekommen. Es war nach demselben Prinzip gebaut wie Santa Cruz, mit einer zentralen Plaza und dem Blocksystem ringsherum. Ich sah ein paar Japaner aus einem Geschäft kommen, und Guy erklärte mir, daß am Stadtrand eine große japanische Kolonie existierte. Sie hatten die japanische Insel Okinawa am Ende des Zweiten Weltkriegs aus Angst vor den amerikanischen Besetzern verlassen und waren auf der Suche nach einer neuen Heimat von Land zu Land gesegelt. Sie waren überall abgewiesen worden, bis Bolivien sie schließlich aufnahm. Mittlerweile waren sie fest etabliert und pflanzten Baumwolle, Zucker, Reis und Kaffee mit der gewohnten japanischen Effizienz an.

Wir blieben nicht lange, und ich erfuhr, daß wir die letzte Etappe mit dem *Micro,* einem speziellen Bus mit Vierradantrieb, zurücklegen würden. So wurde ich in die typisch bolivianische Art zu reisen eingeweiht. Der Micro ist ein kleiner Bus mit nur etwa zwanzig Sitzen. Die Räder sind unverhältnismäßig groß, um mit dem nichtexistierenden Straßenbelag fertig zu werden. Wir hatten Glück, daß wir Sitzplätze bekamen, denn für die dreißig Kilometer braucht man über eine Stunde. Der Fahrer fuhr erst los, als er so viele Leute wie möglich – einschließlich ihrer Säcke mit Reis und lebenden Hühnern – in den Bus gepfercht hatte. Das Armaturenbrett säumten Bildchen und Plastikstatuen Christi und der Muttergottes. Ich hoffte, daß diese Frömmigkeit kein Hinweis auf den Charakter der bevorstehenden Fahrt war.

Der Bus war unglaublich voll, und obwohl die Tür offenblieb, schnellte die Temperatur wegen der mangelnden Belüftung in die Höhe. Die Staubstraße hatte jetzt sogar noch mehr Schlaglöcher, und bei all dem Kreischen des Getriebes und dem dröhnenden Motorenlärm war jede Unterhaltung unmöglich. Ich beschloß, die Aussicht zu genießen.

Die Felder wirkten hier etwas weniger organisiert, aber das Panorama war noch immer langweilig flach und baumlos. Guy, der hinter mir saß, klopfte mir auf die Schulter und zeigte auf ein paar weit entfernte Bergkuppen. »Amboro!« schrie er. Als wir die Brücke über einen weiteren, unglaublich breiten Fluß passierten, den man nur noch als überschwemmte Ebene beschreiben kann, begann Amboro Konturen anzunehmen. Obwohl er noch immer ein Stück weit entfernt war, erhielt ich einen ersten Eindruck von der Größe des Nationalparks. Wenige Minuten später zeigte Guy auf einen Kirchturm, der hinter einem Hügel aufragte. »Buena Vista.«

5
Buena Vista

Der Bus verließ die Hauptroute und steuerte den Hügel hinauf in Richtung Buena Vista. Die Armut hier kam ziemlich überraschend für mich nach dem beinahe europäisch anmutenden Santa Cruz. Außer dem Haus des Priesters sind alle Häuser in Buena Vista einstöckig. Die meisten sind Lehmhütten: nicht besonders stabile, mit Erde bedeckte, gitterartige Konstruktionen aus Holz. Die Straße war tief ausgefahren. Halbnackte Bengel rannten ausgemergelten Hunden nach.

Als wir auf die Plaza kamen, war das fehlende Leben und Treiben das, was mir am stärksten auffiel. Buena Vista war eine Geisterstadt. Da wir als einzige Fahrgäste ausstiegen, mußten wir über die Säcke der anderen hinwegklettern. Der Micro fuhr davon und hupte zum Abschied. Die Insassen starrten uns nach; die mutigeren winkten sogar. Ich winkte zurück, was große Heiterkeit auslöste. Dann waren sie um die Kurve verschwunden. Schweigen hüllte uns ein. Buena Vista war ruhiger als eine Maus in Hausschuhen.

Wir standen auf einer Kiesstraße, umgeben von meinem Gepäck, und betrachteten die Sehenswürdigkeiten.

»Oje«, war alles, was mir dazu einfiel.

Die Straße begrenzte das zentrale Quadrat, das von niedrigen, ausladenden Bäumen mit knolligen Stämmen gesäumt wurde. Auf der einen Seite der Plaza dominierte eine rote Steinkirche mit einem zerbröckelnden Glockenturm fast auf der gesamten Länge. Auf allen anderen Seiten wurde die Plaza von einem zwei Fuß hohen Gehsteig und langen, einförmigen, einstöckigen Gebäuden flankiert. Mit ihren zweiteiligen Türen und den hölzernen Läden sahen die Häuser aus wie Ställe. Abgesehen von der Kirche und dem angrenzenden Pfarrhaus war der Platz völlig symmetrisch.

Guy führte mich zu einem der offenen Eingänge. Eine kleine Holztafel zeigte an, daß er zum Büro des Amboro-Nationalparks gehörte. Drinnen sah es aus wie in einem leeren Kohlenschuppen. Die einzigen Möbel waren zwei Schreibtische und eine Glühbirne. Der Boden bestand aus unebenem Backstein. Jemand hatte versucht, die ausgebesserten Steinwände mit Tierpostern aufzuheitern.

Nach der Analyse meiner ersten Eindrücke kam ich zu dem Schluß, daß mein »Oje« den Nagel so ziemlich auf den Kopf getroffen hatte.

Am Schreibtisch saß ein ausnehmend hübsches junges Mädchen, das nicht besonders effizient auf einer großen, antiquierten Schreibmaschine herumhackte. Als wir hereinkamen, blickte sie schüchtern auf. Ich schätzte sie auf ungefähr vierzehn, was schade war, denn sie war beinahe eine Schönheit. Guy stellte mich Charo vor. Da ich kein Spanisch konnte, lächelte ich nur. Guy lachte und scherzte eine Weile mit ihr und fand heraus, daß Robin in Pablos Bar war.

Ich war erleichtert zu hören, daß es eine Bar gab. Wir machten uns auf die Suche nach Robin und gingen eine von Lehmhütten gesäumte, ausgefahrene Sandspur hinunter. Die Bar bestand aus einem Schuppen mit zwei Räumen und einem Hinterhof. In einem der Zimmer schlafen Pablo, der Eigentümer, seine Frau und vier Kinder. Das Ganze gilt als Bar, weil es im anderen Raum einen großen, vollen Kühlschrank und einen Flaschenöffner gibt.

Robin, ein braungebrannter, leicht untersetzter kleiner Mann mittleren Alters, saß allein auf einer Holzplanke mit einer Flasche Bier als Gesellschaft. Er schüttelte mir die Hand und sagte, ich solle mir eine Flasche *Ducal* – das ortsübliche Bier – holen. Ich folgte Guys Beispiel, nahm eine Flasche und ein Glas aus dem Kühlschrank und setzte mich zu Robin auf die Planke. Er goß sich von meinem Bier nach. So saßen wir zwischen Hühnern und Gänsen und tranken eine Flasche um die andere. Dabei sprachen wir über nichts Weltbewegendes, einfach über meine Reise und die gegenwärtige Situation in Buena Vista und Amboro. Als es dunkel wurde, sahen wir zu, wie die Hühner auf die Bäume kletterten, um zu schlafen, während die Motten die einsame Straßenlampe umschwärmten. Schließlich stand Robin auf und forderte mich auf, mit zu ihm nach Hause zu kommen. Er warf sein altes Motorrad an. Als es sich in Bewegung setzte, sprang ich auf. Es war nicht ganz einfach, mit dem Rucksack auf dem Rücken das Gleichgewicht zu halten. Während der Fahrt erklärte mir Robin, daß das Motorrad weder Bremsen noch eine Kupplung besaß. Daß die Reifen keinerlei Profil mehr hatten, war mir zuvor schon aufgefallen. Ich bedauerte, daß ich nicht noch ein paar weitere Biere getrunken hatte. Wir fuhren in völliger Dunkelheit, bis wir zu Robins Einzimmerhaus kamen. Guy folgte uns vernünftigerweise zu Fuß.

Robin und ich plauderten noch etwa eine halbe Stunde über meinen Beitrag zur Arbeit im Park. Er meinte, daß ich vermutlich nicht viel Zeit hätte, mich meinem Hobby, der Herpetologie, zu widmen, da er und seine Mitarbeiter praktisch ausschließlich Material über den Hokko sammelten. Mitten im Satz stand er plötzlich auf und legte sich aufs Bett. Er zog Schuhe und Socken aus und sagte zu Guy: »Nimm die Nadel dort auf dem Regal. Ich hab' einen *Chigger*.«

»Soll ich ihn rausholen?«

»Natürlich!«

Robin winkte mich näher heran und sagte: »Du paßt besser auf, Oliver. Du wirst bestimmt auch welche kriegen.«

»Klar, aber – ähm – kannst du mir sagen, was ein Chigger ist?«

»Mach schon, Guy. Stich zu. Ja. Ein Chigger ist ein Sandfloh. Man kriegt sie, wenn man barfuß läuft.«

»Aha. Und was machen sie?«

Guy nahm eine Nadel und pikte vorsichtig in Robins Fuß.

»Sie graben sich unter die Haut ein und sterben. Autsch! Scheiße! Sei vorsichtig. Sieh zu, daß er nicht platzt.«

»Er stirbt ...«, half ich nach.

»Ja. Und dann wird er zu einem Fortpflanzungsbeutel für die Eier, die sich schließlich in Larven verwandeln.«

»Dann hast du also einen Beutel voll Larven in deinem Fuß.«

»Nein, man muß sie herausholen, bevor sie schlüpfen, sonst scheißen sie, und es kommt zu einer Entzündung.«

Guy fügte hinzu: »Wenn du dir etwas vorstellen kannst, das noch mehr juckt als das, was am allermeisten juckt, dann jucken diese Dinger noch mehr.«

»Juckt also ziemlich, was?«

»Ja.«

Ich begann mich zu fragen, ob sie wohl beide verrückt seien.

»Hab' ich dich!«

»Ahhh! Hast du ihn draußen?«

»Ja, und er ist nicht geplatzt.«

Guy zeigte mir die Nadel mit einer aufgespießten Blase voll Fliegeneier.

»Mmm, hübsch.«

Robin stand auf und ließ die Hosen herunter.

»Ich geh' ins Bett. Du kannst bei Guy schlafen.«

»Okay.«

Als wir in der mitternachtsschwarzen Dunkelheit eine Sandspur entlangwanderten, fragte ich mich, ob dies wohl ein typischer Tag in Bolivien war. Guy führte mich vom Pfad weg in ein Feld. Halb verdeckt von Gestrüpp fanden wir seine Hütte, die er »das Weiße Haus« nannte. Obwohl er eine Kerze für mich anzündete, war ich zu müde und zu betrunken, um noch einen Kommentar zur Einrichtung abzugeben. Ich legte mich auf ein altes violettes Sofa und wickelte mich in ein dünnes Leintuch ein, das dazu diente, die Farbe des Sofas zu verbergen. Etwas nervös wegen eventueller fieser kleiner Viecher, rollte ich mich zusammen und vergewisserte mich, daß ich rundherum gut eingepackt war. In der nächsten Sekunde träumte ich bereits zufrieden davon, wie ich eine Hypothek für ein Baumhaus arrangierte.

Am nächsten Morgen wachte ich früh auf. Guy war bereits aufgestanden. Ich war erleichtert, daß das Haus keine Lehmhütte war, sondern ein hübscher Bungalow mit zwei Zimmern. Der Boden war geflicst, und die Wände waren verputzt. Das kleinere Zimmer gehörte Valerie, das andere war Küche, Eßzimmer und Guys Schlafzimmer. Es gab weder Elektrizität noch heißes Wasser oder Teppiche und für meinen Geschmack etwas zu viele Kakerlaken und Spinnen. Ich war jedoch angenehm überrascht vom Grad der Zivilisation.

Valerie war mit Clemente, einem der beiden Parkwächter, im Park; so konnten Guy und ich uns erst einmal etwas näher kennenlernen. Es stellte sich heraus, daß er nicht gefragt worden war, ob man mich kommen lassen sollte, was ihn so ziemlich auf die Palme gebracht hatte. Außerdem fand er, das Haus sei zu klein für drei. All dies erzählte er mir äußerst taktvoll, aber ich wurde ziemlich wütend über den Mangel an Organisation. Nachdem ich von so weit hergekommen war, gefiel es mir ganz und gar nicht, daß meine Anwesenheit als Belastung empfunden wurde. Ich war jedoch froh, daß ich Guy kennenlernen konnte, ohne daß die verrückte Vegetarierin dabei war.

Ich hatte noch immer dreitausend Dollar in meinen Boxershorts und wollte sie an einem sicheren Ort verwahren, bevor ich einen Ausschlag bekam. Guy nahm mich zur Plaza mit und stellte mich den Priestern vor. Er meinte, ich solle sie bitten, für mich auf das Geld aufzupassen. Bei ihnen wäre es am sichersten, da die einheimischen Diebe entweder den Zorn Gottes fürchteten oder den Safe nicht aufkriegten.

Wir klopften an die Tür hinter der Kirche. Ich wurde den *Padres* Paul und Dennis vorgestellt. Paul war ein Amerikaner in den Fünfzigern, der schon über zwanzig Jahre in Buena Vista lebte. Dennis, ebenfalls ein Amerikaner, hatte soeben seinen Abschluß in Theologie gemacht und sammelte erste Erfahrungen als Missionar. Er verbrachte ein Jahr in Buena Vista, bevor er sich entscheiden wollte, welchem religiösen Orden er beitreten würde. Paul war gern bereit, auf mein Geld aufzupassen, und die beiden sagten, ich solle sie besuchen kommen, sobald ich mich eingerichtet hätte.

Ich beschloß, nach Santa Cruz zurückzufahren, um mir einen neuen Schlafsack zu kaufen. Also ging ich zur Plaza und bestieg den nächsten Micro nach Montero. Es gab keinen Sitzplatz mehr, und ich verbrachte die nächsten anderthalb Stunden mit eingezogenem Kopf und gekrümmtem Rücken.

In Montero nahm ich ein *Trufi*, ein Gemeinschaftstaxi mit

drei Passagieren hinten und drei Personen vorn. Ich teilte den Vordersitz mit einer runden Frau von erstaunlichem Umfang. Unglücklicherweise behinderten ihre ausladenden Hüften die Gangschaltung, so daß der Wagen ständig im dritten Gang fahren mußte. Mit beträchtlicher Anstrengung schaffte sie es schließlich, ihr Gewicht auf mich zu wälzen, damit der Fahrer den Hebel in den vierten Gang knallen konnte. In der Zwischenzeit wurde ich von ihrem mächtigen Busen gegen die Tür gequetscht. Zwar fand ich zwischen ihren Brüsten ein Luftloch, doch das genügte nicht ganz. Kurz bevor ich blau anlief, kurbelte ich das Fenster herunter und steckte meinen Kopf in die herrliche Freiheit hinaus. Als ich leicht angeschlagen in Santa Cruz ankam, war es bereits spät. Also checkte ich wieder im Hotel mit den verschwindenden Safeschlüsseln ein.

Früh am nächsten Morgen machte ich mich auf die Suche nach den Campingzubehör-Geschäften, die mir Guy auf der Karte eingezeichnet hatte. Es waren nur zwei, und das erste hatte noch nie etwas von Schlafsäcken gehört. Zum Glück gab es wenigstens im anderen welche, und ich nahm einen der beiden, die mir zur Auswahl standen.

Als ich wieder auf der Straße stand, kam ein Einheimischer auf mich zu. Mir war bereits aufgefallen, daß Südamerikaner eine Vorliebe dafür haben, Fremde nach der Uhrzeit zu fragen, und aus der Zielgerichtetheit seiner Schritte erriet ich, daß er mich etwas fragen würde. Ich hatte mir eben die Übersetzung von »zehn nach elf« zurechtgelegt, als er mich ansprach.

»Wollen Sie Kokain kaufen?«

»Kokain? Ähm, nein, danke.«

Er nickte und ging weiter. Den Rest des Morgens verbrachte ich damit, Lebensmittel für unseren Aufenthalt im

Dschungel einzukaufen. Ich besorgte Reis, Dosenfleisch, Sardinen, ein paar Tütensuppen und eine große rosa Plastikplane, um daraus einen Unterschlupf zu machen, da der Park keine Zelte übrig hatte. Dann wechselte ich noch etwas Geld in Bolivianos, die örtliche Währung, und brach wieder nach Buena Vista auf.

Im Weißen Haus traf ich auf Valerie, die inzwischen aus dem Park zurückgekommen war. Sie stand auf und sagte: »Hallo, wo ist Robin?« Dieser Willkommensgruß sollte sich als anfängliche Schüchternheit entpuppen. Schon bald plauderten wir lebhaft miteinander. Ich hatte nicht das Gefühl, daß Valerie irgendeinen Grund hatte, schüchtern zu sein. Sie war eine tolle Frau – groß, schlank und von einer wohlgeformten Schönheit, die mich sehr beeindruckte.

Netterweise hatte sie ein Brathähnchen gekocht, und sie erklärte mir, mit den in Buena Vista erhältlichen Zutaten sei es praktisch unmöglich, vegetarisch zu essen, obwohl sie es versuchten.

Leider war mir damals die Größe ihrer Geste gar nicht bewußt. Man kann in Bolivien nicht einfach ins nächste Geschäft gehen und ein ofenfertiges Hähnchen kaufen. Man muß von Tür zu Tür durchs Dorf wandern und versuchen, die Einheimischen davon zu überzeugen, daß sie eines entbehren können. Mit viel Bitten und Wedeln mit Banknoten mag es einem gelingen, daß ein Einheimischer schließlich zustimmt. Der versucht dann, eins zu fangen. Der Begriff Freiland bekommt hier eine ganz neue Dimension, da die zum Tode verurteilte Henne in einer Bananenplantage Zuflucht sucht. Der Einheimische holt den Rest der Familie zu Hilfe. Abwechselnd jagen sie dann hinter der Henne her, bis diese erschöpft zusammenbricht. Dann geben sie dir den Vogel. Du gibst ihn zurück und signalisierst, daß du ihn tot willst. Mehrere Minuten lang tun sie so, als ob sie dich nicht verstünden, um einen höheren Preis herauszuschlagen. Schließlich gehst du auf einen Kompromiß ein und bietest eine Zigarette an. Da merkst du, daß die ganze Familie raucht, auch das drei Monate alte Baby. Sie brechen dem Huhn das Genick und reichen es dir, während es noch mit den Flügeln schlägt. Ihre Arbeit ist getan. Du mußt es jetzt rupfen, ausnehmen und kochen.

Wir aßen und tranken ziemlich viel an jenem Abend, und ich zog mich recht müde auf mein Sofa zurück. Am nächsten Morgen wachte ich spät auf. Ich fühlte mich etwas mitgenommen von den Ausschweifungen des vergangenen Abends. Verwirrt und verkatert setzte ich mich hin und versuchte herauszufinden, in welcher Reihenfolge ich meine Kleider anziehen sollte.

Einige Minuten schwankte ich unsicher, dann entschloß ich mich, nach dem Prinzip der Erreichbarkeit vorzugehen. Nur eine Socke war zu sehen, und da das Aufstöbern der zweiten bedeutet hätte, daß ich meine sitzende Position vorzeitig hätte aufgeben müssen, beschloß ich, darauf zu verzichten. Meine Augenlider waren bereits schwer nach dieser Anstrengung. Ich tastete mit den Füßen nach meinen Schuhen und versuchte faul, in den ersten hineinzuschlüpfen. Da berührten meine nackten Zehen etwas Kaltes, Feuchtes. Ich sprang auf, riß meinen Fuß aus dem Schuh und stieß einen Schrei aus. Dann hüpfte ich von einem Fuß auf den anderen, wie man das eben so macht, wenn man erst kürzlich aus einer gutbürgerlichen englischen Vorstadt gekommen ist und sich mit unvorstellbaren Schrecknissen in seinem Schuh konfrontiert sieht. Da bemerkte ich, daß Valerie und Guy meine Bewegungen belustigt verfolgten. Um nicht als vollkommener Idiot dazustehen, tat ich so, als machte ich meine

Morgenübungen, und fügte, um glaubhafter zu wirken, noch ein paar Rumpfbeugen hinzu.

Da sie unbeeindruckt schienen, gab ich das Theater schließlich auf und begann, meine Schuhe zu untersuchen. Ich nahm den Besen und gab dem Schuh mutig einen Stups. Nichts geschah. Ich stupste noch einmal und sprang aufs Sofa, als sich ein dunkles Etwas zeigte. Ein großer grüner Baumfrosch streckte seinen Kopf heraus, um zu sehen, woher all die Aufregung kam. Da es hier offenbar keine Ruhe mehr gab, stemmte er sich aus dem Schuh und hüpfte quer über den Fußboden zur offenen Tür hinaus in den Garten. Zum Glück kann ich über mich selbst lachen. Dies kam mir sehr zugute, denn in den nächsten Tagen sollte die Geschichte zu jedermanns Belustigung unzählige Male wiederholt werden.

Ich beschloß, mich selbst um eine Unterkunft für mich zu kümmern. Mit meinem Sprachführer bewaffnet, ging ich mir eine Wohnung suchen. Ich hatte erfahren, welches Haus der örtlichen Amateurmaklerin gehörte, also schüttelte ich den Vorhang, der vor ihrem Eingang hing. Sie führte mich zu der Grundschule hinter der Kirche, wo man mir einen vollkommen nackten Raum hinter dem Schulhof als Quartier anbot. Die Fensterscheibe war zerbrochen, und die Backsteinwände waren mit Spinnweben überzogen. Möbel gab es keine. Ich war nicht sonderlich beeindruckt, also begann sie, das Zimmer anzupreisen. Sie sagte, ich könne das Bad in der Schule benützen – einen Raum, der dem Zimmer sehr ähnlich sah, der aber außerdem über ein Betonpissoir, eine Kaltwasserdusche und ein Plumpsklo verfügte. Ich fragte, ob sie noch etwas anderes anzubieten habe.

Die Antwort war ein verzweifeltes *Sí*.

Die Frau schien erstaunt, daß ich diese erstklassige Unterkunft ausschlug. Während wir zur Plaza zurückgingen, betete ich um etwas Besseres. Dann zeigte sie mir ein Zimmer an der Plaza, beinahe neben dem Amboro-Büro. Dort wäre ich ganz für mich allein. Die Wände waren verputzt, und der Boden war gefliest. Zusätzlich konnte ich ein Bett aus der Rumpelkammer haben. Das Badezimmer war sauber und mit einer Glühbirne ausgestattet. Ich sagte, ich würde das Zimmer nehmen. Wir einigten uns auf sechzig Dollar im Monat. Die Maklerin warnte mich noch, daß sie mir das Zimmer nicht unbegrenzt vermieten könne. Die nächste Stunde brachten wir damit zu, die Elektrizität in Gang zu bringen. Da es keine Steckdosen gab, galt die ganze Mühe meiner einsamen Glühbirne. In der Rumpelkammer wählte ich ein Bett ohne sichtbare Tierbewohner und freute mich schon auf meine Unabhängigkeit. Dann ging ich zurück zum Weißen Haus, um meine Sachen zu holen.

Da es bereits spät geworden war und ich weder etwas zu essen noch irgendwelche Küchengeräte hatte, ließ ich mich überreden, auf ein Gemüsecurry zu bleiben. Bis es gekocht und gegessen war, hatte ich keine Lust mehr, mein ganzes Gepäck zur Plaza hinaufzuschleppen, also übernachtete ich bei den andern. Am nächsten Morgen stand ich kurz vor Mittag munter auf und begann, mein Gepäck zu meinem unmöblierten Lehm-Apartment hinaufzutragen. Als ich an Robins Haus vorbeikam, fing er mich ab und setzte sich auf die Straße, um mit mir zu plaudern. Er wollte, daß ich im Weißen Haus blieb.

Er erklärte mir, daß es in der Regel nur zwei Sorten Touristen in Bolivien gibt. Die einen sind Missionare, und die anderen haben mit der Kokainindustrie zu tun. Selbst nach all den Jahren mußte er sich bei den Bolivianern immer noch für seine Anwesenheit rechtfertigen. Viele glaubten ihm nicht, wenn er erklärte, warum er in den Dschungel ging.

Sie nahmen an, er habe seine eigene Kokaparzelle oder er suche Gold. Daß er Vögel beobachtete, überstieg ihre Vorstellungskraft. Um den Schutz der Natur im Amboro-Park durchzusetzen, sagte Robin, müßten wir unglaublich brutal sein. Kleinbauern von ihrem Land zu verscheuchen sei der einzige Weg, sie am weiteren Abholzen des Urwalds zu hindern. Deshalb waren alle, die mit dem Park in Verbindung standen, bei gewissen Einheimischen verhaßt. In den Anfängen hatten radikale Bauern Robin gedroht, ihn zu erhängen. Diese Gruppen nutzten noch immer jeden Vorwand, um dem Amboro-Nationalpark politisch zu schaden. Wenn ich allein neben der Plaza wohnte, könnte dies falsch verstanden werden. Es sei wichtig, daß alle sähen, daß ich fest zum Personal des Parks gehörte.

Ich war erst drei Tage da und wollte nichts aufs Spiel setzen, also machte ich kehrt und zog ins Weiße Haus zurück. Meine Rückkehr wurde nicht gerade begeistert aufgenommen, aber ich kümmerte mich nicht darum. Ich hatte die Nase voll. Ich packte meine Sachen aus und bereitete mich darauf vor, am nächsten Tag in den Regenwald des Amazonas zu gehen.

6
Der Amboro-Nationalpark

Um acht Uhr morgens wurden wir abgeholt und an den Rand des Parks gebracht. Der Pickup mit Vierradantrieb schüttelte uns auf der Ladefläche vollkommen durch, und die umherwandernden Kühe flohen vor uns von der Sandstraße. Vier Geier flogen von einem verwesten Hundekadaver auf, den sie zum späteren Verzehr zurückließen. Wir fuhren eine knappe Stunde, bis wir eine kleine Ansammlung von Hütten erreichten, die Terminal hieß: Endstation. Dies ist die letzte legale Siedlung vor dem Park. Der Fluß Surutu bildet die natürliche Grenze. Wir kletterten aus dem Wagen und gelangten durch eine Lücke zwischen den Palmen an einen riesigen Sandstrand. Er war ungefähr zwei- bis dreihundert Meter lang. Hier sah es aus wie am Mittelmeer.

Wir traten ans Wasser. Zu meiner Überraschung wateten Valeric und Guy einfach hinein. Der Fluß schien seicht zu sein, doch reichte er mir knapp bis an die Taille. Als wir auf der anderen Seite ankamen, enthielten meine wasserdichten Stiefel mindestens einen Viertelliter Wasser. Nachdem ich etwa hundert Meter darin vorwärtsgepatscht war, tauschte ich sie gegen meine Turnschuhe aus. Da diese gar nicht erst vorgaben, wasserdicht zu sein, ließen sie das Wasser ebensogut wieder hinaus wie herein.

Die Campesino-Familien, die illegal Landwirtschaft betreiben, stellen im Amboro-Park ein Problem dar. Sie hakken und brennen sich ihren Weg immer tiefer in das Schutzgebiet hinein. Manche von ihnen haben den Anbau von Reis und Yucca für den Eigenbedarf aufgegeben. In der Abgeschiedenheit des Parks ist der Reiz groß, Kokapflanzen anzubauen. Dies hat zwar bei den Einheimischen Boliviens Tradition – die Blätter werden gekaut, um den Hunger zu betäuben –, aber sie dienen auch zur Herstellung von Kokain für den Export.

Auf unserem Weg kamen wir an vielen solchen Kleinbauerngehöften vorbei. Bei einer besonders reichen Farm hielten wir an. Wir wußten, daß die Leute zwei Pferde besaßen, die wir zum Tragen unseres Gepäcks mieteten. Während der nächsten zwanzig Minuten versuchten wir, vier ungleich gepackte Rucksäcke auf zwei halbwilden Pferden festzubinden. Da es keine Sättel gab, an denen man die Rucksäcke befestigen konnte, rutschten sie alle paar Kilometer wieder herunter. Um die Pferde davon abzuhalten, sogleich wieder auf ihre Weide zurückzulaufen, mußten wir dicht hinter ihnen hergehen und ihnen den Weg mit großen Stöcken versperren. Wir folgten weiter unserem Pfad und kamen noch an drei, vier anderen kleinen Gehöften vorbei.

Die Pferde hatten sich schließlich mit ihrer Last abgefunden, und Valerie wartete bei ihnen, während Guy mich mitnahm, um mich Clemente, dem Parkwächter, vorzustellen.

Wir traten unter den Bäumen hervor auf eine Lichtung in die sengende Sonne. Dort stand eine sechs Meter lange Palmhütte, die sowohl der Schwerkraft als auch jeglicher architektonischen Konvention zu trotzen schien. Sie war in zwei Räume unterteilt. Einer diente als Schlafzimmer, der andere als Wohnzimmer. Türen gab es keine. Die Außenwände des Wohnbereichs waren nur halbhoch und reichten nicht bis ans Dach. So konnte der Rauch des offenen Feuers abziehen.

Wir fanden Clemente im vorderen Raum. Er ergötzte sich an seinem einzigen Luxus, einem kleinen Transistorradio. Ein gekrümmter Draht diente als Antenne. Die Batterien waren beinahe aufgebraucht, und im Lautsprecher knisterte und rauschte es. Man hörte kaum etwas. Doch er saß da und drückte sein Ohr gegen das Gerät, ein zufriedenes Lächeln um seinen breiten Mund.

Clemente war ein zierlicher Mann von etwa einem Meter fünfzig mit einem ausgesprochen runden, komischen Gesicht. Er trug eine grüne Wollmütze mit einer Troddel, ohne die ich ihn auch später nie zu sehen bekommen sollte. Neben seiner Frau wirkte er wie ein Zwerg. Sie war etwa so breit wie er groß. Geschäftig kümmerte sie sich um den Haushalt und bändigte ihre fünf kleinen Kinder mit unendlicher Geduld.

Clemente galt bei seinen Nachbarn als reicher Mann. Dank seiner Arbeit als Parkwächter hatte er ein regelmäßiges Einkommen, und zudem besaß er ein Pferd. Er lebte mit seiner Frau und seinen zahlreichen Sprößlingen in dieser Hütte. Alle sieben schliefen sie im selben Bambusbett. Die Kinder gingen nicht zur Schule. Die Familie hätte sich zwar das Schulgeld leisten können, aber die nächste Schule war zwanzig Kilometer entfernt in Buena Vista. Statt dessen verbrachten die Kinder den Tag damit, die Hühner zu jagen und am Fluß Wasser zu holen.

Sobald Clemente uns sah, sprang er auf. Guy stellte mich vor. Ich war erstaunt, mit welch tiefer, äußerst voll klingender, musikalischer Baßstimme ich begrüßt wurde. In England hätte Clemente zweifellos ein Vermögen als Sprechstimme in der Margarinewerbung verdient, vor allem wenn er noch einen irischen Akzent hätte nachahmen können. Leider konnte ich immer noch nicht mehr sagen als »Buenas *tardes«* (guten Abend). Ich sagte es trotzdem, obwohl es ja Morgen war.

Clemente war bis vor einem Jahr Jäger gewesen und eignete sich deshalb bestens als Parkwächter. Er hatte die ganzen gut vierzig Jahre seines Lebens im oder am Rande des Dschungels verbracht. In den letzten Monaten als Jäger hatte er Eier aus dem Nest eines Rasierklingenschnabel-Hokkos gestohlen. Dies ist ein naher Verwandter des Hornhokkos, ein großer Vogel mit einem schweren Körper, schwarzen Federn und weißen Schwanzspitzen. Clemente hatte sie behalten in der Hoffnung, daß sie schlüpfen würden und er sie als Haustiere halten könnte. Robin hatte die Küken gesehen, als er Clemente für den Park anheuerte, und sie im Interesse aller Ornithologen, die den Park besuchen sollten, unter Schutz gestellt. Diese Vögel gaben mir eine ungefähre Vorstellung davon, wonach wir suchten.

Wir überließen Clemente wieder seinem Radio und gingen auf den Pfad zurück. Kurz nachdem wir aufgebrochen waren, sahen wir die letzte und größte Farm. Sie gehört den Arnaldos. Guy warnte mich vor Señora Arnaldo: »Sie ist wahnsinnig.« Weiter ging er nicht darauf ein. Ich näherte mich deshalb der Gestalt, die uns schon von weitem unter dem Türrahmen einer großen Hütte hervor zuwinkte, mit einer gewissen Vorsicht.

Als wir näher kamen, war keine Erklärung mehr nötig. Eine ungefähr fünfzigjährige Frau stand in Abendkleid und Gummistiefeln vor einer Lehmhütte im Regenwald des Amazonas. Guy stellte mich vor, und ich sah mich gezwungen, ihr verschmiertes Gesicht zu küssen. Ich bot ihr eine Zigarette an, und sie nahm zwei, eine für später. Guy erklärte, daß wir viel zu tun hätten, und wir flohen schnell. Zum Abschied winkte sie erneut.

Nach einer Weile stießen wir auf einen weiteren breiten Fluß. Ich kniete mich in den Sand, um vor dem Weitergehen einen Schluck zu trinken. Als ich mich mit gewölbten Händen über das seichte Wasser beugte, entdeckte ich einen kleinen Fisch, ungefähr zweieinhalb Zentimeter lang. Er schwamm gegen die Strömung an und verschwand unter einem kleinen Schilfbüschel.

Ich rührte mich nicht, und meine Geduld wurde belohnt. Plötzlich flitzte er aus dem Schilf hervor und hielt abrupt in meinem Schatten an, nur Zentimeter von meinem Gesicht entfernt. Ich erkannte ihn an der ruckartigen Art, wie er schwamm, an seiner Größe und Gestalt, den roten und blauen Tupfen auf seinem goldenen Körper und – das war besonders auffällig – am schwarzen vorderen Rand seiner Rükkenflosse. Eine Verwechslung war ausgeschlossen: Es war ein Schmetterlingsbuntbarsch.

Völlig überwältigt von diesem einmaligen Erlebnis blickte ich auf, um Guy und Valerie ein Zeichen zu geben, damit sie an diesem erstaunlichen Erfolg meiner Feldforschung teilhaben konnten. Sie hatten jedoch nicht auf mich gewartet und befanden sich bereits dreißig Meter weiter flußaufwärts. Ich war empört. Ich wollte diesen Augenblick mit jemandem teilen, und nun war niemand da, den ich darüber belehren konnte, welch kurze Lebenserwartung ein Schmetterlingsbuntbarsch hat, welch wilde territoriale Gewohnheiten. Ich wollte von seiner Neigung, Aas zu fressen, und von seiner Vorliebe für langsam fließende, seichte Flüsse erzählen. Ich hätte meinem Gegenüber sogar sagen können, daß ein Schmetterlingsbuntbarsch in der Grosvenor Street bei Abdul's Aquarium zwei Pfund fünfzig kostete.

Nach kurzem Nachdenken beschloß ich, Guy und Valerie nicht zu rufen, da ich mir nicht sicher war, ob sie meine

Begeisterung für Schmetterlingsbuntbarsche teilten. Ich betrachtete meinen kleinen Wasserfreund noch eine Weile, bis die Angst, die andern aus den Augen zu verlieren, schließlich stärker war und ich ihnen nacheilte. Außer Atem holte ich sie ein. Guy betrachtete mich mit einem spöttischen Gesichtsausdruck. Aufregung und Begeisterung standen mir ins Gesicht geschrieben; meine Müdigkeit war verflogen.

»Ich hab' soeben einen Schmetterlingsbuntbarsch gesehen!« platzte ich heraus, bevor er mich fragen konnte. Er warf mir einen skeptischen Blick zu, ohne seinen Schritt zu verlangsamen.

»Das ist ein Fisch«, stöhnte ich, verzweifelt über die Einsamkeit des Genies.

»Oh, schön.« Er ging weiter, in Gedanken bereits woanders.

Ich stand da und starrte seinen Rücken an wie ein Kind, dessen Traumspielzeug drei Tage nach Weihnachten in den Müll geworfen wird. Schmollend zottelte ich hinter den andern her. Wir gingen den ganzen Tag weiter. Obwohl es mir noch gelang, den beiden meine Buntbarschbegegnung in näheren Einzelheiten zu schildern, erntete ich nicht die geringste Begeisterung.

Am späten Nachmittag kamen wir aus dem Dschungel heraus und überquerten einen Fluß. Auf der anderen Seite befand sich ein kleiner Holzschuppen. Ich war froh, daß wir unser Tagesziel erreicht hatten, denn ich war völlig erledigt. Nachdem wir mein Moskitonetz aufgehängt hatten, gingen wir alle zum Fluß hinunter, um ein Bad zu nehmen.

Ein Felssturz hatte eine grünschimmernde, klare Lagune geschaffen. Guy und Valerie zogen sich mit der Entspanntheit echter Naturisten aus. Vielleicht hatte Bolivien sie von der Scham befreit, ich jedoch war ein Neuling. Nackt zu sein war nicht die feine englische Art, es hatte etwas peinlich Kontinentales, gar Skandinavisches an sich. So stand ich in meinen bauschigen Boxershorts da, weiß wie eine Milchflasche, und machte Stielaugen. Zum Glück tauchten die beiden sogleich ins Becken, und das Wasser verhüllte ihre Dreistigkeit.

Ich zog meine Socken aus und streckte vom Rand einen Zeh hinein. Die Sandflöhe hatten sicher ihren Spaß an meinem prüden Fleisch. Ach, was soll's! Schließlich spiele ich auch Rugby. Ich schälte mich aus den Hüllen der Zivilisation und schützte unbewußt meine sonnenscheue Männlichkeit, indem ich mich am Bein kratzte, wo es mich praktischerweise gerade juckte. Dann stieg ich ins Wasser und verschwand. In meiner Hast hatte ich gar nicht gemerkt, wie tief es war.

Prustend kam ich wieder an die Oberfläche. Jetzt, da meine Mannestugend getarnt war, entspannte ich mich und genoß den Luxus.

»Das ist ja herrlich!« rief ich begeistert.

»Ja«, antworteten die Veteranen, die mit der Seife beschäftigt waren.

Ich planschte herum und ließ meine Beine an der Oberfläche treiben. Zufrieden paddelte ich dahin, bis ich merkte, daß ich in dunkles Wasser geraten war. Die unbekannten Tiefen ließen mein Paddelboot den Turbo-Rückwärtsgang einlegen. Als ich wieder ins Flache zurückkam, sagte Guy: »Man muß vorsichtig sein in diesen Tümpeln. Wir bleiben nie allzu lange drin.«

»Und warum das?« fragte ich und tat so, als ob ich ganz ruhig bliebe.

»Nun, es gibt einen winzigen Fisch, der in diesen Flüssen lebt. Er ist so klein, daß er in jede Öffnung schwimmen kann.«

»Tatsächlich«, spottete ich.

»Ja, letztes Jahr mußte man einem Mann den halben Pimmel abschneiden, um so einen Fisch rauszukriegen.«

»Ja, bestimmt«, höhnte ich, während ich verstohlen die Spitze meines kostbaren Anhängsels zudrückte. Guy lachte und stieg aus dem Wasser.

»Glaub, was du willst.«

Ich folgte ihm zehn beherzte Sekunden später. Erfrischt begannen wir, Wasser zu holen und Holz für ein Feuer zu sammeln, als ein Junge in unser Lager kam, um die Pferde zu holen. Er wirkte so empörend frisch nach dem langen Weg, daß ich sein Grinsen kaum aushielt. Wir gaben ihm eine Tasse Kaffee, in die er die durchschnittliche bolivianische Zuckermenge schaufelte, etwa sechs volle Löffel. Wenigstens waren es Teelöffel. Er schüttete das Gebräu hinunter und sprang auf eins der Pferde. Dem anderen warf er einen Strick um den Hals und trieb sein Reittier mit einem Stock an. Schon nach kurzer Zeit war er nicht mehr zu sehen.

Bis unser Essen gekocht war, war es dunkel. Es gab Sardinen und Reis, die erste Mahlzeit an diesem Tag. Ich war so erschöpft, daß ich nur noch einmal versuchte, die Geschichte von meinem Schmetterlingsbuntbarsch anzubringen, aber sie rief noch immer keinerlei Reaktion hervor. Ich tröstete mich mit dem Gedanken, daß die beiden in Sachen Buntbarsche eben Banausen waren. Obwohl der Boden sehr hart war, schlief ich rasch ein und träumte, daß ich von meinem Wasserfreund gebissen wurde. Während einer besonders aggressiven Attacke wachte ich auf und sah, daß Dutzende von Ameisen zufrieden an mir herumknabberten. Außerdem mußte ich in meinem nächtlichen Kampf um mich geschlagen haben, denn das Moskitonetz war verrutscht, so daß hungrige Moskitos eindringen konnten.

Nachdem wir Kaffee gekocht hatten, brachen wir in aller Herrgottsfrühe auf. Ich hatte bereits Blasen an den Füßen und einen Sonnenbrand im Nacken. Außerdem fühlte ich mich vollkommen steif. Ich sah dem Tag mit einer gewissen Beklommenheit entgegen. Bald erfuhr ich, daß es nun keine eigentlichen Wege mehr gebe. Es würde also ziemlich mühsam werden mit meinem schweren Rucksack. Als wir wieder im Dschungel waren, fehlte jegliche Spur einer menschlichen Besiedlung. Offenbar folgten wir zwar einem Pfad, aber ich konnte keinerlei Anzeichen dafür erkennen. Die Bäume wurden immer größer; der häufigste war eine Art Ficus mit riesigen, stützpfeilerartigen Wurzeln. Wir sahen keine Tiere, aber wir hörten Schreie von Vögeln, die über dem Blätterdach aufflogen. Es war feucht und dunkel.

Wir mußten ein Stück Sumpf durchqueren, indem wir über einen riesigen umgefallenen Baumstamm balancierten. Guy, der die Prozession anführte, gab Ratschläge nach hinten. »Paß auf, daß du nicht ausrutschst, hier unten gibt es jede Menge Schlangen.«

»Klar, Guy, wird gemacht.« Die Ratschläge gingen weiter, als wir einen glitschigen Erdwall hinunterkletterten.

»Paßt auf die Höhlen der Gürteltiere auf.«

»Okay, kein Problem.«

Wir marschierten weiter, sorgfältig zwischen die Gürteltierlöcher tretend, während Schwärme von blauköpfigen Papageien über uns herabstürzten und kreischten. Der Name dieser Vögel ist etwas irreführend, denn ihr auffälligstes Merkmal ist der rote Schwanz.

Guy und Valerie blieben völlig ungerührt. Ich aber mußte dagegen ankämpfen, mir meine Freude nicht anmerken zu lassen.

Wir wanderten stetig bergauf. Der Wald wurde jetzt dichter. In den Lücken zwischen den Bäumen machten sich Farne und kleine Palmen breit. Bald wurde der Dschungel praktisch undurchdringlich; deshalb arbeiteten wir uns zu einem Fluß durch. Es war eine Erleichterung, wieder im Freien zu stehen. Dankbar trank ich etwas Wasser, bevor ich im Flußbett weiterging.

Die ersten paar Kilometer war es flach, und ich konnte die Landschaft genießen. Hinter jeder Kurve bot sich ein verblüffend neuer Anblick. Obwohl der Fluß im allgemeinen recht seicht war, bildete er gelegentlich tiefe, klare Becken mit scharfen Felskanten. Auf beiden Seiten stieg der Urwald steil an. Riesige, von Moos, Orchideen und Lianen überwucherte Bäume säumten das Ufer. Es gab Palmen und Farne in allen Größen und Formen im Überfluß. Die Temperatur stieg auf über dreißig Grad an, und die hohe Luftfeuchtigkeit zwang uns, häufig auszuruhen.

Ich entdeckte tiefe, dreizehige Fußabdrücke im Flußbett. Sie mußten von einem Tapir stammen. Außerdem gab es Rehspuren, kleine Katzenspuren und über mehrere Kilometer die Spuren einer Raubkatze, die so groß waren wie meine Hand. Sie stammten entweder von einem Puma oder von einem Jaguar. Ich beschloß, vor meinem nächsten Dschungelausflug die Gipsabdrücke im Büro etwas genauer zu studieren. Die einzigen Lebewesen, die wir sahen, waren Vögel und Schmetterlinge. Große Morphofalter mit neonblauen Flügeln sausten um uns herum, kleinere rot- und orangefarbene Schmetterlinge aus der Familie der *Heliconinae* flatterten auf die Sandbänke, um dort das Salz aufzulecken. Während unserer Ruhepausen landeten tollkühne Schmetterlinge gelegentlich auch auf meiner Hand, um den salzigen Schweiß aufzulecken.

Der auffallendste Vogel, den wir zu sehen bekamen, war

der Glattschnabel-Orapendola. Er hat entfernte Ähnlichkeit mit einer Krähe, aber Kopf und Schwanz sind gelb. Er kann den Ruf praktisch aller anderen Waldvögel nachahmen. Dieser Vogel ist der Alptraum jedes Ornithologen, da er außer der Fähigkeit, andere perfekt nachzuahmen, auch noch mindestens dreißig eigene Rufe besitzt. Tropische Vögel haben in der Regel beim Brüten nur eine Erfolgsrate von etwa fünfundzwanzig Prozent. Die Orapendolas vermehren sich dagegen äußerst erfolgreich. Sie nisten in Zwölfergruppen. Dazu webt jeder ein langes, herabhängendes Korbnest, das sie wie die Strümpfe zu Weihnachten an die äußersten Äste hoher Bäume hängen. Auf diese Weise gewinnen sie einerseits durch ihre Zahl an Sicherheit, andererseits ist das Nest selbst für noch so entschlossene Schlangen praktisch unerreichbar. Die größten Feinde der Orapendolas sind Fliegen, die auf den kleinen Orapendolas ihre großen Eier ablegen. Wenn die Larven schlüpfen, kriechen sie in die Nasenlöcher der Küken und beginnen, sie von innen aufzufressen. Die Orapendolas wehren sich gegen diese Fliegen, indem sie nur auf Bäumen nisten, in denen es auch Wespen- oder Bienennester gibt. Diese töten alle anderen Insekten und halten so auch die Fliegen fern.

Allmählich begann der Fluß, steil anzusteigen. Mit zunehmender Müdigkeit verlor ich jedes Interesse an der Landschaft. Ich konnte nur noch die Zähne zusammenbeißen, um durchzuhalten. Nachdem wir etwa fünf Stunden lang über immer höhere Felsblöcke geklettert waren, war ich dem Zusammenbruch nahe. Zum Glück kamen wir kurz darauf beim Basislager des Forschungsgebiets an. Wir waren an diesem Tag etwa sechs Stunden gewatet, geklettert und gehüpft; am Tag zuvor waren es sieben Stunden gewesen. Meine Füße litten Todesqualen.

Das Basislager bestand aus einer flachen Sandbank am Fluß. Ich hatte kein Zelt, also baute ich mir einen Unterschlupf aus meinem Moskitonetz und deckte es mit einer Plastikplane ab. Obwohl es noch zwei Stunden lang hell sein würde, war ich nicht in der Stimmung, jetzt noch nach dem blödsinnigen Truthahn Ausschau zu halten. Ich war froh, daß Valerie ebenso erschöpft wirkte. Wir schwammen noch kurz im Fluß und kochten dann unser Abendessen.

Mein Kontakt mit der lokalen Fauna beschränkte sich bis dahin auf Insekten. Die Moskitos konnten durch ein Hemd und sogar durch Segeltuchhosen hindurchstechen. Es gibt kleine Fliegen, die unsichtbar sind, bis sie einen gestochen haben. Du spürst einen scharfen Stich und blickst in Erwartung einer riesigen Killerwespe erschrocken an dir hinunter, siehst aber nichts. Wenn du genauer hinschaust, erkennst du einen winzigen schwarzen Punkt. Und selbst wenn du das Insekt zerquetschst, entsteht an der Stelle eine Schwellung und eine Rötung. Sie versuchen nie wegzufliegen. Es hat den Anschein, als ob diese Kamikaze-Insekten einzig das Ziel verfolgten, dir Schmerz zuzufügen. Sobald sie das geschafft haben, sind sie gern bereit zu sterben.

Dies war erst mein zweiter Tag im Dschungel, und ich träumte bereits von Insektenbekämpfungsmitteln – von der Fliegenklatsche bis hin zu Napalm. Ich sah aus, als ob ich eine schlimme Art von Windpocken durchgemacht hätte. Am Abend zuvor hatte ich in der vergleichsweisen Sicherheit meines Schlafsacks meinen Körper untersucht und entdeckt, daß ich irgendwo mehrere Zecken aufgelesen hatte. Dies sind die schlimmsten Krankheitsträger für den Menschen. Sie übertragen einfach alles. Glücklicherweise leben sie in dieser Gegend hauptsächlich von Tapiren. Das heißt, daß sie Tapirkrankheiten übertragen und für uns nicht besonders gefährlich waren.

Die Zecken graben ihren Kopf in die Haut ein und saugen Blut. Damit füllen sie ihre flachen Körper, und in wenigen Tagen haben sie das Mehrfache ihrer ursprünglichen Größe erreicht. Mir schien, als ob sie sich schneller eingrüben, als ich sie herausziehen konnte. Manchmal schrauben die größeren ihren Kopf so tief in die Haut ein, daß jeder Versuch, sie zu entfernen, sie köpfen würde. Dann müssen die Köpfe ausgegraben werden, was eine stark infizierte Wunde hinterläßt.

Während unser Topf mit Sardinen und Reis vor sich hinköchelte, rauchte ich mindestens zehn Zigaretten und schlug dauernd auf die Schwärme von Insekten ein. Die Dunkelheit brachte eine gewisse Erleichterung; die Moskitos verfügen jedoch über einen gut funktionierenden Blutradar. Wir gingen früh schlafen. Der Wecker war auf fünf Uhr dreißig gestellt.

Um zwei Uhr morgens brach ein Sturm los, der meinen improvisierten Unterschlupf zunichte machte. Die Plastikplane wurde aus ihrer Verankerung gerissen. Ich war durchnäßt und verbrachte den Rest der Nacht zitternd zusammengerollt in den letzten noch annähernd trockenen sechzig Zentimetern meines Schlafsacks und hielt die Plastikplane über meinem Kopf fest. Trotz dieser Härteprüfung gefiel mir das Abenteuer, im Dschungel des Amazonas zu sein, nach wie vor. Beim ersten Tageslicht stand ich auf und fühlte mich frisch.

Ich spazierte ein paar Schritte flußabwärts, kletterte das Ufer hinauf und ging ein paar Meter in den Dschungel hinein, um mich zu erleichtern. Mit einer Machete grub ich mir meine private Latrine.

Meine Hosen hingen mir um die Knöchel, als ich ein Rascheln hörte. Es war so nahe und so deutlich, daß mein Darm sofort reagierte. Aus meiner kauernden Position heraus versuchte ich, den Ursprung des Geräuschs auszumachen. Das Rascheln kam vom Sims einer Felsbank und war jetzt noch lauter geworden. Das scharfe Knacken eines Zweiges brach schließlich den Bann, der mich wie gelähmt hatte verharren lassen.

Ein Jaguar!

Ich griff nach meinen Hosen und sprang auf. Sie blieben an einer Wurzel hängen. Halbnackt und am Boden verhakt, fühlte ich mich wie ein alttestamentarisches Opferlamm. Gleich würde die Bestie zuschlagen.

Ich riß verzweifelt an meinen Hosen. Sie kamen frei, und ich fiel nach vorn. Stolpernd hielt ich mich an einem kleinen Baum fest. Dann zog ich mich hoch. Ein Schatten zeigte sich auf der Felsbank und stieß zweimal ein tiefes, hustenähnliches Bellen aus.

Es war ein hungriger Jaguar!

Gegen den Baum gelehnt, spürte ich plötzlich zwei scharfe Stiche auf meinem Handrücken und dann einen quälenden Schmerz, der bis in den Arm hinauf brannte. Der Schock ließ mich meine Hosen loslassen, und sie glitten wieder hinunter. Meine verletzte Hand umklammernd, hüpfte ich so schnell von dem Baum weg, wie es meine Hosen erlaubten. Meine weißen Hinterbacken boten sich dem Jaguar dar wie zwei saftige Rumpsteaks. Als ich genug Platz hatte, verhüllte ich meinen empfindlichsten Körperteil und wandte mich, einigermaßen anständig bedeckt, meinem Angreifer zu.

Das Rascheln wurde jedoch schwächer und verschwand im Dschungel. Als ich mir einigermaßen sicher war, daß ich nicht mehr von der Raubkatze angegriffen würde, blickte ich auf meine Hand hinunter und machte mich auf das Schlimmste gefaßt. In der Tat gab es zwei Einstiche, aber statt Bruchstücken von Schlangenzähnen saßen da zwei kleine rote Ameisen, die ihre Kiefer tief in mein Fleisch gegraben hatten.

Es waren Palacanthia-Ameisen. Sie heißen so, weil sie in Symbiose mit den Palacanthia-Bäumen leben. Der Baum bildet ihren Lebensraum und versorgt sie mit einem geschmackvollen Saft. Im Gegenzug verteidigen die Ameisen ihren Wirt heftig gegen jeden Angriff von Tieren oder Insekten. Außerdem fressen sie sein näheres Umfeld ab, um ihn vor Schößlingen oder Ranken zu schützen, die seinen Lebensraum beeinträchtigen könnten. Der kleine Baum wächst schnurgerade nach oben. Er ist unberührbar und von einem Kreis nackter Erde umgeben. Von den Einheimischen wird er deshalb *Palosanto* (heiliger Pfahl) genannt, aus dem dann das Wort Palacanthia abgeleitet wurde.

Die Bisse dieser Ameisen schmerzen so sehr, daß die Tiere in die medizinischen Institute Nordamerikas gesandt werden, wo sie zur Behandlung von Arthritis dienen. Diese Insekten müssen nicht provoziert werden, damit sie zubeißen. Es heißt, ihr Gift lindere die Entzündung der angeschwollenen Gelenke von Arthritiskranken.

Die Bisse betäubten meine ganze Hand. Ich kam mir ziemlich lächerlich vor, wischte die Ameisen weg und ging rasch zum Lager zurück. Die Haare in meinem Nacken kribbelten, und ich mußte mich alle paar Schritte umdrehen, um nach Anzeichen für einen erneuten Angriff zu suchen.

Guy saß beim Feuer und machte Kaffee. Ich erwähnte ganz sachlich die Geräusche, die ich gehört hatte. Er blickte in die Richtung, in die ich zeigte, und sagte unruhig: »So klingt ein Jaguar.«

Zu diesem Schluß war ich ebenfalls gekommen. Aber da Guy meine Vermutung bestätigte, wollte ich nicht noch mehr Aufmerksamkeit auf mein gefährliches Verhalten lenken. Ich hatte den Jaguar aus seinem Verdauungsschläfchen aufgeschreckt, und er war verärgert über die Störung. Hätte er mich fressen wollen, hätte ich ihn bestimmt nicht gehört.

Nach dem Kaffee brachen Guy und ich auf, um nach dem Truthahn zu suchen. Wir verließen den Fluß und kletterten in den Dschungel hinauf, kämpften uns durch Dickichte und stachlige Ranken. Als wir über eine dunkle, sumpfige Lichtung kamen, war ich ein paar Schritte hinter Guy, als ich direkt vor mir eine große, blaugraue Schlange sah. Sie lag aufgerollt da und war bereit, vorzuschnellen. Ihr Mund war stark deformiert. Guy mußte ihr auf den Kopf getreten sein. Ich stand meinem ersten Studienobjekt gegenüber und war vollkommen verwirrt. Nachdem wir die Schlange fotografiert hatten, ließen wir sie über den feuchten Sumpf davongleiten.

Wir gingen weiter den steilen Hang hinauf, bis wir an den unteren Rand der riesigen Felswand kamen, die noch aus dreißig Kilometern Entfernung von Buena Vista aus zu sehen ist. Diese Felswand bildet eine undurchdringliche Schranke, die das Herz des Parks schützt. Die Einheimischen wußten von niemandem, der je über diese Grenze hinaus gekommen wäre. Wir folgten der Felswand, bis wir auf eine Lichtung kamen. Ein wunderschöner Wasserfall stürzte hundert Meter in die Tiefe und ließ das Wasser auf einem riesigen Felssturz am Fuß der Wand zerstieben. Als wir in den Sonnenschein hinaustraten, entdeckte Guy auf halber Höhe eines Baumes eine Gestalt. Regungslos saß dort ein *Tamandor*, ein kleiner Ameisenbär. Er hatte ungefähr die Größe eines kleinen Hundes. Sein goldbraunes Fell war schwarz gestreift. Für einen Ameisenbären ist der Rüssel des Tamandors überraschend kurz. Da sie sich nicht schnell bewegen können, blieb er ruhig auf dem Baum sitzen und posierte für unsere Fotos. Schließlich ließen wir den Tamandor in Ruhe und machten uns daran, den Wasserfall auszukundschaften.

Das Wasser hatte oben ein Loch in die Felswand gewaschen, das den Fall vom senkrechten Rand wegschleuste, so daß er in einem einzigen, ungebrochenen Strahl zu Boden stürzte. Hunderte von bunten Eidechsen zischten zwischen den Felsblöcken davon. Ich kletterte den Felssturz hinauf und stand benommen vor dem Ausblick in den Sprühregenbogen. Es gab zwei Felsstufen; dies war erst die erste. Sie umschließen das Tal auf drei Seiten. Der Fluß, dem wir gefolgt waren, bildet den einzigen Zugang. Hinter dem zweiten Felsband liegt unberührter Primärurwald.

Nachdem wir eine Stunde dagesessen und die Landschaft in uns aufgenommen hatten, brachen wir wieder auf und gingen zurück zum Lager. Guy hielt mich oft an und fragte: »Hast du das gehört?« Ich schüttelte nur stumm den Kopf.

»Das ist der Hornhokko«, sagte er.

Auch in dieser Nacht regnete es wieder, und es sah so aus, als würde das schlechte Wetter die nächsten paar Tage anhalten. Mit dem Regen war die Sicht nicht nur schlecht geworden, sie war so gut wie nicht mehr vorhanden. Wir beschlossen, nach Buena Vista zurückzukehren.

Am nächsten Morgen brachen wir das Lager noch vor acht Uhr ab und zogen los. Diesmal kamen wir viel leichter voran. Es war deutlich einfacher, flußabwärts zu klettern als umgekehrt. Auch die Rucksäcke waren viel leichter, da wir die restlichen Dosen für unsere nächste Expedition zurückgelassen hatten.

Wir wanderten den ganzen Tag und erreichten um sechs

Uhr das kleine Dorf Terminal. Wir hatten lediglich ein paar Zigarettenpausen gemacht. Es gab kein Fahrzeug, das uns abholte, aber wir hatten Glück und konnten hinten auf einem altersschwachen Lastwagen mitfahren. Er war in den fünfziger Jahren gebaut worden und wurde von Holzplanken, Stricken und vielen Gebeten zusammengehalten.

Als wir im Weißen Haus ankamen, ging ich gleich zu Bett. Das heißt, ich ging »zu Sofa«, aber auch das war reiner Luxus. Ich schlief wie ein Toter.

7

Die Yuqui-Indianer

In Buena Vista ruhte ich mich erst mal aus. Valerie ging nach Santa Cruz, um die Post zu holen. Meine Kleider gab ich unserer Wäscherin, die sie von Hand in ihrem Schubkarren schrubbte. Ein Schubkarren galt als modernes Gerät. Darin zu waschen hob sich deutlich ab von der alten Methode, die Kleider unten am Fluß auf die Steine zu schlagen. Niemand in Buena Vista besaß eine Waschmaschine.

Wir bezahlten unserer Wäscherin zwölf Pfund im Monat plus Bonus. Zwölf Pfund galt als großzügiger Lohn, aber von mir erhielt sie einen Zuschuß, indem ich ihr jeweils die Mangos aus dem Garten gab, die hin und wieder herunterfielen.

Guy und ich verbrachten unsere Zeit mit dem Bau eines Hühnerhauses neben dem Weißen Haus. Die Hühner hatten sich angewöhnt, zusammengedrängt auf der Veranda zu schlafen. Jeden Morgen nach dem Aufwachen traten wir als erstes barfuß auf die Veranda, um die frische Morgenluft einzuatmen. Dieses Erlebnis wurde ziemlich beeinträchtigt, wenn man dabei jedesmal in Hühnerscheiße trat. Außerdem wurden die Hühner ständig von den Schlangen, wilden Katzen und Opossums geraubt, die in unserem Dach lebten. Und wir hatten den Verdacht, daß sie im Kochtopf unseres Nachbarn verschwanden. Das würden wir jedoch nie beweisen können. Jedenfalls kamen wir überein, daß es sicherer für die Vögel wäre, wenn sie die Nacht nicht am Boden, sondern in einem Haus verbringen würden. Wir brachten viele Stunden mit dem Versuch zu, die Hühner abzurichten, in ihrem neuen Heim zu schlafen. Wir überlisteten sie, indem wir Kornpfade legten, die zu dem Verschlag führten. Schließlich jagten wir sie einfach herum, stopften sie dann mit Gewalt hinein und standen am Eingang Wache. Kaum waren wir weg, sprangen sie wieder heraus und zottelten ums Haus herum, um sich auf der Veranda niederzulassen. Ich schlug vor, daß wir sie einfach kochen sollten. Guy war auch dafür, sagte aber, sie seien leider Valeries ganzer Stolz. Also fuhren wir mit unseren erfolglosen Abrichtungsversuchen fort.

Robin hatte beschlossen, daß es an der Zeit sei, eine dauerhafte Basis in unserem Forschungsgebiet einzurichten. Wir verabredeten, daß wir uns mit Estaban, dem anderen Parkwächter, treffen sollten, um mit dem Bau einer Hütte zu beginnen. Während sie die Einzelheiten vereinbarten, hatte Estaban Robin von seiner letzten Patrouille berichtet. Nur wenige Kilometer von unserem Basislager entfernt hatte er auf einem Flußufer menschliche Fußspuren gefunden. Da sie von unterschiedlicher Größe waren, konnten sie nicht von Jägern stammen. Es gab sowohl Fußabdrücke von Kindern als auch von verschiedenen Erwachsenen. Es mußte sich um Yuqui-Indianer handeln.

Man weiß sehr wenig über die Yuqui, da sie nur wenige, kurze Begegnungen mit der Außenwelt hatten, die jedesmal blutig endeten. Einmal war ein Priester mit seiner Bibel zu ihnen gegangen, um sie zu bekehren. Sie hatten ihm einen Pfeil von der Größe eines Speers durch seine Hand geschossen. Diese erstaunliche Treffsicherheit erreichen sie mit ihren riesigen Bogen, die mit dem Fuß gespannt werden. Der Priester nahm sich die Warnung nicht zu Herzen und wurde darauf durch die Hüfte geschossen. Er überlebte jedoch, und der Pfeil hängt heute bei ihm zu Hause in Santa Cruz an der Wand.

Die Yuqui haben allen Grund, ohne Vorwarnung zu schießen. Gegen den Willen der Parkbehörden führte das bolivianische Militär regelmäßig Übungen im Amboro-Gebiet durch und benützte die Yuqui als lebendige Zielscheiben. Diese Praxis wurde erst vor kurzem unterbunden. Verständlicherweise hielten die Yuqui deshalb ihren Aufenthaltsort geheim. Niemand weiß, wo genau sie leben.

Mit einem anderen Stamm, den Yuracare, wurden vor nicht allzu langer Zeit am Rande des Parks erste Kontakte aufgenommen. Es heißt, sie hielten Sklaven und seien Kannibalen. Zudem pflegen sie eine weitere, sehr interessante Sitte: Wenn ein Stammesangehöriger stirbt, töten sie einen seiner Verwandten, damit der Verstorbene sein Leben nach dem Tod nicht allein beginnen muß.

Die meisten dieser Indianerstämme sterben rasch aus, sobald sie mit der Außenwelt in Kontakt gekommen sind. Die Menschen werden krank, und zudem können sie sich unseren Moralvorstellungen nicht anpassen.

Erst kürzlich gab es den Fall, daß ein Yuracare zu einer lebenslänglichen Haftstrafe verurteilt wurde. Er hatte sich in einem Dorf gegen eine Wand gelehnt, als ein Camba auf ihn zustolperte. Der Camba war betrunken, und das fremdartige Aussehen des Yuracare gefiel ihm gar nicht. Er schlug dem Mann die Faust ins Gesicht. Darauf rannte der Indianer nach Hause, holte seine Axt und hackte dem Betrunkenen den Kopf ab. Seiner Dschungelmoral zufolge war der unprovozierte Angriff auf ihn eine tödliche Beleidigung, und er reagierte entsprechend darauf. Nach wenigen Monaten im Gefängnis starb er.

Leider lernen die Leute nichts dazu, obwohl die meisten

Versuche, diese Menschen zu »zivilisieren«, unweigerlich scheitern. Die Priester eilen noch immer mit ihren Bibeln in den Dschungel. In den ersten paar Monaten nach der Kontaktaufnahme sterben achtzig Prozent des Stamms. Unsere unersättliche Gier drängt die Wälder immer weiter zurück und setzt diese Stämme einer unverständlichen Welt aus. Man versucht, ihnen den Wert von Geld und Arbeit beizubringen, aber sie werden immer wieder im Gefängnis landen, weil sie sich das, was sie brauchen, von ihren Nachbarn borgen.

Schätzungen von Anthropologen zufolge lebten im Jahre 1500 sechs bis neun Millionen Indianer im Amazonasbecken. 1900 waren es noch eine Million. Heute sind es weniger als 200 000. Ungefähr die Hälfte der 230 Stämme, die es um die Jahrhundertwende noch gab – jeder mit einer eigenständigen Kultur –, wurde dezimiert, 87 Stämme wurden ausgelöscht.

Ich wußte, daß wir in das Gebiet der Yuqui eindrangen, aber wir mußten eine Aufgabe erfüllen. Es ist ein trauriger Vorwurf an die Gesellschaft, daß das Überleben der Yuqui von der Existenz eines bestimmten Truthahns abhängt. Wenn der Wald gerettet wird, um eine Vogelart zu erhalten, werden auch die Yuqui weiterleben können.

Nach nur zwei Tagen in Buena Vista packten Guy und ich unsere Kleider zusammen, ergänzten auf dem Markt unsere Vorräte und gingen wieder in den Park. Es war vereinbart, daß wir Estaban im Park treffen sollten und daß Clemente, der auf seiner Patrouille war, später zu uns stoßen sollte. Die Wanderung zu unserem Forschungsgelände verlief ohne besondere Vorkommnisse. Wir schlugen etwas vom Fluß entfernt unser Lager auf, in der Gegend, wo die Hütte gebaut werden sollte. Estaban würde erst in zwei Tagen kommen, also suchten wir in der Zwischenzeit nach dem Hornhokko.

Wir kletterten bis zu der Felswand auf der anderen Talseite hoch. Dann folgten wir ihr, bis wir beinahe in einen großen, ruhigen Teich gefallen wären. Er war etwa neun Meter lang. Das Wasser war vollkommen schwarz, also unbestimmbar tief. Wir setzten uns hinter einen Baum in der Hoffnung, ein durstiges Tier zu entdecken. Aber nichts geschah. Eigenartigerweise gab es keinerlei Spuren in dem schlammigen Ufer. Der Teich schien den perfekten Lebensraum für eine große Schlange abzugeben. Mir fiel auf, daß hier keine Vögel sangen. Das einzige Lebenszeichen kam von zwei hellroten Libellen, die einander im Sturzflug verfolgten. Die unheimliche Stille schien auf das Vorhandensein einer Bedrohung hinzuweisen. Ich konnte mir gut vorstellen, wie eine große Anakonda in den düsteren Tiefen lauerte, und war froh, als wir endlich die Felswand entlang wieder zurückgingen.

Nachdem wir uns eine weitere Stunde durch das Unterholz gekämpft hatten, entdeckten wir eine Spur, die in die Felsen hinaufführte. Wir dachten, es sei ein Tapirpfad, und folgten ihm. Doch Zweige und Äste waren auf unserer Schulterhöhe abgebrochen. Dies war die Spur von Menschen!

Niemand drang so weit in den Dschungel vor. Die einheimischen Jäger konnten alle Tiere, die sie brauchten, auch im unteren Teil des Waldes jagen. Wir erinnerten uns an Robins Warnung und kamen zu dem Schluß, daß es sich nur um Yuqui handeln konnte. Die Spannung des unbekannten Abenteuers ließ uns weitergehen. Unsere Aufregung wuchs, als der Pfad über die erste Felsstufe hinaus auf einen zweiten Kamm führte.

Vor ein paar Wochen hätte ich diesen Pfad nicht bemerkt. Nun, mit geschärfter Wahrnehmung, war er so deutlich wie eine doppelte Wagenspur. Während wir ihm nachspürten und nach abgebrochenen Zweigen und Eindrücken am Boden Ausschau hielten, begann ich mich zu fragen, was ich tun würde, wenn wir auf Yuqui stießen. Ich war mir sicher, daß dies nur geschehen konnte, wenn sie es wollten. Hier waren sie in ihrem Element. Sie bewegten sich still, verschwanden von Baum zu Baum, von Schatten zu Schatten. Ich sah bereits vor mir, wie ich mit erhobener Hand auf sie zuging: »Hau! Ich großer weißer Häuptling.« Doch dann beschloß ich, daß ich mich wohl eher zu Boden fallen lassen und schnell gläubig beten würde.

Wir gingen weiter. Sobald jedoch unser Adrenalinspiegel etwas gesunken war, begannen wir uns zu fragen, ob das, was wir taten, ethisch vertretbar sei. Wir hatten kein Recht, weiter als absolut notwendig in die Heimat der Yuqui-Indianer vorzudringen. Außerdem würde es bald dunkel werden, und wir hatten weder Wasser noch Proviant bei uns. Also beschlossen wir umzukehren. Wir taten es zwar nur sehr widerwillig, aber es blieb uns nichts anderes übrig.

Wir folgten dem Yuqui-Pfad zurück. Schließlich gelangten wir an den Rand einer drei Meter breiten Spalte in den Felsen, die direkt an den unteren Rand der Felswand führte. Wir fanden, der Weg durch diesen großen Einschnitt zurück zum Camp sei interessanter. Ich gab acht, daß ich auf den losen Steinen nicht ausrutschte, und ließ mich vorsichtig abwärtsgleiten, bis eine zehn Meter hohe Wand über mir aufragte. Wir suchten nach Höhlen, da wir hofften, vielleicht einen Schwarm Fettschwalme zu finden. Vor ein paar Tagen hatten wir einen Fettschwalm über dem Lager rufen hören, und jetzt wollten wir uns von der Existenz dieses seltenen Höhlenbewohners überzeugen. Fettschwalme sind nachtaktiv und besitzen ein einfaches Radarsystem. Sie senden bis zu zweihundertfünfzig Impulse in der Sekunde aus. So finden sie sich in der Dunkelheit zurecht. Ihr Radar ist nicht so ausgefeilt wie der einer Fledermaus, aber es reicht, um beim Nachtflug zwischen den Bäumen hindurchzusteuern.

Leider verlief unsere Suche ergebnislos. Aber nur ein paar Schritte von der Spalte entfernt scheuchte Guy, der vorangegangen war, zwei große Vögel auf. Sie flogen in einen Baum. Er zeigte auf ihre Silhouetten in der rasch hereinbrechenden Dämmerung. Bis ich einen großen schwarzen Körper und einen Schwanz mit weißer Spitze lokalisiert hatte, waren die Vögel aufgeflogen und ins Tal hinunter davongeglitten. Guy hatte sie deutlich gesehen. Es waren Hornhokkos. Ich hatte nur einen flüchtigen Blick auf die Tiere werfen können, aber der war vielversprechend gewesen.

Wir schafften es gerade noch rechtzeitig ins Lager zurück, bevor die Schatten mit der Dunkelheit verschmolzen. Das war knapp. Es ist schon schwierig genug, sich bei Tageslicht im Dschungel zu orientieren. In der Dunkelheit wäre es unmöglich gewesen. Wir hätten in drei Metern Entfernung am Lager vorbeigehen können, ohne es zu bemerken. In der Nacht durch den Dschungel zu wandern grenzt an Selbstmord.

Wir waren dankbar, daß wir das Lager erreicht hatten, und setzten uns, um über die Ereignisse des Tages zu sprechen. Der Entschluß umzukehren war unsere Rettung gewesen, aber die Versuchung, dem Pfad nochmals zu folgen, war groß. Er könnte zu verborgenen Inkatempeln führen, zu Gold oder verlassenen Städten.

Unser Dilemma bestand darin, daß wir viel zu tun hatten. Wir mußten Daten über den Hokko sammeln. Aber der Reiz, das Herz des Parks auszukundschaften, war beinahe unwiderstehlich. Das Problem war die Zeit. In einem Monat konnte die Regenzeit beginnen. Dann würde es unmöglich sein, in den Park zu gelangen. Der einzige Zugang führte über die Flüsse, und die würden sich nach den ersten schweren Regenfällen, möglicherweise bereits nach Minuten, in reißende Ströme verwandeln. Jeden Moment könnte es zu einem Unwetter kommen, das Wochen anhielt und uns von der Außenwelt abschnitt. Dann säßen wir auf unserem Hügel fest, umgeben von reißenden Stromschnellen. Wenn es im Herzen des Parks regnet, kann es zu Springfluten mit verblüffender Geschwindigkeit und Gewalt kommen. Die Flüsse führen Tonnen von Felsbrocken mit sich, als ob es Kieselsteine wären. Diese Springfluten nennt man gemeinhin Hochwasser, aber das ist eine maßlose Untertreibung. Das Wort ist viel zu schwach, um diese Killerwellen zu beschreiben.

Wenn wir dem Pfad weiter folgen wollten, mußten wir sorgfältig planen. Wir beschlossen, uns darauf zu konzentrieren, das Haus zu bauen.

Wenn es erst fertig war, hätten wir selbst bei einem fatalen Wetterumschwung größeren Schutz. Vielleicht könnten wir dann auf einer größer angelegten Expedition dem Pfad folgen, wo immer er hinführen mochte.

Früh am nächsten Morgen traf Estaban ein. Er war größer und kräftiger gebaut als Clemente und ebenfalls ein Jäger gewesen. Aus der obersten Tasche seines Parkhemds, das er mit offensichtlichem Stolz trug, sahen eine große Armbanduhr und eine Schachtel Zigaretten heraus. Estaban gab mir schüchtern die Hand und machte sich dann sofort an die Arbeit. Er ließ den Blick über die Lagerstelle schweifen, um den besten Standort für die Hütte zu finden. Selbst auf dieser Erhöhung zog er noch immer eine Flut in Betracht.

Estaban wuchs beständig in meiner Hochachtung. Er tat alles mit einer selbstverständlichen Sachkenntnis. Wir hatten zum Beispiel eine Ewigkeit lang versucht, ein Feuer anzuzünden. Wir steckten zerknülltes Papier unter sorgfältig ausgewähltes Anfeuerholz und vervollständigten das idyllische Pfadfinderfeuer mit einem kunstvollen Tipi aus kleinen Zweigen. Um ganz sicher zu gehen, tränkten wir das Ganze mit einem Schuß medizinischen Alkohols. Das Feuer flammte auf, erstarb jedoch nach wenigen Sekunden wieder. Estaban lächelte und hob ein paar Blätter auf. Er zündete sie mit seinem Feuerzeug an, legte ein großes Scheit auf den flackernden Haufen, und innerhalb von Minuten brannte sein Feuer lichterloh.

Estaban hatte eine Axt ohne Stiel mitgebracht. Er schichtete mehr Holz aufs Feuer und steckte die Axt mitten in die Flammen, um den Stumpf des alten Stiels auszubrennen. Dann ging er um das Lager herum, begutachtete die Bäume und strich in äußerster Konzentration über ihre Zweige. Schließlich wählte er einen ganz besonderen Ast aus. Mit ein paar gezielten Machetenhieben schlug er ihn ab und setzte sich im Schneidersitz vor das Feuer, den Ast zwischen die Füße geklemmt. Dann glättete er ihn mit der langen, plumpen Machete. Nach zwanzig Minuten hatte die Axt einen neuen Stiel. Seine Oberfläche war so glatt, als ob er auf einer Drehbank bearbeitet und dann lackiert worden wäre.

Wir markierten den Grundriß für unsere Hütte und begannen, die Stelle zu roden. Die einzigen Werkzeuge, die uns zur Verfügung standen, waren eine Hacke, zwei Macheten und eine Axt. Dennoch hatten wir die Stelle nach wenigen Tagen freigelegt und geebnet. Als nächstes gruben wir Löcher für die Stützpfeiler. Mit der Hacke mußten wir jeweils einen senkrechten, einen Meter tiefen Schacht ausheben. Wenn die Hütte sicher stehen sollte, mußte das Loch so schmal wie möglich sein.

Das erste Loch gruben wir ohne Schwierigkeiten. Das zweite stellte sich als etwas lästiger heraus, da mehrere Steine unser Graben behinderten. Mit jedem Loch wurde deutlicher, daß wir mit erstaunlicher Treffsicherheit den einzigen Untergrundsteinbruch des Dschungels abgesteckt hatten. Ein Meter scheint nicht sehr tief zu sein, aber wenn man nur mit einer Hacke in praktisch solidem Fels gräbt, gestaltet es sich etwas schwieriger. Wir wechselten uns ab, um auf die festgepackte Erde einzuschlagen. Sowohl Guys als auch meine Hände bekamen immer mehr Blasen und waren schon bald blutig. Estaban arbeitete dagegen beständig weiter, ohne das geringste Anzeichen von Verschleiß. Er sah sich unsere Hände an und führte uns mit einem überlegenen Lächeln zu dem kleinen Feuer, das er Tag und Nacht unterhielt. Dann bedeutete er uns, die Hände in den Rauch zu halten. Offenbar war dies sein Geheimrezept. Er hielt seine Hände regelmäßig in den Rauch. Ich weiß nicht, ob es sie härter machte oder geschmeidiger, jedenfalls bekamen auch wir keine Blasen mehr, nachdem wir unsere Hände regelmäßig behandelten.

Beim neunten und letzten Loch stießen wir dreißig Zentimeter unter der Oberfläche auf eine Felsspitze. Wir verbreiterten unser Loch in der Hoffnung, den Rand zu finden, um den Stein herauszustemmen. Als das Loch beinahe anderthalb Meter breit war, gaben wir auf und beschlossen, den Fels wegzumeißeln, bis wir eine einigermaßen vernünftige Tiefe erreicht hätten. Obwohl wir uns mit der Hacke abmühten, schafften wir in einer Stunde nur wenige Zentimeter. Auch die Axt ließ nur kleine Splitter Felsgestein wegfliegen. Wir verbrachten einen ganzen Tag mit diesem einen Loch.

Durch die dauernde körperliche Anstrengung machte ich die Bekanntschaft eines weiteren Amazonasinsekts. Es waren kleine schwarze sogenannte Schweißbienen. Ich wurde dauernd von ihnen verfolgt. Wenn ich mich ausruhte, umschwärmten sie mich zu Hunderten und landeten auf mir, um das Salz von meiner Haut zu lecken. Sie beißen oder stechen nicht, aber wenn es so viele sind, fliegen sie dir in Augen und Mund, sogar in die Nasenlöcher, und summen laut in deinen Ohren. Ich haßte diese Fliegen mit solcher Leidenschaft, daß ich sie zwischen den Zähnen zermalmte, wenn sie mir in den Mund flogen, bevor ich sie dann mit Genugtuung wieder ausspuckte.

Gerade als wir mit dem letzten Loch fertig waren, erschien wunderbarerweise Clemente. Auch er trug stolz sein Parkwächterhemd und übernahm automatisch die Leitung. Sein Status wurde durch den Umstand hervorgehoben, daß er das einzige offizielle Parkgewehr besaß. Er trug dieses importierte Relikt aus dem Ersten Weltkrieg an einem Riemen über der Schulter. Es sah gefährlich wie eine Muskete aus und war beinahe so lang wie er groß.

Jede Bewunderung für Estabans Dschungelhandwerk war verfrüht gewesen, da Clemente alles in den Schatten stellte. Bevor er an unserem Haus zu arbeiten begann, baute er sich seinen eigenen Unterschlupf. Innerhalb von Minuten war sein Bungalow mit Etagenbett vollendet. Er gestattete sich den Luxus, künstliches Material zu benutzen: Sein schräg abfallendes Dach war garantiert wasserdicht, da er es mit einer Plastikplane unterlegt hatte. Ich sah einem echten Handwerker bei der Arbeit zu. Er wählte sorgfältig Zweige aus und brauchte nur wenige Schnitte, um sein Material zuzuschneiden. Clemente zeigte mir, wie er die Palmschnur herstellte, mit der er alles zusammenband, welche Größe und Sorte Palme die beste Schnur ergab und daß es gar nicht nötig war, den Baum zu fällen. Für all dies brauchte er weniger als eine

Stunde, obwohl er beinahe in Zeitlupe zu arbeiten schien. Sein oberes Bett, auf dem er schlafen würde, befand sich anderthalb Meter, das untere zwei Fuß über dem Boden. Letzteres benutzte er, um Feuerholz aufzubewahren und zu trocknen und um sein Essen zu lagern.

Estaban, der sich etwas zurückgesetzt fühlte, begann auch einen Unterschlupf zu bauen. Innerhalb von zwei Stunden stand ein eher prahlerisches Haus mit einem doppelten Etagenbett neben Clementes.

Wir arbeiteten die ganze Woche. Guy und ich verrichteten die Knochenarbeit. Wir trugen die gefällten Bäume und Palmen zur Baustelle. Die Axt hatte in der Regel Clemente. Trotz seiner kleinen Statur schlug er kraftvoll und mit unglaublicher Präzision zu. Die Kommentare und Vorschläge seiner musikalischen Stimme hallten durch den Dschungel. Mit seinem breiten Grinsen, der grünen Wollmütze mit der Troddel auf dem Kopf und seinem mit Kokablättern vollgestopften Mund war er der perfekte Vorarbeiter.

Wir kamen gut voran, aber leider begann Clemente, sich unwohl zu fühlen. Wenn wir nicht hinsahen, krümmte er sich am Feuer zusammen, und sein kleiner Körper wurde von Hustenanfällen geschüttelt. Wenn er merkte, daß wir ihn beobachteten, sprang er auf die Füße und tat so, als ob alles in Ordnung sei. Nach zwei Tagen war es nicht besser geworden. Er zitterte praktisch ununterbrochen; also schickte ihn Guy nach Hause. Offenbar litt Clemente seit über einem Jahr an Tuberkulose. Er wollte jedoch seine Ersparnisse nicht für Medikamente ausgeben, sondern das Geld für den Fall behalten, daß die Kinder erkrankten. Und er wollte auch nicht riskieren, der Arbeit fernzubleiben, da er Angst hatte, seine Stelle zu verlieren. Wenn er seine Stelle verlor, müßte seine Familie hungern.

Ich war hin und her gerissen, ob ich jetzt mit ihm oder fünf Tage später allein zurückgehen sollte. Ich mußte mein Visum in Santa Cruz verlängern, da ich bei der Einreise nur ein Touristenvisum für einen Monat erhalten hatte. Wenn ich mit Clemente ginge, wäre ich eine Woche zu früh in Buena Vista.

Trotz der Warnungen, daß man im Urwald alles zu zweit machen soll, beschloß ich, allein zu gehen. Im Wettrennen mit dem Einsetzen der Regenzeit würde Guy noch bleiben und am Haus weiterbauen müssen. Was den Rückweg anging, fürchtete ich mich nicht so sehr vor den Tieren als davor, daß ich mich verirren könnte. Clemente versprach, daß er den Pfad auf seinem Nachhauseweg besser markieren würde. Als es soweit war, traf ich meine Vorbereitungen, damit ich frühmorgens losgehen konnte, kurz vor sechs, sobald es hell wurde. Nach vier Stunden verließ ich den Fluß und ging so lautlos weiter, daß ich sogar ein paar Tiere sah.

Plötzlich hörte ich auf dem Weg vor mir ein lautes Knakken von Ästen und dann zweimal ein Brüllen, das in einer Art Bellen endete. In der Dunkelheit des Urwalds erblickte ich etwas Großes, und als es in den Schatten verschwand, erkannte ich etwas, das aussah wie der Schwanz eines Hundes. Ich erstarrte und versuchte verzweifelt, meine Darmtätigkeit unter Kontrolle zu halten. Mein Körper hatte sich in eine gallertartige Masse verwandelt; sogar meine Knochen wabbelten. Ich kam zu dem Schluß, daß es das beste wäre, Lärm zu machen und so zu tun, als ob ich keine Angst hätte. Ich hob einen großen Ast auf, und da als einzige Marschrichtung vorwärts in Frage kam, tat ich einen mutigen Schritt nach vorn und versuchte, meine Angst zu überlisten. Als ich mich der letzten bekannten Position der Bestie näherte, schwang ich übungshalber den Stock herum und gegen einen Baumstamm. Er zerfiel in tausend Stücke, und in meiner Hand blieb nichts als ein verrotteter Stumpf zurück. Wehrlos stand ich mitten im Lager des wilden Tiers. Meine Augen suchten verzweifelt den Boden nach einer neuen Waffe ab.

Ich rechnete damit, daß mir die Bestie jeden Augenblick an die Kehle springen würde. Da fiel mir auf, wie viele Bäume um mich herumstanden. Innerhalb von Sekunden wurde ich zum Experten in der Technik des Hinterhalts und fand heraus, von wo der Angriff logischerweise kommen würde. Ich sah einen weiteren Ast und riß ihn an mich. Ich prüfte seine Festigkeit in meiner Hand, und todesmutig flüsterte ich: »Versuch's ruhig!«

Der Dschungel war totenstill, als spotte er meiner erbärmlichen Herausforderung. Ich ging unsicher weiter durch die dunklen Schatten, meinen Stock in Bereitschaft gegen jeden Angriff. Nichts geschah. Als ich weiterging, fühlte sich mein Haar an, als ob es elektrisch geladen wäre. Ich kam auf eine Lichtung und entspannte schaudernd meine verkrampften Muskeln.

Es dauerte Stunden, ehe ich es fertigbrachte, mich von dem beschwerlichen Stock zu trennen, obwohl ich ja zum Glück keine klaffenden Bißwunden abbekommen hatte.

Als ich später Robin von meiner Begegnung erzählte, antwortete er aufgeregt, das müsse einer der überaus seltenen Buschhunde gewesen sein.

»Nicht selten genug«, gab ich zurück.

Beim Weitergehen verstärkte sich mein Elend nur noch. Es begann zu donnern, Regen klatschte mir ins Gesicht. Jedesmal wenn ich glaubte, jetzt könne er nicht mehr stärker werden, bewies mir die Natur das Gegenteil. Doch es war nicht die unangenehme Nässe, die mich störte. Ich stellte mir vor, wie die Flußpfade mit jedem Schritt verschwanden. Ich schritt tüchtig aus, vergaß Müdigkeit, Buschhunde und den Regen und befürchtete das Schlimmste: mich im Regenwald des Amazonas zu verirren.

Doch als ich aus dem Dschungel heraustrat und einem der Flüsse folgen mußte, stellte ich zum Glück fest, daß der Regen die Spurensuche sogar leichter gemacht hatte. Die Eindrükke, die unsere Füße hinterlassen hatten, waren mit Wasser gefüllt. Es gab jetzt einen gut sichtbaren, ungefähr dreißig Zentimeter breiten Bach. Auf dieser Etappe mußte ich Flüsse überqueren, wieder durch den Dschungel und dann erneut zurück auf die breiten Sandbänke eines weiteren Flusses. Es gab keine erkennbaren Orientierungszeichen. Alle Sandbänke sahen gleich aus. Dieser Abschnitt hatte mir besonders große Sorgen bereitet, deshalb war ich mächtig erleichtert, als ich sah, daß der Regen geholfen hatte, meinen Weg zu markieren. Mit erhöhter Geschwindigkeit schaffte ich es bis um drei Uhr nach Terminal. Ich hatte in neun Stunden nur dreimal für eine kurze Zigarettenpause angehalten.

Als ich in Terminal ankam, gab es keinerlei Lebenszeichen, bis eine Frau aus ihrer Hütte trat, um mich anzustarren. Sie sagte etwas, und ich nahm an, sie fragte mich, wohin ich gehe. Ich antwortete: »Nach Buena Vista.« Sie schüttelte den Kopf, um mir zu verstehen zu geben, daß ich heute nicht mehr mitgenommen würde. Ich war noch immer zwanzig Kilometer von meinem Sofa entfernt, also marschierte ich los.

Ich war ungefähr fünf Kilometer weit gekommen, als ein junger Mann aus seinem Haus gerannt kam und mich fragte, wohin ich ginge. Er schüttelte den Kopf und sagte, Buena Vista sei sehr weit weg. Für sieben Bolivianos würde er mich hinten auf seinem Motorrad hinfahren. Mit der gleichen Verbissenheit, die ich gebraucht hatte, um bis hierher zu kommen, wollte ich mich jetzt nicht von einem einheimischen Jungen übers Ohr hauen lassen. Ich sagte, ich würde fünf Bolivianos bezahlen. Er antwortete, daß er sieben verlangen müsse, weil das Benzin für eine so weite Fahrt sehr teuer sei. Ich schüttelte den Kopf und ging weiter.

Da gab er nach und rief hinter mir her, daß er mich für fünf Bolivianos fahren würde. Ich grinste wie ein Irrer, zog mein Notenbündel hervor und gab ihm eine Fünfernote. Dieses verrückte Handeln hatte mir fünfzig Pence eingespart. Ich glaube, in meiner hirnverbrannten Sturheit wäre ich eher zu Fuß gegangen, als nachzugeben.

Er fuhr mich ohne Helm auf seinem kleinen Motorrad zwischen den Schlaglöchern und vereinzelten Rindern hindurch nach Buena Vista zurück.

8
Der Tapir

In Buena Vista angekommen, ging ich bei Robin vorbei. Wir verabredeten, daß ich mit Miriam, seiner bolivianischen Frau, am nächsten Morgen nach Santa Cruz fahren sollte. Sie arbeitete bei der Einwanderungsbehörde und konnte die Formalitäten beschleunigen.

Die Hinfahrt war ereignisreich. Der jüngste Regen hatte einen Brückenpfeiler teilweise weggespült. Am Brückenkopf war ein Soldat stationiert, der sich vergewisserte, daß die Passagiere aus den Bussen ausstiegen, während der Fahrer ein kurzes Gebet sprach, die Augen schloß und das Beste hoffte. Auf der anderen Seite zwängten wir uns wieder zwischen die Hühner und Reissäcke und fuhren weiter nach Santa Cruz.

Miriams Schwager meinte, für hundertdreißig Dollar könne er mir ein Visum für ein Jahr besorgen. Unvorsichtigerweise überließ ich ihm das Geld und sagte, ich würde später zurückkehren. Als ich wiederkam, hieß es, er habe leider nur ein Visum für drei Monate bekommen können, das koste jedoch ebenfalls hundertdreißig Dollar. Ich hatte nichts Schriftliches in der Hand, also war nichts mehr zu machen. Aber ich verfluchte mich und schwor mir, künftig besser vor der allgegenwärtigen Korruption auf der Hut zu sein.

Ich kehrte direkt nach Buena Vista zurück. Guy war aus dem Park zurückgekommen. Der Regen hatte die Arbeit unterbrochen, und sie brauchten neues Material und Hilfe, um weiterzumachen. Valerie war ebenfalls da und hatte Vorräte eingekauft. Wir vereinbarten, daß Valerie und ich am nächsten Tag in den Park zurückgehen würden. Guy und Robin würden in ein paar Tagen folgen.

Wir brachen früh auf. Valerie schlug ein gutes Tempo an. Wir hatten gar nicht erst in Betracht gezogen, das Gewicht unserer Lebensmittel ungleich zu verteilen. Valerie trug ihren Teil mit größter Selbstverständlichkeit, etwas anderes stand gar nicht zur Diskussion. Mir war es recht, daß sie voranging. Ich benutzte ihr wackelndes Hinterteil als Köder, um mich vorwärtslocken zu lassen. Stunde um Stunde konnte ich so weitergehen, meine Müdigkeit war vergessen.

Wir erreichten die Hütte auf halbem Weg ohne Zwischenfälle und gingen uns im Otterpool abkühlen. Wir nannten ihn so, weil dort ein Otter lebte. Allerdings hatte ihn außer Valerie noch nie jemand gesehen. Während sie auf dem Wasser trieb, wandte sich Valerie mir zu: »Wenn du in diesem Augenblick alles haben könntest, was du wolltest, was würdest du dir wünschen?«

Ich überlegte sorgfältig, während ein kleiner Wels an den Narben der Zeckenbisse an meinen Beinen knabberte.

»Ich würde am liebsten zusammen mit einer norwegischen Nymphe auf einem großen bequemen Sofa liegen und mir die Weihnachtsausgabe von *Only Fools and Horses* ansehen. Und du?«

Sie antwortete ohne Zögern: »Einen Teller Roastbeef und Yorkshire-Pudding.«

»Mit Blumenkohl und Käse?«

»Ja, und viel Bratkartoffeln.«

»Und Karotten und dicke Soße?«

»Und englischen Senf.«

»Und eine große Flasche Rotwein?«

»Und dann ein Rhabarbertörtchen ... mit Vanillesoße.«

»Ahh, wie recht du hast! Vergiß die Nymphe, ich nehm' auch das Roastbeef.«

»Ja, fein!«

»Mmmmm.«

Wir verbrachten eine ganze Weile damit, über Essen zu phantasieren. Das war kaum verwunderlich, da die einzige Form, in der wir Protein zu uns nahmen, Sardinen und Dosenfleisch waren.

Ich verscheuchte den Wels und fragte: »Was essen wir heute abend? Nicht schon wieder Sardinen und Reis!«

»Nein, heute gibt es als besonderen Leckerbissen Reis und Sardinen.«

»Valerie, kennst du das Sprichwort ›Liebe geht durch den Magen‹?«

»Ja.«

»Nun, aus dem Menü, das du dir ausgedacht hast, kann ich nur schließen, daß du mich sehr, sehr hassen mußt.«

»Ja.«

An diesem Abend mußte ich zu meinem Leidwesen entdecken, daß Reis und Sardinen sehr ähnlich schmecken wie Sardinen und Reis.

Am nächsten Morgen brachen wir um neun auf, um zu unserem Basislager zu gehen. Wir traten mit dem üblichen Gefühl der Erleichterung aus dem bedrückenden Dschungel ans Flußufer. Nach ein paar Kilometern setzten wir uns neben einer kleinen Quelle hin, um zu rasten. Bequem an einen Felsen gelehnt, betrachtete ich die großartige Landschaft. Plötzlich fiel mir auf, daß es in einem tiefen Becken etwa dreißig Meter flußaufwärts große Wellen gab. Zwei Ohren tauchten auf, die sich drehten und zuckten wie ein Periskop. Es folgte eine braune Mähne aufgerichteter borstiger Haare.

Erst als das Tier seinen Rüssel herausstreckte, um Luft einzusaugen, erkannte ich, daß es ein Tapir war. Der Tapir ist das größte Säugetier des Urwalds. Er hat ungefähr die Maße eines großen Schweins und einen Rüssel wie ein Elefant, nur kürzer. Leider sind Tapire heute sehr selten geworden, weil ihr Fleisch als Delikatesse gilt.

Ich zeigte aufgeregt flußaufwärts: »Ein Tapir!«

Daraufhin beschloß der Tapir, komplett unterzutauchen; deshalb sah Valerie nichts, als sie mit den Augen meinem ausgestreckten Arm folgte. Sie glaubte, ich halte sie zum Narren, und warf mir einen wütenden Blick zu.

»Nein, wirklich, dort ist ein Tapir, schau!«

Jetzt paddelte er nur noch halb untergetaucht und planschte mehrere Minuten selbstvergessen herum. Dann stieg er aus dem Becken, schüttelte sich wie ein Hund und kam am anderen Ufer in unsere Richtung marschiert. Fliegen schwärmten um seinen Kopf, während er dahinschlenderte. Wir blieben regungslos sitzen, überzeugt, daß er uns jeden Augenblick entdecken und in den Dschungel davonstürzen würde.

Tapire sind in der Regel nachtaktive Tiere, die sich mehr auf ihren Geruchssinn als auf ihre Augen verlassen. In der Hitze des Tages nehmen sie jedoch gern ausgedehnte Bäder. Offensichtlich hatten wir ihn bei seinem spätmorgendlichen Bad überrascht.

Selbst wenn wir uns ruhig verhielten, würde er uns bestimmt bald riechen. Aber entweder befanden wir uns im Gegenwind, oder er hatte einen Schnupfen, denn er trottete stetig weiter auf uns zu. Als der Tapir nur noch etwa sechs Meter entfernt war, begann er, das Wasser zu überqueren, das uns trennte. Er wollte wohl sehen, was wir waren. Zwei Meter vor uns hielt er an, schnüffelte und rümpfte seine lange Nase. Er senkte den Rüssel, um etwas Wasser zu trinken, vielleicht um seine verwirrten Nebenhöhlen durchzuspülen. Er hatte noch nie einen Menschen gerochen und wußte deshalb nicht, daß er sich vor uns fürchten sollte. Dies war ein großes Kompliment an die Leistung des Parks.

Ich fragte mich jedoch, ob Tapire wohl Tollwut bekommen können. Vielleicht war dies ein verrückter, gefährlicher, tollwütiger Tapir. Meine Hand schloß sich um mein Schweizer Taschenmesser. Ich war bereit zu handeln. Ich wählte das Sägemesser, weil es am leichtesten herausschnappte. Der Tapir wandte uns seinen Kopf im Profil, so daß er uns mit einem Auge genau betrachten konnte. Er rollte das Auge in einer langsamen, kontrollierten Kreisbewegung, so daß auf allen Seiten das Weiße sichtbar wurde. Endlich überzeugt davon, daß er sich weder mit uns paaren noch uns essen konnte, schnaubte er ein letztes Mal enttäuscht und watschelte zurück über den Fluß, dann am Ufer entlang, um schließlich im Dschungel zu verschwinden.

Wir hatten die ganzen fünf Minuten bewegungslos dagesessen. Es dauerte weitere zwei Minuten, bis wir wieder sprechen konnten.

»Ich dachte schon, er würde uns angreifen!«

»Ich hatte mein Taschenmesser bereit.«

Beflügelt von der Euphorie, daß wir einem großen wilden Tier so nahe gekommen waren, ohne daß es sich vor uns gefürchtet hatte, kamen wir gut voran und erreichten bald den Lagerplatz. Wir schlugen das Zelt neben der Baustelle auf.

Am nächsten Abend kehrten wir nach vergeblicher Hokko-Pirsch ins Lager zurück. Ich saß im Feuerschein, las und versuchte, den Vögeln, die ich gesehen hatte, Namen zuzuordnen. Valerie setzte das Abendessen auf. Sie fragte mich, wo ich den Reis versteckt hätte. Ohne aufzusehen, deutete ich vage in Richtung der Lebensmittel.

»Okay, ich find' ihn aber nicht!«

Ich stöhnte. Ich hatte ja keine Ahnung, daß ihre Störung mir das Leben retten sollte. Ich legte das Buch beiseite und wollte mich eben vom Boden abstoßen, um ihr suchen zu helfen.

Da erstarrte ich mitten in der Bewegung. Nicht mehr als einen halben Meter von mir entfernt befand sich eine große, rot, gelb und schwarz geringelte Schlange, die rasch auf mich zukam. All die Jahre, in denen ich mir amerikanische Krimiserien angesehen hatte, zahlten sich jetzt aus. Ich warf mich mit meiner besten Starsky-and-Hutch-Rolle herum, um der Schlange auszuweichen.

Sie zog sich zusammen und schnellte auf meinen sich entfernenden Körper zu. Dies mußte ein reiner Reflex gewesen sein, denn ihr Giftzahn verfehlte mich um mehr als zwei Zentimeter.

Valerie sah mich an, als ob ich verrückt geworden wäre, dann entdeckte sie die Schlange. Eigenartigerweise war ich völlig außer Atem, bis ich merkte, daß es daher kam, daß ich nicht atmete. Ich sog Luft in meine Lungen und genoß den Geschmack jedes einzelnen Gases, das sie enthielt.

Die Schlange hatte sich aufgerollt. Sie war bereit, nochmals zuzustoßen, und zischte aggressiv. Meine erste Reaktion war: »Eine Korallenschlange!« Im Bruchteil einer Sekunde war mein ganzes Leben wie ein Film vor mir abgelaufen. Das Traurige daran war, daß es so kurz war. Im gleichen Augenblick erinnerte ich mich an das Dschungelsprichwort, demzufolge rotgelbe Tiere lebensgefährlich sind.

Viele Schlangen haben ein festes Territorium, das sie nur selten verlassen. Falls unser Haus im Territorium dieser

Schlange stand, würden wir nie in Sicherheit darin schlafen können, denn sie würde unsere Körperwärme suchen.

Außerdem hatte Robin mir gesagt, der einzig sichere Weg, Reptilien zu identifizieren, sei, der Universität von Santa Cruz ein Exemplar zukommen zu lassen. Valerie und ich waren uns einig, daß wir die Schlange töten sollten. Als der einzige Fachmann vor Ort wurde ich für diese Aufgabe bestimmt. Valerie, die mutig hinter mir stand, reichte mir die sechzig Zentimeter lange Eisenstange, mit der wir unsere Kochtöpfe über das Feuer hängten. Ich versuchte, sie ihr zurückzugeben.

Ich hatte Bücher über das Sammeln von Reptilien gelesen, und die empfohlene Art und Weise, eine Schlange zu töten, ohne ihren Kadaver zu beschädigen, bestand darin, ihr Zyanid zu spritzen. Doch das einzige Mal, wenn du deine Giftspritze mit dem Zyanid brauchen könntest, hast du sie bestimmt zusammen mit dem Elefantengewehr auf dem Küchentisch liegenlassen. Dies war keine Ausnahme. Ich mußte mit der Eisenstange vorliebnehmen.

Die zweitbeste Art, eine Schlange zu töten, ist, sie aufs Herz zu schlagen. Das einzige, was mir dazu einfiel, war: »Wer schreibt bloß solche Bücher?« Außerdem machte ich im stillen meiner Mutter Vorwürfe. Mit ihrem Verbot, Schlangen zu halten, hatte sie mir auch verwehrt, je eine zu sezieren, wie es meine Gepflogenheit mit verstorbenen Haustieren war. Normalerweise verrichtete ich diese Arbeit auf dem Küchentisch und war dabei sogar so rücksichtsvoll, erst eine Zeitung zu unterlegen. Ich glaubte jedoch zu wissen, daß sich das Herz einer Schlange etwa zehn bis zwölf Zentimeter unterhalb der Schädelbasis befindet. Langsam schob ich mich vorwärts und versuchte, in eine günstige Position zu gelangen, um die Schlange zu erschlagen. Die Schlange schien mindestens ebenso erpicht, mir einen tödlichen Kuß zu geben.

Sie schnellte vor, den Mund weit geöffnet und den Giftzahn bereit. Ich konnte bis in die rosa Kehle sehen, als ich außer Reichweite sprang. Durch ihren erfolglosen Ausfall lag die Schlange jetzt vorübergehend ausgestreckt auf dem Stein, auf dem ich gesessen hatte. Bevor sie sich wieder einrollen konnte, schlug ich zu und traf beim ersten Mal. Valerie und ich traten zurück und beobachteten den Todeskampf des Tiers.

Der ganze Vorfall hatte nicht länger als eine Minute gedauert. Als die Schlange langsam starb, sich wand und vergeblich um ihr Leben kämpfte, während Blut aus der Wunde tropfte, sank mein Adrenalinspiegel. Augenblicklich war ich erfüllt von schrecklichen Gewissensbissen.

In diesem Augenblick wußte ich, daß meine kurze Karriere als Herpetologe beendet war. Ich konnte doch nicht durch die Gegend rennen und Tiere totschlagen. Exemplare zu sammeln mochte ein notwendiger Teil der herpetologischen Forschungsarbeit sein, aber *ich* würde es nicht tun. Die Aussicht, Gläser voller Muster im Regal stehen zu haben, hatte mir in England gefallen, doch nun fand ich nichts Reizvolles mehr daran.

Während ich zusah, wie die Schlange starb, konnte ich sie genauer betrachten. Mir fiel auf, daß sie viel zu lang war für eine Korallenschlange. Ich wußte, es gab auch die »falsche Korallenschlange«, eine harmlose Art. Sie sieht aus wie eine Korallenschlange, ist aber bedeutend länger. Diese Schlange war einen Meter zwanzig lang, während eine echte Korallenschlange höchstens einen Meter lang wird. Ich fühlte mich noch mieser und hob sie eher unvorsichtig auf. Auch bei einer toten Schlange ist beim Anfassen äußerste Vorsicht geboten. Eine Schlange kann ihren Beißreflex bis zu einem Tag nach dem Tod beibehalten. Eine tote Schlange konnte daher noch vierundzwanzig Stunden nachdem man sie getötet hat, gewissermaßen aus dem Grab heraus, Rache nehmen.

Jetzt war ihr Giftzahn kaum mehr auszumachen. Jedenfalls war sie nun tot, und ich wollte, daß dieses Opfer nicht umsonst war. Also konservierte ich die Schlange mit medizinischem Alkohol in einer Milchpulverdose. Heute residiert sie in einem Glas im Naturhistorischen Museum von Santa Cruz. Der Name des Sammlers – mein Name! – steht auf einem Schildchen daneben. Sie wird ausgestellt, weil es sich um ein Exemplar der äußerst seltenen, giftigsten Schlange Südamerikas handelt, um eine *Micrurus spixi* oder Riesenkorallenschlange. Fachleute sagen, sie sei nicht aggressiv und würde nicht angreifen, außer wenn man sie berührt oder versehentlich darauf tritt. Leider hatten das die Experten meiner Schlange nicht gesagt. Das einzig Gute am Biß der Korallenschlange ist, daß ihr Gift wie ein Betäubungsmittel wirkt. Man schlummert ohne Schmerzen ein und wacht nie wieder auf.

Guy und Robin trafen am nächsten Morgen ein. Sie waren sehr beeindruckt von der Schlange, die wir Herbert getauft hatten. Wir konnten nicht mit dem Haus weitermachen, solange Robin nicht ein paar einheimische Bauhandwerker organisiert hatte. Estaban und Clemente brauchten Hilfe bei der Aufgabe, die Wände und das Dach kunstgerecht zu fertigen. Deshalb verbrachten wir die nächsten paar Tage damit, in Zweiergruppen nach dem Hokko zu suchen.

Meine Ohren hatten sich allmählich auf den Ruf des Hornhokkos eingestimmt, aber bis es soweit war, hatte ich viel

Geduld gebraucht. Sobald ich gelernt hatte, seinen Ruf von den anderen zu unterscheiden, verstand ich nicht mehr, weshalb ich ihn zuvor nie gehört hatte. Ohne daß es mir bewußt war, begann ich mich auf den Dschungel einzustellen. Es ist wie eine angeborene Überlebensweisheit. Man merkt nicht, daß man sein Verhalten ändert, es funktioniert wie ein natürlicher sechster Sinn. Man paßt automatisch auf, wohin man tritt und wohin man faßt. Man berührt kaum je etwas, vermeidet wenn möglich jeden direkten Kontakt. Der Grund dafür sind die zahlreichen Gifttiere und -insekten. Außerdem schützen sich viele Pflanzen tückischerweise mit Stacheln und Dornen. Wer in einer so feindlichen Umgebung überleben will, muß sich anpassen.

Der Ruf des Hokkos ist ein sehr tiefes, volles »Ammm-mmmm«. Im dichten Urwald können nur sehr tiefe oder sehr hohe Töne überhaupt eine gewisse Strecke zurücklegen. Jetzt hörte ich den Ruf regelmäßig, aber der scheue Vogel schwieg sofort, sobald wir auf ein paar hundert Meter an ihn herangekommen waren.

Am nächsten Tag krochen Guy und ich über eine Stunde lang bis auf zweihundert Meter an den Ruf heran. Wir wurden belohnt, als wir zwei große Vögel aufstörten. Einer flog davon, ins Tal hinunter, aber der andere suchte Zuflucht in einem Baum. Ich erkannte ihn nach der Beschreibung, die ich erhalten hatte, da er sich deutlich vor dem Himmel abzeichnete. Ich sah einen großen, hübschen Vogel, doch das absolut Bemerkenswerteste war sein Horn. Es war von einem hellen Blau und sprang so auffällig aus seiner Stirn hervor wie das Blaulicht einer Polizeistreife. Es war etwa so groß wie ein großer Daumen und schien beinahe zu leuchten. Dies war das Einhorn!

Kasup! Kasup! Kasup! Der Hornhokko saß unruhig auf

dem Baum und stieß seinen lauten Warnschrei aus. Guy knipste mit seiner Kamera ein Foto um das andere, aber der Vogel hob ab und glitt ins Tal hinunter. Ich hatte ihn wohl kaum länger als zwanzig Sekunden gesehen, aber da es weniger als zehn Nichtindianer gibt, die je einen Hornhokko gesehen haben, war das keine schlechte Leistung. Die Indios nennen ihn *Copete piedra azul*, was man in etwa mit »blauer Felskopf« übersetzen könnte. Die Indios haben ein Talent für Namen.

Guy und ich sahen die beiden Vögel auch am nächsten Tag wieder. Valerie und Robin sahen auch einen, aber sie wandten eine andere Technik an, um sich ihm zu nähern, ohne ihm angst zu machen. Sie taten so, als seien sie eine Herde Wildschweine, und brachen grunzend durch den Dschungel. Ich zog die sanfte Annäherung vor und war deshalb etwas besorgt, als Robin vorschlug, daß wir beide am nächsten Tag weiter oben im Tal suchen sollten. An jenem Abend übte ich zu prusten und zu grunzen, aber zum Glück war Robin der Meinung, daß es genügte, einen Tag lang Wildschwein zu spielen. Er führte mich still durch den Wald, bestimmte Vögel und Tierspuren. Seine geübten Augen sahen vieles, was mir entging; zum Beispiel zeigte er mir hoch oben in einem Baum einen großen blaugelben Ara. Seine Begeisterung war ansteckend, sein Wissen erstaunlich.

Auf dem Weg zurück zum Lager ruhten wir uns auf Steinen in einem Flußbett aus. Die letzten Sonnenstrahlen des Nachmittags wärmten die Felsen und ließen einen jungen Schößling leuchten, der einsam auf einer erhöhten Insel stand. Während wir dasaßen und plauderten, schoß plötzlich ein feiner Sprühregen aus dem Baum heraus, und es gab einen Regenbogen. Ein paar Sekunden später spritzte ein weiterer Strahl hervor. Wir erkletterten die inselartige Plattform, um den kleinen Baum zu untersuchen. Wir entdeckten jedoch keinerlei Loch, und der Baum spritzte auch nicht mehr. Wir hatten keine Ahnung, ob das faszinierende Phänomen von einem eingegrabenen Insekt herrührte oder ob es möglicherweise das Resultat von Osmose war. Wir tauften das Naturwunder den »pinkelnden Baum«. Dann ließen wir das Rätsel ungelöst hinter uns und kehrten ins Lager zurück.

Nun galt ich als eingeweiht in die Hokko-Suche; ich kannte seinen Ruf. Wir beschlossen, eine vorläufige Bestandsaufnahme der Population vorzunehmen. Unser Forschungsgelände war zwar nur wenige Quadratkilometer groß, umfaßte jedoch drei Arten von Lebensräumen: den hohen, offenen Wald mit großen Bäumen und sehr wenig Unterholz, dann den unteren Wald mit weniger großen Bäumen und schließlich das praktisch undurchdringliche Dickicht entlang der Nebenzuflüsse. Wir hatten die Hokkos in allen drei Gebieten gesehen.

Um mit der Erhebung beginnen zu können, brauchten wir mehr Kugelschreiber, Papier und eine zusätzliche Armbanduhr. Deshalb beschlossen wir, am nächsten Tag zurückzugehen.

An jenem Abend nieselte es, und ich ging Wasser holen. Wir holten unser Wasser aus einem Bach. Die einzigen Tiere, die es verschmutzen konnten, waren Tapire. Sie hatten die ungewöhnliche und unangenehme Angewohnheit, in Flüsse und Tümpel zu koten, vor allem oben auf Hügeln. Ich setzte mich, um den Behälter zu füllen, und versuchte, den schlammigen Grund nicht aufzuwirbeln.

Da bewegte sich etwas nahe dem Ufer. Im Wasser war es dunkel, und ohne direkte Sonneneinstrahlung sah ich nichts. Noch eine Welle, dann erblickte ich es. Es war ein Molch. Ich griff danach, erwischte ihn jedoch nicht. Eilig verschwand er in den schmutzigen Tiefen. Ich saß da und wartete, aber er kam nicht zurück.

Ich war kein Fachmann und hatte nicht gewußt, daß es in Südamerika überhaupt Molche gab. Doch ich bat alle, nach weiteren Exemplaren Ausschau zu halten.

9
Anita

Guy und ich fuhren nach Santa Cruz, um die Bilder des Hokkos entwickeln zu lassen und neue Vorräte einzukaufen. Die Fotos waren eine Enttäuschung. Nur auf drei von den insgesamt zwölf Aufnahmen sah man das so wichtige Horn, und selbst diese waren verschwommen und unterbelichtet.

Guy nahm mich mit zur Universität, um mir Paolo vorzustellen. Paolo arbeitete in der Abteilung für Biologie und hatte beinahe im Alleingang ein naturhistorisches Museum auf dem Campus eingerichtet. Er hatte alle Ausstellungsstücke zusammengestellt und bestimmt. Viele Tiere hatte er selbst gefangen. Er war begeistert, als ich ihm von dem Molch erzählte. Er sagte, er kenne nur zwei Arten von Molchen in Südamerika. In einer so wenig erforschten Gegend sei es durchaus möglich, daß es sich um eine weitere Art handle. Er bat mich, alles zu versuchen, um einen Molch zu fangen.

Guy und ich kehrten nach Buena Vista zurück. Auf dem Weg von der Plaza nach Hause trafen wir Charo. Sie trug ein Baby auf dem Arm. Ich war ziemlich überrascht, als sie mir das Kind als ihre Tochter vorstellte. Das schlanke, schöne junge Mädchen, das ich zum erstenmal im Büro des Amboro-Parks gesehen und auf vierzehn Jahre geschätzt hatte, war in Wahrheit neunzehn und Mutter. Mir war aufgefallen, daß viele junge Mädchen Babys hatten, aber irgendwie schien es, als ob niemand Sex hätte. Dank des bescheidenen Wissens, das ich von einem rotgesichtigen Biologielehrer erworben hatte, wußte sogar ich, daß diese zwei Dinge zusammengehören. Ich beschloß, der Frage nachzugehen und das Rätsel zu lösen. Ich fragte Charo, ob sie eine Schwester habe. Sie bejahte und sagte, sie sei an diesem Abend auf dem Abschlußball der Schule. Wir wurden herzlich eingeladen.

Der ganze Ort war da und feierte den Schulabschluß. Das Fest fand in einem offenen Hof neben der Plaza statt. Zum Glück war der Abend hell und warm. Die Einheimischen hatten sich große Mühe gegeben, um sich schön anzuziehen. Die meisten besaßen wenig Geld, aber ihr Äußeres litt nicht darunter.

Der Bürgermeister hatte eine traditionelle vierköpfige Band aus Santa Cruz engagiert. Sie stellte ihre Instrumente auf der Backsteinbühne auf. Guy, Valerie und ich waren die einzigen Gringos. Es wurde viel über uns getuschelt, und man zeigte mit den Fingern auf uns.

Obwohl die Band nur drei Akkorde kannte, drängten sich die Einheimischen auf dem unebenen Tanzboden. Ich sah zu und versuchte, die Feinheiten der Tanzschritte zu erfassen. Doch es gab keine. Alle tanzten in Paaren, berührten einander aber nie, sahen sich nicht einmal an. Deshalb war es schwierig, überhaupt zu erkennen, wer mit wem ein Paar bildete, um die beiden dann zu studieren. Der Tanz war noch eintöniger als die Musik. Nach einer eingehenden Analyse hatte ich die Grundlagen ausgemacht. Sie machten zwei Schleifer vor, dann wieder zwei zurück. Das Ziel schien zu sein, sich so wenig wie möglich zu bewegen und jeden Körper- und Augenkontakt mit dem Partner zu vermeiden.

Valerie und ich wollten es auch versuchen. Zur großen Belustigung der Einheimischen ließen wir unsere Füße vor und zurück schleifen und starrten mit leerem Blick auf den Boden oder zum Himmel. Wir hielten es nicht lange aus.

Diese Bewegungsarmut brauchte eindeutig viel Übung. Wir trotteten davon, um uns ein Bier zu holen.

Die Flaschen wurden in einem großen, mit Wasser gefüllten Trog aufbewahrt. Der Barkeeper zog zwei Flaschen heraus und öffnete sie mit Hilfe eines halb aus der Wand vorstehenden Nagels. Die Musik hatte aufgehört, und auf der Bühne sprach jetzt ein Mann in ein raffiniert an eine Autobatterie angeschlossenes Mikrofon. Es war Zeit für die Abschlußfeier. Die Einheimischen bildeten ein Spalier, durch das die Schüler gehen mußten. Alle klatschten, während die Schulabgänger dieses Jahrgangs den Gang hinuntergeführt wurden. Es waren sieben. Alle wurden von ihrer Mutter oder ihrem Vater begleitet. Nach einer kurzen Rede des Bürgermeisters klatschten alle, und es wurde wieder getanzt.

Valerie und Guy wollten nach Hause, deshalb gingen wir, um uns von Charo und ihren Freunden zu verabschieden. Als wir so dastanden und redeten, fiel mein Blick auf eine Traumfrau. Die junge Schönheit saß Hand in Hand mit ihrem Freund. Sie schlug ihre eleganten Beine unter einem kurzen schwarzen Spitzenrock übereinander. Sie blickte auf, und ihre großen braunen Augen ruhten herausfordernd auf meinen. Ich lächelte, und sie lächelte voll schelmischem Selbstvertrauen zurück, was auf einen ziemlich verdorbenen Charakter schließen ließ.

Sie nahm die Hand ihres Freunds aus dem neutralen Raum, der zwischen ihnen lag, und legte sie zusammen mit ihrer eigenen auf ihr zartes Knie. Meine Augen folgten ihrer Geste und fanden über ein paar Umwege zu ihrem Gesicht zurück. In dem Bewußtsein, daß sie meine ungeteilte Aufmerksamkeit besaß, fragte sie: »Möchtest du tanzen?«

Ich lachte, aber sie zeigte keinen Humor. Als ich merkte, daß sie es ernst meinte, suchte ich in ihren Augen nach einem Grund. Sie starrte zurück, zuversichtlich, daß ich ja sagen würde.

Ich blickte wieder auf ihr Knie hinunter, wo ihre Hand noch immer mit der ihres Freundes gepaart lag. Diesmal ließ ich meine Augen seinen Arm zu seinem Gesicht hinaufgleiten. Er sah weg und tat unbeteiligt. Sein Kinn deutete jedoch Feindseligkeit an. Sie spielte mit uns beiden.

»Nein, danke«, antwortete ich und erklärte in meinem gebrochenen Spanisch, daß ich fände, es gezieme sich nicht, Fremde zum Tanzen aufzufordern, vor allem, wenn man mit seinem Freund zusammen war.

Ihr Lächeln drohte zu verblassen, deshalb fügte ich hinzu: »Ich kenne nicht einmal deinen Namen.«

Sie machte eine Pause, bevor sie erneut provozierend lächelte und sagte: »Ich bin Anita, Charos Schwester.«

»Vielleicht ein andermal, Anita.«

»Ja«, mein Ego hörte ein Versprechen. Ich zweifelte keinen Augenblick daran, daß ich schon verdammt bald mit den Verschlüssen an ihren Kleidern kämpfen würde.

Ich wollte Anita auf jeden Fall in mein Forschungsprojekt einbeziehen. Doch jetzt verabschiedete ich mich und schüttelte ihrem Freund die Hand. Beim Gehen schenkte ich ihr ein weiteres direktes Lächeln, das sie unverfroren erwiderte. Die Herausforderung war angenommen worden, der Handschuh aufgehoben. Sie würde jedoch hart arbeiten müssen. Ich würde mich nicht so leicht ergeben.

Zunächst mußte ich die Romanze noch eine ganze Weile auf Eis legen, weil wir am folgenden Tag in den Dschungel zurückkehrten. Guy und ich brauchten zwei Stunden länger als sonst, um zu Clementes Hütte zu marschieren. Wir hofften, die Bestandsaufnahmen aller drei Gebiete bei diesem einen Aufenthalt machen zu können, und benötigten deshalb Vorräte für drei Wochen. Die Wächter wären gern bereit gewesen, für uns zu jagen; aber nicht zu jagen war ein Grundprinzip der Parkverwaltung. Wir schleppten jeder über dreißig Kilogramm Sardinen, Dosenfleisch, Gemüse und Reis. Einen Teil der Vorräte ließen wir bei Clemente und Estaban zurück, die sie später mitbringen konnten.

Als wir am frühen Nachmittag des folgenden Tages im Basislager ankamen, war das Haus noch immer nur ein Gerüst, also schlugen wir das Zelt auf. Den Nachmittag verbrachten wir damit, mit Macheten einen Pfad zum ersten Beobachtungsgelände zu schlagen. Unsere drei Verstecke sollten nahe bei der Stelle liegen, wo wir den Pfad der Yuqui-Indianer entdeckt hatten. Doch obwohl wir intensiv danach suchten, fanden wir die Spur nicht mehr. Wir sollten sie nie mehr finden. Das jagte mir einen kleinen Schrecken ein, da ich annehmen mußte, daß die Yuqui unsere Gegenwart bemerkt und ihre Spuren absichtlich verwischt hatten.

Valerie und Estaban trafen am folgenden Tag ein. Estaban lieferte einige Vorräte ab und ging dann wieder zurück, da er die einheimischen Bauhandwerker herbringen sollte.

Es donnerte und goß zwei Tage und zwei Nächte lang ununterbrochen, und unsere wasserdichten Zelte waren völlig ruiniert. Wir flüchteten uns unter Clementes Lebensmittellagertisch, deckten ihn mit Plastikplanen ab und verbrachten achtundvierzig Stunden darunter. Während dieser Zeit aßen wir nur kalte Sardinen. Hunderte von Fröschen und Kröten planschten in den Pfützen herum. Sie setzten sich vor unseren Tisch und schnappten nach den Motten, die von unseren Kerzen angezogen wurden. Wie ein buntes Feuerwerk hüpften überall Giftpfeilfrösche in den leuchtendsten Farben herum. Aber die Königin der Amphibien war trotz allem nicht zu übersehen: Eine gut zwanzig Zentimeter große Riesenkröte wackelte durch das Lager wie ein uralter kaputter Lederfußball. Sie hockte da und starrte uns aus eisigen Augen an, während wir unsere Abendmahlzeit zu uns nahmen. In Ermangelung einer besseren Idee nannten wir sie »Kröte«. Sie verbrachte die meisten Abende mit uns und fraß alles, was in Reichweite ihres höhlenartigen Mundes kam.

Am nächsten Morgen hörte es auf zu regnen, und Clemente traf ein. Wir bauten die ersten Beobachtungsposten und sandten Clemente weiter, um mit den nächsten zu beginnen. Sobald wir fertig waren, gingen wir nachsehen, wie weit er gekommen war. Er hatte sich dem Problem mit der üblichen Begeisterung gewidmet und einen Prototyp konstruiert, der einer Ausstellung bei »Schöner Wohnen« hätte entstammen können. Wir sagten ihm, das sei sehr hübsch, aber ob er die nächsten beiden nicht etwas kleiner machen könnte. Nach zwei weiteren Tagen konnten wir mit unserer Erhebung beginnen. Clemente ging, um Baumaterial für das Haus zu sammeln.

Am nächsten Morgen verbrachte jeder von uns sechs Stunden auf einem Beobachtungsposten. Die Verstecke bildeten die Ecken eines Nord-Süd-Ost-Dreiecks. Sie waren ungefähr hundertfünfzig Meter voneinander entfernt. Dies entsprach der geschätzten maximalen Reichweite des Hokko-Rufs. Wir hofften, daß sich unsere Resultate nur bei Rufen zwischen den drei Beobachtungsposten decken würden. Im Prinzip war dies das größtmögliche Territorium, das wir überwachen konnten.

Um jedes Versteck herum plazierten wir acht Pfosten, die die Haupthimmelsrichtungen markierten. Der Ruf des Hokkos bestand aus ungefähr sechs Tönen unterschiedlicher Höhe und Lautstärke. Die Zahl der Töne, die wir hören konnten, würde deshalb einen guten Hinweis auf die Entfernung des Vogels zum Beobachter geben. Für jeden Ruf würden wir Entfernung, Position und genaue Zeit festhalten. Jeden Morgen sechs Stunden auf diese Weise zu verbringen war unglaublich langweilig. Ich verbrachte die Zeit damit, mich mit der Schere meines Taschenmessers zu rasieren. Die winzigen Klingen konnten nur eine Stoppel auf einmal wegschnippeln, so war ich etwa drei Stunden beschäftigt. Die restliche Zeit vertrieb ich mir mit Holzschnitzereien, oder ich erfand Kreuzworträtsel und tötete Insekten.

Die Nachmittage verbrachten wir mit Waschen, Wasserholen und dem Suchen von Feuerholz. Valerie hatte sich beigebracht, wie man in einer Bratpfanne über dem Feuer Brot buk. Als besondere Köstlichkeit gab es Tee mit echtem Milchpulver, dazu Toast und Marmelade. Hin und wieder besuchte uns eine Schar Spinnenaffen. Wir nippten unseren Tee und beobachteten, wie sie sich mit verblüffender Gewandtheit von Ast zu Ast schwangen. Sie jagten sich durch die Zweige in einem nie endenden Konkurrenzkampf um Geschicklichkeit und Tapferkeit. So schnell, wie sie gekommen waren, verschwanden sie auch wieder kreischend und brüllend das Tal hinunter.

Am Abend kochten wir die einzige Mahlzeit des Tages. Jedermanns Lieblingsessen war eine weitere Kreation von Valerie: Dosenfleisch-und-Zwiebel-Rissole. Sie tauchte die Burger aus Dosenfleisch in eine Pfannkuchenmischung und briet sie. Bis das Essen fertig war, war es meistens schon so dunkel, daß wir mit dem Rissole nicht selten einen Mund voll Motten zu uns nahmen. Wenn sie uns zu groß waren, gaben wir sie der Kröte. Sie war nicht so heikel und schlang alles dankbar hinunter.

Wir lösten gegenseitig unsere Kreuzworträtsel und machten sogar einen Versuch, am Lagerfeuer zu singen. Die Vorstellung war jedoch alles andere als filmreif, denn das einzige Lied, das wir alle drei kannten, war »Hänschen klein«. Meistens sprachen wir vom Essen und lauschten den Geräuschen des Dschungels. Eulen schrien, und Tapire stießen ihre schrillen Pfiffe aus. Der vorherrschende Lärm war jedoch das ohrenbetäubende Gejammer der scheuen Zikaden. Ich hörte sie überall um mich her, aber ich bekam nie eine zu Gesicht. Wenn der Mond schien, sahen wir manchmal die Silhouette eines Affen, der sich krachend seinen Weg durch die Bäume bahnte.

Während wir im Feuerschein saßen, sausten Vampirfledermäuse um uns herum. Die Vampirfledermäuse, die ich im Londoner Zoo gesehen hatte, waren kleine Dinger gewesen. Unsere nächtlichen Besucher hatten eher die Größe von Krähen. Sie hofften, daß wir einschliefen, damit sie uns rasch ein paar Deziliter abzapfen konnten. Wir gingen ins Bett, sobald wir müde waren. Die Vampirfledermäuse waren möglicherweise mit Tollwut infiziert und stellten deshalb eine beträchtliche Gefahr dar.

Wir gingen zu der nächsten Gruppe Verstecke, und Valerie sagte, sie habe zwei *Borros*. Nach ausgiebigen Regenfällen legt die Borro-Fliege ihre Eier ab, manchmal auf die Kleider. Die Larven schlüpfen, und die kleine Made gräbt sich in einen Haarbalg hinunter. Unter der Haut läßt sie Borsten herausschießen, um sich fest zu verankern, und fährt dann eine Röhre nach oben aus, durch die sie atmen kann. Dann lebt der Borro etwa drei Wochen unter deiner Haut und ernährt sich von deinem Fleisch. Wenn er ungefähr zweieinhalb Zentimeter lang ist, kommt er heraus, fällt auf den Boden und verpuppt sich.

Valerie hatte zwei. Einen am Bein und den andern auf dem

Kopf. Guy hatte letztes Mal einen an der Hüfte. Ich mußte erst noch mit dieser reizenden Kreatur Bekanntschaft schließen. In meinem Buch über Tropenmedizin wird empfohlen, das Luftloch des Borros mit Airfix-Leim zu verstopfen. Beim Packen in England hatte ich es aufgrund eines eigenartigen Mangels an Voraussicht nicht einmal in Betracht gezogen, Airfix-Leim mitzunehmen. Statt dessen versuchten wir, die Viecher mit Vaseline zu ersticken. Mit beträchtlicher Geduld gelang es uns, sie zu packen, wenn sie hochkamen, um Luft zu schnappen, und sie herauszureißen.

Die Wächter trafen am nächsten Tag zusammen mit drei Bauhandwerkern ein. Sie machten sich ans Werk und fällten Palmen. Sie spalteten die Stämme der Länge nach, um die Wände zu bauen, und benützten die Blätter, um das Dach zu decken. Die Resultate der dritten Gruppe unserer Beobachtungsposten kamen nicht zustande, da das Krachen, Hakken und Hämmern die Hokkos erschreckt hatte.

Eines Nachmittags saßen Valerie und ich da und sahen den Handwerkern bei der Arbeit zu. Sie schienen die Schwärme von Schweißbienen gar nicht zu bemerken. Wir hörten, wie sich Clemente und Estaban unterhielten. Sie sprachen darüber, was sie tun würden, wenn sie sehr reich wären.

»Ich würde den ganzen Tag singen und tanzen!«

Estaban nickte in feierlichem Einverständnis. Dies schien etwas höchst Erstrebenswertes zu sein.

Ich ging davon, da ich nicht stören wollte. Plötzlich hörte ich, wie sich unterhalb des Lagers etwas krachend seinen Weg durch den Wald bahnte. Ich ging nachsehen und entdeckte eine Familie Opossums. Diese südamerikanischen Beuteltiere sehen aus wie große graue Ratten. Sie machten einen enormen Lärm, während sie nach Käfern suchten. Als sie schließlich davonrannten, ging ich zum Lager zurück und erzählte Clemente davon. Er wirkte sehr enttäuscht, daß er sie verpaßt hatte.

»Sie schmecken gut«, erzählte er mir. »Nicht daß ich noch jagen würde«, fügte er rasch hinzu, als er seinen Schnitzer bemerkte.

Die Handwerker waren fertig und gingen wieder. Unsere Vorräte neigten sich dem Ende zu, und wir konnten nur eine Nacht in dem fertigen Haus bleiben. Wir hatten mit Robin verabredet, an welchem Tag wir zurückkommen würden. Er lieh sich einen Landrover aus und holte uns ab. Mit dem Allradantrieb wagte er sich durch den Surutu und schaffte es bis zu Arnaldos Farm.

Nach zwanzig Tagen im Dschungel war der Anblick eines Autos ein gewaltiger Kulturschock. Als ich den Landrover näher kommen hörte, packte mich eine unbestimmte Lust, wieder in den Wald zurückzurennen. Nachdem ich diese irrationale Panik überwunden hatte, wurde mir klar, daß ich nun nicht mehr zu Fuß weitergehen mußte. Beruhigt riskierte ich einen Blick in den Spiegel – es war gar nicht so schlimm, aber ich hatte dringend einen Haarschnitt nötig.

10
Welche Dame darf es sein, Sir?

Nach so langer Zeit ohne Kontakt zur Zivilisation sehnte ich mich nach Neuigkeiten von zu Hause; also fuhren Valerie und ich nach Santa Cruz, um die Post zu holen. Als ich las, daß die Geranien in den Blumenkästen verblüht waren, stimmte mich dies besonders traurig.

Zum Mittagessen gingen wir in eine europäische Bar. Ich hielt mich oft dort auf, wenn ich in Santa Cruz war, und hatte ein paar der Stammgäste kennengelernt. Es waren hauptsächlich Engländer und Deutsche zwischen vierzig und fünfzig. Die meisten waren ausgebrannte Alkoholiker, die zwielichtige Geschäfte tätigten – mit Kokain. Sie waren keine großen Tiere, sondern nur die kleinen Packer und Lieferanten. Ich sah in ihnen viel Ähnlichkeit mit mir. Sie hatten ihre Heimat als junge Männer verlassen, mit hohen Idealen und voller Lust auf Abenteuer. Ein paar Jahre lang hatten sie in jugendlichem Überschwang alle Hindernisse aus dem Weg geräumt. Aber die Strapazen des Lebens auf der Straße hatten sie schließlich ausgelaugt. Der neue Reichtum Boliviens hatte sie angezogen wie die Geier. Doch statt einem Topf Gold fanden sie auch hier nur immer neue unmögliche Träume. Da sie das Land nicht verlassen wollten, waren sie mittlerweile so tief gesunken, daß sie Kokain in Kameras, Holzschnitzereien und Rinderkadaver verpackten. Ausgebrannt, nur noch ein Schatten ihrer selbst, saßen sie nun in der Bar und zankten um Pfennige.

Wir überließen sie ihren halben Flaschen hochprozentigen Alkohols und zogen los, um einen Friseur zu suchen. Valerie hatte beschlossen, daß sie ebenfalls einen Haarschnitt brauchte, also gingen wir zu einem kleinen Friseursalon für Damen und Herren, der wenige Straßen von der zentralen Plaza entfernt lag.

Wie das in männlich dominierten Gesellschaften so üblich ist, mußte ich mir die Haare zuerst schneiden lassen, während Valerie wartete. Je mehr Zeit der Friseur auf mein Haar verwandte, desto unwohler fühlte ich mich. Das Geschäft füllte sich zunehmend mit jungen Frauen, die geduldig dasaßen, plauderten und in Zeitschriften blätterten. Mir fiel eine besonders attraktive wasserstoffgebleichte Blondine auf, und ich hätte beinahe ein Ohr verloren, als ich versuchte, ihr zuzulächeln. Schließlich begann eine große Frau Valeries Haare zu schneiden. Sie fragte Valerie: »Bist du seine Frau?«

Valerie antwortete: »Ganz sicher nicht.«

Die Friseuse scherzte: »Darf ich dann mal?«

Alle lachten herzhaft. Ich war ganz verwirrt angesichts dieser Fröhlichkeit, die eindeutig auf meine Kosten ging. Ich konnte nicht mit all dem Spanisch mithalten, also bat ich Valerie zu übersetzen.

»Sie sagt, du hättest einen entzückenden Hintern, und sie will mit dir schlafen.«

»Ähmm, Mann o Mann. Sag ihr, das wäre sehr nett, aber leider habe ich heute meine Vitamine nicht genommen.«

»Er sagt, Sie seien sehr schön«, gab Valerie an die Friseuse weiter.

Die Mädchen kicherten und lächelten mir aufreizend zu. Ich lächelte etwas nervös zurück, da die Friseuse sehr stark aussah. Überraschenderweise schien sie sich über meine sanfte Zurückweisung zu freuen.

Ich hatte mich inzwischen an diese Art weiblicher Aufmerksamkeit gewöhnt. Als Gringo war man automatisch begehrenswert, egal, wie man aussah.

Als der Friseur mit mir fertig war, fragte ich, ob es eine Toilette gebe. Er zeigte auf einen Flur hinten im Laden. Auf dem Rückweg fielen mir mehrere Kabinen mit Vorhängen auf, in denen so etwas wie Arztbetten standen. In der dritten war der Vorhang zurückgezogen, und ich hörte von drinnen eine Stimme. Ohne meine Schritte zu verlangsamen, warf ich einen Blick hinein. Drinnen saß, bequem auf einer Bank zurückgelehnt, die Blondine. Ihre Beine waren unglücklicherweise so positioniert, daß ich ihr direkt unter den Rock sah.

»Komm rein, und spiel mit mir«, schnurrte sie.

»Tut mir leid, ich verstehe kein Spanisch«, war meine Standardantwort.

Ich ging ein paar Schritte weiter und fragte mich, was sie wohl zu mir gesagt haben mochte. Bevor ich mich jedoch entschließen konnte, zurückzugehen, um zu sehen, ob ich es herausbekam, hatte mich der Friseur schon wieder erblickt. Leicht enttäuscht ging ich zurück und setzte mich in den vorderen Teil des Geschäfts.

Valerie beschloß, sich die Haare tönen zu lassen, was eine Weile dauern würde. Der Friseur schnitt keinem der jungen Mädchen die Haare, daher nahm ich an, sie seien entweder auch Friseusen oder gehörten zur Familie. Der Friseur bot mir eine Cola und einen bequemen Sessel im hinteren Teil des Geschäfts an, unmittelbar vor dem Korridor, der nach hinten führte. Von einem Stapel auf dem Kühlschrank nahm er eine Zeitschrift für mich herunter. Die andern Friseusen räkelten sich um mich herum und warteten auf den Nachmittagsansturm. Der Friseur reichte mir das Magazin mit den

Worten »*por hombres*«. Es war harte Pornographie, und ich fühlte mich äußerst unwohl, darin herumzublättern, während ich von jungen Frauen umringt war. Ich wollte den Friseur nicht vor den Kopf stoßen, also schaute ich es so rasch wie möglich durch. Zehn Minuten später, nach getaner Pflicht, legte ich die Lektüre auf den Tisch.

Der Friseur fragte Valerie, ob ich eine Maniküre wolle.

»Wieviel kostet das?« fragte ich.

Sie übersetzte die Frage.

»Zwei Bolivianos.«

»Es ist gratis«, informierte mich Valerie.

»Okay«, nickte ich stumm.

Eines der jungen Mädchen zog seinen Stuhl heran und setzte sich vor mich hin. Sie mußte sehr arm sein, denn obwohl sie gut genährt aussah, fehlten an ihrer Bluse mehrere Knöpfe. Außerdem trug die Ärmste nicht einmal einen BH. Ich erkannte schnell, daß sie nie einen Kurs in Maniküre gemacht hatte, da sie ständig die Feile fallen ließ. Mit ihrer ohnehin schon auseinanderklaffenden Bluse beugte sie sich vor und riskierte dabei gefährlich den letzten einsamen Knopf. Zum Glück rutschte ihre füllige Oberweite nicht aus dem Hemd, aber der Faden am letzten Knopf war zum Zerreißen gespannt.

Während die junge Frau nach der Feile suchte, hielt sie meine Hand fest und preßte sie gegen ihr Knie. Ich hatte eine unangenehme Menge Kontakt mit einem beträchtlichen Maß an nackter Haut. Als sie die Feile das dritte Mal fallen ließ, konnte sie sie mit ihren eigenen kurzen, abgekauten Fingernägeln kaum aufheben. Da sie beide Hände dazu benötigte, klemmte sie meine Hand zwischen ihre Brüste. Ich versuchte, unbeteiligt zu wirken, als meine Hand durch ihr Herumfummeln von Brust zu Brust wanderte. Doch meine kühle

Fassade zerbröckelte, und ich ergriff die Gelegenheit zur Flucht. Bevor sie von den steifen Brustwarzen wundgerieben würde, riß ich meine Hand zurück. Ich gab vor, mit der Hand ein verlegenes Hüsteln abschirmen zu müssen. Die anderen drei Frauen, die um mich herum saßen, lächelten honigsüß; sie waren sich offenbar keiner Ungehörigkeit bewußt.

Der Friseur blickte um die Ecke zu unserem trauten Kreis und kam zu dem Schluß, daß die Maniküre beendet sein mußte. Mit einer Mischung aus Worten und Gesten erklärte er mir, daß Valerie noch ein Weilchen brauchen würde; vielleicht konnte er mir eine Massage anbieten, während ich wartete. Er zeigte mir, wie viele Geldscheine das kosten würde. Der Betrag entsprach etwa sechs Pfund. Ich mußte zugeben, daß ich mich etwas steif fühlte, und sechs Pfund schien ein ganz vernünftiger Preis zu sein. Ich fragte: »Bei welcher?« Er gab mir zu verstehen, daß die Blonde die erfahrenste sei, daß ich aber jede oder alle haben könnte.

Ich nahm an, daß die jüngeren Masseusen in der Ausbildung waren und zusehen wollten, um zu lernen, worauf es ankam. Außerdem waren sie vielleicht neugierig auf den Anblick eines Fremden und fragten sich, ob er ihnen allen ein großes Trinkgeld geben würde.

Ich blickte von einem schönen lächelnden Mädchen zum nächsten und versuchte, eine Wahl zu treffen. Vier Paar straffe Teenagerbrüste reckten sich mir entgegen, und endlich traf mich die Wahrheit wie ein Blitz.

»Das ist ein Bordell!«

Diese unschuldig aussehenden Mädchen waren Damen der Nacht, und dabei war es erst halb vier Uhr nachmittags. Der Friseur hatte vorgeschlagen, daß ich meinen unschuldigen jungen Körper vier schönen, bezaubernden, verlockenden, herrlichen, erfahrenen, himmlischen Nymphen hingeben sollte.

Nun, ich war selbstverständlich entsetzt, aber was sollte ich tun? Die freundlichen jungen Mädchen würden eine Weigerung bestimmt persönlich nehmen. Sie müßten ja denken, daß ich nicht mehr interessiert sei, nachdem ich begutachtet hatte, was sie zu bieten hatten. Nach zwei entbehrungsreichen Monaten im Dschungel war ich aber sehr interessiert. Auf gar keinen Fall wollte ich jemanden verärgern.

»Auch eine Art, meine Devisen in ihre ruinöse Wirtschaft fließen zu lassen«, überlegte ich großzügig.

Die Mädchen schlugen ihre eleganten, gebräunten Beine unter den kurzen Röcken übereinander und glätteten die imaginären Falten aus ihren enganliegenden Kleidern. Ihre roten Lippen verlangten nach einer Entscheidung.

Dann tat ich, was jeder aufrechte, rücksichtsvolle Engländer an meiner Stelle auch getan hätte.

11
Die Tarantel

Als wir zu unserem fertiggestellten Dschungelhaus hinaufgingen, versuchten wir, soviel Lärm wie möglich zu machen. Pumas lieben es besonders, in verlassene Hütten einzuziehen. Wenn man ihnen Gelegenheit gibt, laufen sie weg, weil sie sich gestört fühlen; fühlen sie sich jedoch in die Enge getrieben, greifen sie an. Deshalb versuchten wir, unsere Ankunft möglichst frühzeitig anzukündigen. Zum Glück gab es keinerlei Anzeichen von Pumas. Statt dessen standen wir vor einem anderen Problem. Im Innern der Hütte, vor dem mittleren Pfosten, lag ein großes blaues Ei.

Robin und Guy berieten. Valerie und ich murrten.

Sie entschieden: »Wir können nicht in der Hütte wohnen, wenn ein Vogel darin nistet.«

Wir antworteten: »Nicht einmal ein Huhn wäre so dumm, an dieser Stelle ein Ei zu legen.«

Sie schlugen in ihren Vogelbüchern nach. »Der Tinamou legt vier oder fünf große Eier, gewöhnlich am Fuß eines Baums.«

»Jemand hat es da hingelegt«, entgegneten wir.

Sie nahmen keine Notiz von uns. »Der Tinamou glaubte vielleicht, der Pfosten sei ein Baum.«

»Und wo sind die restlichen Eier?« gaben wir zurück.

»Das Ei liegt so zentral da, es sieht wie ein feierliches Opfer aus.«

Wir ließen sie beraten. Valerie zog die Plastikplane von der Stelle zurück, wo wir unsere Vorräte aufbewahrten. Dort fanden wir ein Nest und eine große Tarantel. Valerie verfolgte die Tarantel, bis sie sie in einem Glas gefangen hatte. Die Entdeckung des Nests führte schließlich einen Entschluß herbei.

»Wir werden einfach am anderen Ufer zelten müssen.«

Valerie und ich brummten unsere Einwände. Wir hatten zweieinhalb Monate in einem kleinen Scheißzelt verbracht. Heute hätten wir zum erstenmal in der fertigen Hütte schlafen können. Wir waren gar nicht erbaut über diesen Entschluß. Am Nachmittag traf Clemente ein und war überrascht, daß wir Zelte aufgeschlagen hatten. Erstaunt fragte er: »Habt ihr das Ei gefunden?«

»Hast du es da hingelegt?«

»Ja, ich habe unten beim Fluß ein Nest gefunden.«

»Was ist mit den anderen Eiern passiert?«

Er lächelte einfältig: »Ich weiß es nicht.«

Er hatte sie gegessen. Er schlug die Plastikplane zurück und stieß das Nest mit dem Fuß aus der Hütte. Robin war empört. »Was machst du da?«

»Das ist ein Rattennest«, verkündete Clemente.

Valerie und ich lächelten selbstgefällig. Wir konnten einziehen.

Unweit der Hütte entdeckte Robin ein Kolibrinest. Es war so klein, daß es auf dem Stiel eines Blattes Platz fand. Ein Elternteil schwirrte um das Lager herum. Ich konnte mich nicht an den unverhältnismäßigen Rummel gewöhnen, den dieser winzige Vogel veranstaltete. Das pausenlose Schlagen seiner Flügel klang wie ein lautes Keuchen. Ich drehte mich mehrmals mit einem Satz um und erwartete, einem hungrigen Puma in den Rachen zu blicken. Statt dessen war nur verschwommen ein sieben Zentimeter langes Flirren zu sehen, als der Vogel zu seinem Nest zurückkehrte.

Kolibris schlagen bis zu achtzigmal in der Sekunde mit ihren Flügeln. Ihre winzigen Herzen müssen tausendmal pro Minute schlagen, um genug Sauerstoff zu liefern, damit die energiegeladenen Muskeln funktionieren – sogar noch schneller, wenn sie sich in der Luft paaren. Um dieses Miniaturkraftpaket zu betreiben, müssen die Vögel alle fünfzehn Minuten Nahrung aufnehmen.

Während Robin den Kolibri fotografierte, suchten wir nach einem Hokko-Nest. Nach mehreren erfolglosen Tagen gaben wir auf und beschlossen, in sechsstündigen Schichten eine Populationsüberwachung rund um die Uhr vorzunehmen.

Wir stellten einen weiteren Beobachtungsposten auf, der nur zehn Minuten vom Lager entfernt war, damit wir auch im Dunkeln hingelangen konnten. Wir schnitten und markierten einen breiten Pfad dorthin. Sich in der Nacht im Dschungel zu verirren ist nicht ratsam. Wir bauten das Versteck oben auf einem kleinen Hügel, so daß der Klang der Rufe uns von allen Seiten erreichen konnte. Wir banden den Rahmen mit Palmschnur zusammen und begannen, ihn mit Palmblättern abzudecken. Das Versteck sollte möglichst wenig Licht durchlassen, damit unsere Kerze die Vögel nicht erschrecken würde. Unglücklicherweise stießen wir in einer der Palmen auf ein Nachtwespennest. Diese großen gelb-weißen Wespen waren so wütend über unseren Angriff, daß ich beschloß, mich hinter einen Baumstamm zurückzuziehen. Ich überließ es Guy und Valerie, das Nest auszubrennen. Leider wurden sie mehrmals gestochen.

Clemente, Robin und Valerie verließen den Park, da Valerie ihre bevorstehende Rückkehr nach England vorbereiten mußte. Das Geld für das Hokko-Projekt war bereits seit Monaten aufgebraucht. Seither hatten sich Valerie und Guy aus privaten Mitteln versorgt. Valerie war mittlerweile pleite und deshalb gezwungen, nach England zurückzukehren.

Guy und ich begannen eine Nachtüberwachung. Ich hatte die erste Schicht von sechs bis Mitternacht. Mit einer Thermosflasche Kaffee, Notizbuch, Kerze und Machete bewaffnet, kroch ich zwischen den Blättern hindurch in mein feuchtes Gefängnis. Wir hatten den Boden gekehrt, um sicherzugehen, daß wir uns nicht auf irgend etwas allzu Unangenehmes setzten. Ich hatte sogar ein kleines Stück Plastik hingelegt, um nicht auf der feuchten Erde sitzen zu müssen. Es war pechschwarz in dem Bau, deshalb zündete ich die Kerze an und vergewisserte mich, daß in meiner Abwesenheit keine Schlangen eingedrungen waren. Befriedigt lehnte ich mich zurück. Meine Wache konnte beginnen.

Ich verzeichnete nur sehr wenige Rufe, und bis um halb elf war ich etwas unruhig geworden wegen all der unheimlichen Geräusche. Wenn man ganz allein ist, nimmt der mondlose Dschungel erschreckende Dimensionen an. In meiner Phantasie stellte ich mir vor, daß ich den Yuqui-Indianern eine interessante Möglichkeit bot, die europäische Küche zu entdecken. Das Fallen eines Blatts oder das Knacken eines Zweigs beschworen Visionen von Giftpfeilen und brodelnden Kochtöpfen herauf. Ich zwang mich, an meine Familie zu denken, aber die Gesichter, die ich vor mir sah, hatten leere Augen und spitze weiße Zähne. Ein fernes Rascheln erhielt durch meine Nervosität die

Größenordnung eines Erdrutschs. Ich war überzeugt, daß dort draußen etwas war. Vielleicht ein Jaguar, der nur darauf wartete, daß ich meinen Kopf hinausstreckte, um ihn mir abzubeißen. Meine schwache Kerze war auch kein Trost, da sie nur schreckliche Schatten warf. In ihrem Flakkern sah jeder Ast aus wie eine große, sich windende Schlange.

Hinzu kam die Entdeckung, daß wir unser Versteck auf einer Käferaufzucht gebaut hatten. Alle paar Sekunden gab es eine Erschütterung, und junge Käfer krochen hervor. Sie flogen selbstmörderisch geradewegs in meine Kerzenflamme. Ihre Flügel knisterten und schmolzen. Dann fiel ein Käfer auf den Docht, und unter seinem glimmenden Kadaver verlosch die Kerze. Verzweifelt mußte ich wieder nach den Streichhölzern tasten, ehe der nächste Angriff vonstatten ging. Einmal kamen so viele Käfer auf einmal heraus, daß der Boden vibrierte und die ganze Umgebung zu beben schien.

Ich zog die Knie bis unters Kinn und versuchte so, meinen Körper von der mit Käfern befallenen Stelle wegzubekommen und mich wieder auf das kleine Stück Plastik zu setzen. Da ertönte direkt über meinem Kopf ein lautes Rascheln. Ich tastete nach der Machete und zündete die Taschenlampe an. Ich sah nichts außer den Palmblättern des Dachs. Die Wedel waren ordentlich ineinander verzahnt, wie große Finger, die sich in die Dunkelheit streckten.

Das Geräusch verstummte. Das war nur der Wind, sagte ich mir. Es könnte aber ebensogut eine schreckliche Giftschlange gewesen sein, dachte ich. Das Rascheln begann von neuem. Zusammengekauert spähte ich nervös zum Dach hinauf. Das Geräusch ließ sich nicht verleugnen. Etwas war direkt über mir.

Ich wischte mir die Hand ab und umklammerte mit weißen Knöcheln die Machete. Das Geräusch hörte auf. Ich stellte mir vor, wer oder was auch immer es sein mochte, bereite sich auf den Angriff vor. Ich konnte nichts tun als warten.

Mein Herzschlag dröhnte. Dann wurde er von einem weiteren Rascheln übertönt, das im Vergleich dazu ohrenbetäubend laut schien. Ich riß den Kopf herum und starrte auf den Herkunftsort des Lärms. Die Blätter teilten sich, und etwas Handförmiges, von dem ich nur die Umrisse sah, fiel herunter. Es baumelte direkt vor meinen Augen und drohte, mitten in meinem Gesicht zu landen. Instinktiv senkte ich den Kopf und zog die Schultern hoch, um mich auf den Aufprall gefaßt zu machen. Das unbekannte Etwas landete sanft auf meinem Kopf. Ich bewegte mich noch immer automatisch nach vorn, und es rutschte nach hinten und strich über meinen verletzlichen Nacken. Durch mein unwillkürliches Schaudern löste es sich von meinem Hemdkragen, wo es sich festgehalten hatte, und fiel meinen Rücken hinunter auf das Plastik.

Noch bevor der Strahl meiner Taschenlampe sein Ziel gefunden hatte, hatte meine Machete zugeschlagen. Im Lichtschein entpuppte sich das Ding als eine schwarze Tarantel, die größer war als meine Hand. Der Hieb mit der Machete hatte sie zwei haarige Beine gekostet. Die lagen zuckend neben ihr, während sie anklagend mit den schauerlichen Stümpfen winkte. Noch immer unter Schock, schlug ich mit der Machete wieder und wieder zu, bis nur noch ein kleingehackter Haufen haariger Eingeweide zuckend dalag. Ich zwang mich aufzuhören. Dann tat ich nach einer Minute den ersten Atemzug. Nachdem sich meine Lungen mit Luft gefüllt hatten, schob ich die pulsierende Masse, die bereits die ersten hungrigen, aasfressenden Insekten angelockt hatte, sorgfältig nach draußen.

Ich setzte mich wieder auf mein beflecktes Stück Plastik; mein Puls kehrte allmählich zur normalen Geschwindigkeit zurück. Ich konnte mich jedoch nicht entspannen. Statt dessen starrte ich um mich und zuckte beim leisesten Geräusch zusammen. Zwanzig Minuten später hatte ich mich so weit erholt, daß ich mir etwas Kaffee aus der Thermoskanne eingießen konnte. Ich hob die kleine Tasse an die Lippen.

Rumms! krachte etwas gegen die Wand des Verstecks. Die Tasse fiel mir aus der erschrockenen Hand, und der heiße Kaffee verbrühte mein Familienglück.

»Scheiße! Was ist denn jetzt los?«

Etwas fiel durch die Blätter an der Wand hinunter. Ich sah nichts. Ich wartete. Von meinen Hosen stieg Kaffeedampf auf. Dann gab es ein lautes Knirschen, als das Tier durch die Palmblätter brach. Ich richtete den Strahl meiner Taschenlampe darauf, die Machete in der erhobenen Hand. Die Blätter teilten sich, und das Tier flog direkt in die Kerze. Die Flamme wurde von knisternden Flügeln erstickt. Ich fing das verkrüppelte Geschöpf im schwachen Schein der Taschenlampe und hielt es mit der Schneide der Machete am Boden fest. Dann zündete ich die Kerze wieder an und betrachtete meinen Angreifer.

Es war eine robuste Heuschrecke, aber eine Art, die ich nicht bestimmen konnte. Sie war ungefähr zwanzig Zentimeter lang, ihr Körper war knollig und mit etwas bedeckt, das wie braunes Fell aussah. Ihre sichelförmigen Kauwerkzeuge waren zwei Zentimeter lang. In meinem empfindsamen Gemütszustand kannte ich keine Gnade für angreifende Insekten. Obwohl ich sie entzweigehackt hatte, tasteten ihre mächtigen Kiefer noch immer nach etwas zu beißen. Ich setzte ihr ihren eigenen Unterleib vor. Sie umklammerte mit dem Unterkiefer die eigenen Beine und versuchte sie zu zermalmen.

All diese unheimliche Aggressivität war nicht gerade dazu angetan, meinen Blutdruck zu senken. Ich schaufelte das Insekt vorsichtig hinaus zu der Tarantel. Dann setzte ich mich auf mein kampferprobtes Stück Plastik und wartete die anderthalb Stunden, bis ich endlich ins Lager zurückkehren durfte.

Wir hatten nur eine Taschenlampe, deshalb mußte ich ins Lager zurückgehen, bevor mich Guy ablösen konnte. Als es soweit war, widerstrebte es mir beinahe, meinen Posten zu verlassen. Das Versteck bot wenigstens einen gewissen – wenn auch schwachen – Schutz vor weiteren Angriffen. Ich war auf alles vorbereitet. Was auch immer angreifen mochte, hier war ich wenigstens vorgewarnt. Der Pfad zum Lager zurück erschien dagegen von unsichtbaren Schrecken bedroht. Ich schob den Kopf in die schwarze Nacht hinaus. Meine Machete schwingend, stand ich auf und ging steif vorwärts.

Dies war keine gewöhnliche Dunkelheit. Es war die schwarze Nacht des Unbekannten, die meine Einsamkeit und Verletzlichkeit noch unterstrich. Spürbar. Greifbar.

Ich ging weiter und bezwang eine unbändige Lust zu rennen. Ich spürte überall Augen. Sie brannten schwarze Löcher in meinen Rücken. Ich versuchte, sie zu überraschen, indem ich den Strahl meiner Taschenlampe herumschwang. Ich erwischte nichts. Dies hätte mich beruhigen sollen, aber statt dessen überzeugte es mich von der Raffinesse meiner Feinde. Ich durfte nicht einmal schnell gehen, da ich leicht vom Weg abkommen und minutenlang gehen könnte, ohne überhaupt zu merken, daß ich mich verirrt hatte. Schließlich erblickte ich das Lagerfeuer und stieß einen Seufzer der Erleichterung aus. Dort saß Guy und wartete auf mich.

»Wie war's?«

»Ah, kein Problem, eher etwas langweilig.«

»Okay, dann sehen wir uns in sechs Stunden.«

Und schon marschierte er davon. Da wir nur zu zweit waren, blieb ich nun allein im Lager, aber in meinen Schlafsack gekuschelt, fühlte ich mich unverletzlich.

Wir verbrachten noch vier weitere Nächte in unserem Nachtversteck und notierten die Hokko-Rufe. Ich kriegte allmählich graue Haare. Als wir dieses Pensum erledigt hatten, begann es zu regnen, also blieben wir in der Hütte. Wir beschlossen, noch einen Tag zu warten, bevor wir nach Buena Vista zurückkehrten. Wir hatten genügend Vorräte, und vielleicht würde sich das Wetter wieder bessern. Ich wurde dazu auserkoren, im Bach Wasser zu holen. Ich nahm das Gefäß, ging durch den strömenden Regen und kniete am schlammigen Ufer nieder. Ich sammelte ebenso viele Blätter wie Wasser. Da entdeckte ich eine Bewegung in dem dunklen Bach.

Es war der Molch. Ich ließ den Behälter fallen und ging in Stellung, um ihn zu fangen. Er verschwand unter der Oberfläche. Ich kauerte mich hin und wartete. Zwei Minuten später streckte er den Kopf hoch, um nach Luft zu schnappen. Meine Hände schnellten vor, packten ihn und hoben ihn hoch. Es war gar kein Molch, es war eine Eidechse. Doch das war noch aufregender, denn ich wußte von keiner Eidechse, die vollständig im Wasser lebte. Sie

126

war etwa zehn Zentimeter lang und hatte einen schlanken grauen Körper. Ihr Bauch war mit schwarzen und weißen Schuppen kariert. Ich eilte mit meinem Fang zum Lager zurück.

»Ich hab' ihn!«

Guy leerte sofort einen großen Topf Reis, und wir ließen die Eidechse hineinspringen. Drei Monate hatten wir an dieser einen Stelle verbracht, und niemand außer mir hatte die Eidechse je gesehen. Als ich sie das erste Mal zu Gesicht bekam, hatte es ebenfalls geregnet. Daher nahm ich an, daß die Art bei Regen aktiv war. Überzeugt, daß es noch mehr Eidechsen geben mußte, ließ ich Guy die Eidechse beobachten und ging zum Bach zurück.

Ich saß zwanzig Minuten im strömenden Regen da und starrte auf das Wasser. Schließlich wurde meine Geduld belohnt. Ich sah einen kleinen Kopf auftauchen. Doch bevor ich die Echse erreicht hatte, war sie unter einem Stein verschwunden. Ich hob den Stein auf, aber sie blieb unter Wasser. Ich wartete ungefähr drei Minuten, dann tauchte sie wieder auf. Ich griff nach ihr und pflückte die Eidechse aus dem Wasser. Dieses Exemplar war etwas größer und hatte orangefarbene Tupfen auf dem Kopf und eine orangefarbene Schattierung am Bauch. Ich brachte die Eidechse ins Lager und ließ sie ebenfalls bei Guy zurück.

Dann marschierte ich erneut zum Bach und saß eine weitere halbe Stunde im Regen. Mittlerweile zitterte ich vor Kälte und war vollkommen durchnäßt. Als ich nahe daran war aufzugeben, sah ich noch eine Eidechse, die im seichten Wasser schwamm. Ich trieb sie an einer Baumwurzel in die Enge. Diese war die größte von den dreien, und sie hatte dieselbe Farbe wie die erste. Ihr Bauch war deutlich geschwollen und voller Eier. Vorsichtig trug ich die werdende Mutter ins Lager zurück.

Guy hatte keine Zeit vergeudet. Er hatte ein Glas mit Erde, Steinen und Zweigen gefüllt und etwas Wasser hineingegossen. Die Eidechsen kletterten jedoch nicht auf die Zweige, sondern trieben auf dem Wasser. Wir betrachteten sie ausgiebig. Ich hatte eindeutig ein Junges, möglicherweise ein Weibchen, ein erwachsenes Männchen und ein schwangeres Weibchen gefangen. Nun stand ich vor einem Dilemma. Ich wußte, daß jedes Tier, das ich zur Universität von Santa Cruz bringen würde, irgendwann getötet würde. Welche Eidechse sollte also der Wissenschaft geopfert werden? Die Vorteile eines schwangeren Weibchens waren beträchtlich. Damit ließen sich sogleich viele Fragen nach der Reproduktion dieser Art beantworten – falls es sich um eine neue Art handelte. Aber mein Gewissen ließ es nicht zu, das Weibchen zu opfern. Ich trug die schwangere Eidechse zum Bach zurück, um sie freizulassen. Mein unwissenschaftliches Verhalten versuchte ich damit zu entschuldigen, daß ich mir sagte, diese Eidechsenart sei vermutlich weit verbreitet. Falls es sich aber tatsächlich um eine unbekannte Art handeln sollte, könnte es ja gut sein, daß ich mit meinem Todesurteil die ganze Kolonie ausgerottet hätte. Ich ließ die Eidechse frei, und sie schwamm davon wie ein kleines Krokodil.

Den Rest des Tages verbrachte ich mit dem Sammeln kleiner Spinnen, die ich in das Glas warf. Die Eidechsen schnappten gierig danach. Es sah aus, als ob es noch ein paar Tage regnen würde, also beschlossen wir, so bald wie möglich nach Santa Cruz zurückzugehen.

Am nächsten Morgen packten wir zusammen und brachen auf. Das Wetter hatte beträchtlich aufgeklart, aber wir wollten trotzdem zurück. Wir gingen die erste Etappe den Fluß hinunter. Die Eidechsen waren sicher in einem feuchten Glas in meinem Rucksack verstaut. Das meiste Wasser hatte ich weggeschüttet und nur wenig Erde auf dem Boden gelassen.

Als wir am Tapirtümpel vorbeikamen, blitzte im hellen Sonnenschein vor uns im Fluß etwas Rotes auf. Es sah aus wie ein Fisch, der durch das seichte Wasser schoß. Wir liefen hin. Das helle Wesen verschwand unter einem Stein.

Ich kniete nieder und entdeckte zwei Beine, die unter dem Stein hervorlugten. Es war ein großer Frosch, der sich in den Spalt geklemmt hatte. Guy versuchte, den Stein anzuheben, während ich den Frosch packte. Widerstrebend ließ er sich fassen. Seine Kopf-Rumpf-Länge betrug ungefähr zehn Zentimeter, und er leuchtete in einer Unmenge von Farben: rot, orange, blau, grün, schwarz und weiß. Das Auffälligste an ihm war jedoch die Zahl einhundert, die in schwarzen Ziffern auf seinem Rücken prangte. Ich hielt den Frosch fest, während Guy nach etwas suchte, worin wir ihn transportieren konnten. Meine Hand begann schmerzhaft zu brennen. Guy hielt mir eine Wandersocke hin, und ich stopfte den Frosch hinein. Das obere Ende knüpfte ich zu, und voller Zufriedenheit, daß er nun nicht mehr entkommen konnte, holte ich die Seife hervor und fing an, meine Hand zu schrubben.

Die Hand war übersät mit Narben von Insektenstichen und Kratzern von stachligen Ranken. Das niederträchtige Sekret aus der Haut des Frosches war in diese Ritzen eingedrungen und stellte meine Nerven auf eine harte Probe. Die Hand war rot angeschwollen und fühlte sich an, als würde sie brennen. Ungeachtet der Schmerzen schrubbte ich mit der Seife und rieb den Schaum tief in die Schnitte. Dies war gar nicht so einfach, denn einen Fuß mußte ich dabei vorsichtig auf der Wandersocke halten, die wegzuhüpfen versuchte.

Ich machte fünf Minuten lang weiter. Das Sekret von Fröschen kann sehr giftig sein, im Fall von Giftpfeilfröschen sogar tödlich. Der kolumbianische Kokoi-Giftpfeilfrosch ist das giftigste Tier der Welt. Schätzungen zufolge würden 0,0001 g seines Gifts ausreichen, um einen Mann zu töten. Ich hoffte das Beste.

Wir tränkten die Froschsocke und legten sie auch in ein Glas mit etwas Wasser. Der Schmerz in meiner Hand ließ allmählich nach. Aber selbst zwei Tage später war mir noch immer leicht übel. Wir hielten oft an, um die Sammlung von Tieren in meinem Rucksack anzufeuchten, und verließen den Park.

12
Wassereidechsen

Eine eigenartige Aufregung erwartete uns bei unserer Ankunft in Buena Vista. Die normalerweise trägen Einheimischen standen alle herum und gestikulierten und diskutierten sehr angeregt über irgend etwas. Wir verstanden ihre verblüfften Ausrufe nicht. Es hatte den Anschein, als ob sie alle die Größe von etwas verglichen, das entwischt war. Sie schrien einander an: »Nein, es war länger!« »Runder!« »Nein, größer als das!«

Was auch immer es sein mochte, sie waren sich einig, daß es groß gewesen und daß es entwischt war. Als wir nach einer Erklärung fragten, zeigten sie zum Himmel und zuckten die Schultern. Wir gingen zu Robin, vielleicht konnte er uns diesen fliegenden Fisch erklären.

Er war ebenso aufgeregt wie die Einheimischen. Was sie gesehen hatten, war kein himmlischer Lachs gewesen, sondern ein Ufo.

Guy und ich lachten, wir glaubten ihm nicht. Robin wurde ziemlich ungehalten. Er streckte das Kinn vor und schilderte uns, was er gesehen hatte.

Vor zwei Tagen, ungefähr abends um halb zehn, hatten er und Valerie in seinem Garten gesessen und einen Kasten Bier getrunken. Aus dem Augenwinkel heraus hatte er eine vollkommen runde Wolke gesehen. Er drehte sich um und betrachtete sie genauer. Sie war kugelförmig, mit einem perfekten Kreis in ihrem Innern. Dieser Kern leuchtete wie ein Scheinwerfer.

Das Objekt bewegte sich mit konstanter Geschwindigkeit in entgegengesetzter Richtung zu den Wolken. Robin war ins Haus gelaufen und hatte seinen Feldstecher geholt. Auch in der Vergrößerung waren die Ränder des Ufos noch immer glatt und scharf umrissen. Das Objekt konnte keinesfalls natürlichen Ursprungs sein. Robin und Valerie beobachteten fünf Minuten lang, wie es den Himmel überquerte, bis es verschwand. Es war jedoch nicht verblaßt oder einfach hinter dem Horizont verschwunden; es hatte sich von einem Augenblick zum nächsten in Luft aufgelöst.

Mit wachsendem Verständnis befragten wir die anderen Dorfbewohner. Alle wiederholten genau die gleiche Geschichte. Da die meisten Leute an den warmen Abenden draußen sitzen, hatte es praktisch jeder gesehen. Auch in den Zeitungen wurde darüber berichtet. Das Ufo war sogar noch in La Paz und Santiago de Chile gesichtet worden.

Niemand hatte eine Erklärung dafür. Auch die Zeitungen berichteten lediglich von der Sichtung, ohne einen Versuch zu unternehmen, eine Lösung für das Rätsel anzubieten. Ich war natürlich enttäuscht. Da hätte ich einmal in meinem Leben die Chance gehabt, ein Ufo zu sehen, aber ich mußte unter den Bäumen im Dschungel sitzen.

Wenigstens blieb mir der Trost, daß ich die Wassereidechsen gefunden hatte, und ihre hungrigen Bäuche verlangten nach meiner Aufmerksamkeit. Wir gaben ihnen ein vorübergehendes Zuhause in der Ecke für gefährliche Haustiere, zusammen mit dem Hunderterfrosch, Valeries Tarantel und Oskar, einem lockenschwänzigen Leguan. Oskar war uns von einem Einheimischen gebracht worden, der ihn auf einem gefällten Baum gefunden hatte.

An jenem Abend fing ich ein paar kleine Insekten für das Abendessen der Tiere. Oskar war hauptsächlich Vegetarier, also bekam er Mango. Ich ließ gerade eine Spinne in das Glas der Wassereidechsen fallen, als ich merkte, daß das Männchen nicht dort war. Ich sah unter den Zweigen nach und suchte verzweifelt nach ihm. Er war entkommen, ein Exemplar meiner neuen Spezies war abgehauen!

Verloren blickte ich die Bank entlang, aber da war keine Spur von ihm, er war längst weg. Zum Trost öffnete ich eine Flasche Bier und ließ den Deckel in den Mülleimer fallen. Da bewegte sich etwas. Ich sah nach, und dort, auf dem stinkenden Haufen von Mangosteinen, Eierschalen und Flaschendeckeln, thronte aufgeblasen das Wassereidechsenmännchen. Er mußte sich die Bank entlang zurückgezogen haben und in den Eimer gefallen sein. Die steilen Plastikwände hatten ihn gefangengehalten. Ich stieß einen tiefen Amateurherpetologen-Seufzer der Erleichterung aus. Mr. Eidechs sah mich mißtrauisch an, als ich ihn aus dem Abfall fischte und ins Glas zurückverfrachtete. Ich sicherte den Deckel mit zwei zusätzlichen Schnüren, während er herumpaddelte, sichtlich zufrieden über seinen Ausflug.

Am folgenden Nachmittag ließ die Putzfrau versehentlich Valeries Tarantel frei. Sie versteckte sich in den dunklen Winkeln des Hauses. Am nächsten Morgen kam sie unter dem Sofa hervor, als ich eben meine Socken anziehen wollte. Nach meinem jüngsten Tarantelerlebnis im Dschungel sprang ich drei Meter weit.

Nach zwei Tagen Erholung konnte ich mit den Priestern nach Santa Cruz fahren. Sie setzten mich und meine Wildtiersammlung an der Plaza im Zentrum ab. Beladen mit geheimnisvollen dunklen Kartons nahm ich ein Taxi zur Universität.

Vom Auto aus entdeckte ich vor uns ein lahmes Pferd, das

auf dem grasbewachsenen Mittelstreifen langsam vorwärts-
hinkte. Auf beiden Seiten ergoß sich der unablässige Strom
des Verkehrs. Als wir näher kamen, stolperte es und blieb
mit dem herabhängenden Huf am Boden hängen. Sein gebo-
genes Knie war bis auf die Knochen freigelegt. Der Taxifahrer, der meinen erschrockenen Blick bemerkte, ergriff die
Gelegenheit, um mich zu belehren.

»Es wurde angefahren.«

»Weshalb erschießt es niemand?« flüsterte ich.

»Es wird auch so bald sterben.«

Wir fuhren weiter. Ich starrte zurück auf das verkrüppelte
Tier. Es machte mich krank, daß ich nichts tun konnte, um
seine Schmerzen zu lindern, und daß meine Mitfahrenden
so gar kein Interesse zeigten.

»Es passiert immer wieder. Sie sind zu alt, um zu arbeiten, und zu alt, um gegessen zu werden. Niemand kann es
sich leisten, ein Pferd erschießen zu lassen, also läßt man es
einfach frei.«

Ich wurde an der Universität abgesetzt und erzählte Paolo, was ich eben gesehen hatte. Ich sagte, wir müßten etwas
unternehmen, ein Gewehr besorgen, das Tier erschießen. Er
sagte mir, es gebe nichts, was wir tun könnten. Wahrscheinlich habe das Pferd schwere innere Verletzungen. Es reagie-
re bestimmt nur noch instinktiv und spüre wahrscheinlich
keinen Schmerz mehr. Er sagte, wenn wir es erschießen
würden, kämen die Besitzer und würden uns vorwerfen, wir
hätten ihr gesundes Pferd erschossen. Sie würden Zeugen
finden, da jedermann gern die Gelegenheit ergreift, um den
Gringos eins auszuwischen. Wir kämen vor Gericht und
müßten hohe Summen Schadenersatz bezahlen. »Vergiß es.
Wahrscheinlich ist es inzwischen bereits tot.«

Ich übergab Paolo den Frosch und setzte mich unter einen

Baum, um eine Zigarette zu rauchen. Ich fand die Brutalität Boliviens unerträglich. Als ich zurückkehrte, war Paolo von einer Menschenmenge umringt, während er zusammen mit seinem Assistenten versuchte, meinen Frosch zu fotografieren. Alle waren ganz aufgeregt, da niemand diese Art kannte. Am nächsten Tag berichteten sogar die Zeitungen über den Fund: »Hunderterfrosch – mögliche neue Art im Amboro-Nationalpark gefunden.«

Als die Leute gegangen waren, fragte ich Paolo, was er mit dem Frosch machen werde. Er formulierte es taktvoll, da er wußte, daß ich es nicht mochte, wenn Tiere getötet wurden. »Wir werden ihn konservieren.«

»Dann wäre es mir lieber, du würdest es gleich tun, statt ihn noch tagelang in einem Terrarium sitzen und auf den Tod warten zu lassen.«

Ich hielt den Frosch, während ihm Paolos Assistent Zyanid ins Herz spritzte. Eine doppelte Dosis war nötig, da mein Frosch einfach nicht sterben wollte. Ich war froh, daß ich meine werdende Wassereidechsenmutter freigelassen hatte.

Als die Aufregung um den Hunderterfrosch abgeklungen war, nahm ich Paolo beiseite. »Ich hab' noch etwas für dich.«

Meine Aufregung war ansteckend, und seine Augen glitzerten bereits vor Vorfreude. »Was?«

»Die Molche.«

»Du hast welche gefangen?«

»Ja, aber es sind gar keine Molche, es sind Eidechsen.«

»Nein!«

»Ja, und ich habe zwei.«

»*Magnífico!*«

Wir taten sie in ein Aquarium mit fünf Zentimetern Wasser und ein paar Steinen. Sie schwammen herum und freuten sich über den zusätzlichen Raum. Dann warfen wir ein paar

Spinnen hinein, und sobald sie das Wasser berührten, wurden sie von den Eidechsen verschlungen. Paolo übertrug einem besonders zuverlässigen Studenten die Aufgabe, die Tiere zu füttern und ihr Verhalten zu studieren.

»Ihr Leben liegt in deiner Hand, Paolo. Ich hab' sie nur gefangen.«

13
Vampire

Valerie blieben nur noch wenige Tage, bevor sie nach England zurückkehrte. Ich wußte nicht, was ich ohne sie anfangen würde. Durch das harte und entbehrungsreiche Leben im Dschungel waren wir uns sehr nahe gekommen. Sie war wie eine Schwester für mich.

Wir beschlossen, ein Abschiedsessen für sie zu veranstalten. Valerie hatte in eine kontrollierte Dezimierung der Hühnerschar eingewilligt. Es hatte lange gedauert, bis sie sich zu diesem Entschluß durchgerungen hatte, da ihr viel an ihren Zöglingen lag. Sie hatte sie schließlich gehabt, seit sie Eier gewesen waren. Ihr war jedoch klar, daß Guy und ich sie nach ihrer Abreise ohnehin essen würden.

Wir hatten viele Schießwettkämpfe mit dem Luftgewehr abgehalten. Wir hatten auf Mangos, Avocados, Flaschendeckel und Kürbisse am Kürbisbaum geschossen. Unsere Lieblingszielscheibe aber war ein Pfannendeckel. Wenn man ihn traf, gab es ein äußerst befriedigendes Scheppern.

Guy, ein Hobbyschütze und der unbestrittene Meister unserer Schießwettkämpfe, wurde zum Urteilsvollstrecker ernannt. Er nahm das Luftgewehr und ging auf die Veranda hinaus. Dort setzte er sich auf einen Stuhl, warf eine Handvoll Körner auf den Boden und rief die Hühner. Sie kamen gackernd herbei und begannen, nach den Körnern zu scharren. Valerie betrachtete die Schar traurig, um zu entscheiden, welches geopfert werden sollte. Von den elf Jungvögeln waren fünf Hähnchen. Früher oder später würden sie ohnehin um die Vorherrschaft kämpfen. Deshalb wählte Valerie den kleinsten Hahn. Drei Monate nahe dem Verhungern hatten uns abgehärtet. Guy richtete das Gewehr auf den Hahn, zielte sorgfältig und drückte ab. Er hatte aufs Auge gezielt. Der Hahn blickte auf, kreischte und lief weg.

»Verdammt, daneben!«Valerie erkor einen anderen Hahn aus. Das Gewehr entsandte ein weiteres Kügelchen.

»Wieder daneben!«

Beim dritten Mal lockte Guy einen gierigen Hahn mit mehr Körnern heran, bis er nur noch knapp zwei Meter entfernt war. Plopp – der Vogel kippte um und lag flügelschlagend auf der Erde. Ich ging hin, um ihn aufzuheben. Den anderen Hühnern dämmerte es schließlich auch, daß auf sie geschossen wurde, und sie verdufteten in die Büsche.

Als ich in den Garten hinaustrat, sah ich einen anderen verstümmelten Hahn im Gras liegen. Es war das erste Opfer. Guy hatte ihn also doch getroffen. Ich sah mich nach dem zweiten um, und tatsächlich – ihn entdeckte ich unter einem Strauch. Guy hatte alle drei erwischt. Einen Hahn um den anderen legte ich mir übers Knie und streckte seinen Nacken, wie ich es unsere bolivianischen Nachbarn hatte tun sehen. Die Wirbel brachen mit einem Knacken auseinander, und die Tiere waren augenblicklich tot. Ich verspürte keinerlei Mitleid oder Gewissensbisse, nur Hunger. Wir hängten die Hähne an den Pampelmusenbaum, um das Blut abtropfen zu lassen. Sie bluteten ziemlich stark, und ich schaffte es, meine Fred-

Feuerstein-Boxershorts zu bespritzen. Nun hatten wir drei Hähnchen am Hals. Ohne Kühlschrank oder Tiefkühltruhe würden wir sie alle essen müssen. Um soviel sehniges Fleisch hinunterzuspülen, würde eine Menge Bier nötig sein.

Wir zogen Strohhalme, um zu entscheiden, wer das Bier besorgen sollte – ich verlor. Ich würde ein Pferd brauchen. Mit unserem blauen Pferdestrick aus Nylon ging ich in den Garten, um eins zu suchen. Wir hatten drei Pferde auf unserem Land. Sie gehörten einem Mann aus dem Dorf. Die Abmachung war, daß er seine Pferde in unserem Garten weiden lassen durfte, wenn er dafür den Zaun instand hielt und wir sie reiten durften.

Die Pferde hatten andere Vorstellungen. Dazu gehörte, daß auf keinen Fall ein Ausländer auf ihrem Rücken sitzen durfte. Das Pferd, das sich am leichtesten einfangen ließ, war »Migräne«. Valerie hatte es so getauft, weil es so häßlich und beinahe so tot aussah, wie ein Pferd nur aussehen kann, das kaum noch zu stehen vermag. Migräne hatte eine besonders ärgerliche Angewohnheit. In der Nacht spazierte er auf die gefliese Veranda und stampfte mit den Hufen. Ich verstand nie, weshalb er das tat, vielleicht hielt er sich für ein Huhn (die Hühner schliefen noch immer in einem Knäuel auf der Veranda, und das Hühnerhaus stand verlassen da). Migräne stampfte dann so lange mit den Hufen, bis ich, einen Besen schwingend, herausgerannt kam. Nach mehreren solchen Nächten nahmen selbstentworfene Pferdeburgerrezepte einen regelmäßigen Platz in meinen Gedanken ein.

Das zweitbeste Pferd war ein herumtollender kleiner Kerl, den Valerie »Cheese« nannte. Er war klein, aber äußerst flink und sehr schwierig einzufangen. Das dritte hatte zwei Namen. Zunächst hieß es »das andere«. Wenn wir nicht mehr wußten, daß wir cs so getauft hatten, nannten wir es »das Große«. Es war das schnellste der drei Pferde und am schwierigsten zu fangen. Ich war zwar der professionelle Pferdefänger des Weißen Hauses, aber das Große hatte ich noch nie fangen können.

Als erste Strategie versuchte ich es mit der freundlichen Annäherung. Den Nylonstrick hatte ich hinten in meine Hose gestopft und ging mit ausgestreckter, geballter Faust langsam auf die Pferde zu. Sie sollten glauben, ich böte ihnen unvorstellbare Leckerbissen an. Sie waren jedoch etwa so vertrauensvoll wie Weihnachtsgänse und galoppierten ans andere Ende des Gartens. Ich gab die sanfte Tour auf. Etwa eine halbe Stunde jagte ich Cheese und das Große herum und versuchte, sie mit dem Lasso einzufangen. Meine schlaffe Schlinge verfing sich andauernd in irgendwelchen Zweigen und klatschte höchstens auf ihre darunter weggleitenden Leiber. Wie gewöhnlich gab ich auf und fing Migräne ein, der keuchend unter einem Mangobaum stand.

Migräne war zwar leicht zu fangen, aber nicht leicht zu bewegen. Er sah halb aus wie ein Maultier und war so stur, daß man ihm mit einem großen Ast drohen mußte. Wir hatten weder Sattel noch Zaumzeug, also kletterte ich auf seinen knochigen Rücken, während Valerie ihn festhielt. Ich stellte ihn in die richtige Richtung und sagte: »Hü!«

Keine Reaktion. Es war klar, er hatte noch nie an einem internationalen Dressurwettbewerb teilgenommen. Ich drohte ihm mit einem anderthalb Meter langen Ast, worauf er schließlich einwilligte, sich in Bewegung zu setzen. Er zuckelte jedoch in seinem eigenen Tempo voran. Alle meine Ermunterungen ließen ihn kalt. Wir schlichen ins Dorf hinauf.

Nach einer halben Stunde und mehreren Halten zum Grasfressen schafften wir es schließlich zu Pablos Saloon. Ich band Migräne an den Lattenzaun und trat ein. Offenbar gab es heute keine anderen Desperados im Ort. Ich rief nach sechs Flaschen Bier mit Eis. Niemand rührte sich. Also bediente ich mich selbst aus dem Eisschrank und verstaute die Flaschen in meiner Tasche. »Schreib's an, Barmann.« Ich schwang mich wieder auf mein treues Streitroß, rief: »*Adiós, amigo*« und ritt in den Sonnenuntergang davon.

Migräne schlenderte zu einem Flecken saftigen Grases und hielt an, um sich eine kleine Zwischenmahlzeit zu genehmigen. Pablo gab mir meinen Stock und schob Migräne herum, bis sie wieder in Richtung Weißes Haus blickte. Dann schlug er ihr auf den Bauch, und Migräne schoß die Straße hinunter. Ich ließ den Stock fallen und hielt mich fest. Mit der einen Hand umklammerte ich die schwere Tasche mit den Bierflaschen, mit der anderen einen Büschel von Migränes Mähne. Zum Glück ermüdete er rasch und fiel wieder in seinen alten Trott zurück. Wir schafften es noch vor Einbruch der Dunkelheit zum Weißen Haus zurück, aber ich war schwer verwundet. Migränes scharfkantiger, knochiger Rücken hatte mir blaue Flecken beschert und mein Gesäß wund gescheuert.

Das hervorragende Mahl war ein kleiner Trost. Wir hatten Dennis, den angehenden Priester, eingeladen. In den kurzen Zeiträumen, wenn wir nicht im Park waren, verbrachte er viel Zeit bei uns. Wir waren alle ungefähr gleich alt, und daß wir alle Englisch sprachen, verband uns natürlich.

Dennis hatte sich in Valerie verliebt. Seine Liebe zeigte sich auf verschiedene Arten: Er redete die ganze Zeit von ihr, starrte sie mit offenem Mund an, sagte ihr, sie sei einmalig und wenn er sich nicht entschlossen hätte, Priester zu werden, würde er sie heiraten wollen. Dies waren alles ziemlich zarte Hinweise, aber zusammengenommen waren sie doch recht eindeutig.

Valerie fühlte sich sehr geschmeichelt, daß sie einen Mann, der im Zölibat lebte, in Versuchung brachte. Guy und ich bemühten uns, sie wieder auf die Erde zu holen, indem wir sie daran erinnerten, daß Dennis ja keine Erfahrung mit Frauen hatte. Das einzige, was die Frauen auf den Kornfeldern Iowas, wo er herkam, sagen konnten, war: »Darf ich heute den Mähdrescher fahren?«

Jede Frau, die eine eigene Meinung hatte – und sei es über ein Strickmuster –, war etwas Neuartiges für ihn. Die Verlockung, ihn zu verführen, war groß, aber Valeries katholische Erziehung hielt sie zurück.

Wir hatten einen anderen Einfluß auf Dennis. Unglücklicherweise begann unsere ungepflegte Ausdrucksweise auf ihn abzufärben. Während wir die Hähnchen aßen, war ich schockiert, als ich ihn zweimal »Leck mich!« sagen hörte.

Wenn man in Betracht zieht, was dieser Ausdruck wörtlich bedeutet, ist er schon sehr unziemlich. Dennis der Reine gebrauchte ihn ohne das geringste Zögern. Das schien überhaupt nicht zu ihm zu passen. Ich fragte ihn, ob er verstehe, was er da sagte. Meine Frage überraschte ihn. Ich wußte, da mußte ein Mißverständnis vorliegen. Ich erklärte Dennis den Ursprung des Ausdrucks. Er wurde blaß und erschrak. »Ich hab' das vor Nonnen gesagt«, informierte er uns.

Guy und Valerie kugelten sich hysterisch auf dem Boden. Dennis hatte geglaubt, er sage etwas im Sinn von: »Was bin ich nur für ein Narr!«

Die englische Aussprache hatte ihn verwirrt. Schon Churchill sprach von »zwei Nationen, die eine gemeinsame Sprache trennt«. Ich konnte nur annehmen, daß Dennis auf dem Hügel der Waltons aufgewachsen war, zusammen mit Jim-Bob, John Boy und Lizbeth. Wir amüsierten uns köstlich.

Wir begleiteten Valerie nach Santa Cruz. Sie würde Weihnachten zu Hause sein. Beinahe beneidete ich sie darum. Wir waren sehr traurig, sie gehen zu sehen. Es kam mir vor, als ob ich mein Leben damit zubrächte, mich von Leuten zu verabschieden.

Ich schaute beim Museum vorbei, um meine Eidechsen zu besuchen. Sie waren noch immer wohlauf, und Paolo sammelte Fotos und Material über ihr Verhalten. Ich erzählte ihm, wenn die Regenzeit beginne, würde ich auf eine kurze Rundreise durch Südamerika gehen. Wenn er das Gefühl habe, es sei am besten, sie »zu konservieren«, könne er es ruhig tun.

Guy und ich gingen in den Park zurück. Bei dieser Exkursion konzentrierten wir uns darauf, ein Hokko-Nest zu finden. Wir suchten unser Gebiet jeden Morgen von sechs bis zwölf Uhr systematisch ab. Dann kehrten wir zum Lager zurück, aßen etwas Brot und tranken Tee, um dann bis etwa vier Uhr nachmittags die Suche fortzusetzen. Aber wir erreichten nichts. Wir fanden nicht die Spur von einem Nest. Wir waren froh über die fertige Hütte, da das Wetter zunehmend schlechter wurde. Es regnete jetzt jeden Abend für kurze Zeit, aber im soliden Schutz unserer Hütte konnten wir dem Schlimmsten entgehen.

Ich hätte meine Zeit gern damit verbracht, einfach in der Hütte zu sitzen und zu grübeln. Guys Hingabe an das Hokko-Projekt ließ uns jedoch entgegen aller Wahrscheinlichkeit weitersuchen. Unsere schweigende Spurensuche wurde hin und wieder dadurch belohnt, daß wir Kolibris erspähten, die Spinnennetze sammelten, um ihr Nest damit auszukleiden. Dies war eine gefährliche Aufgabe, denn eine Tarantel hätte die zarten Vögel leicht überwältigen können.

Am vierten Tag kämpften wir uns bei der Verfolgung eines Hokko-Rufs den steilen Bergdschungel hinauf. Kletterpflanzen, Dornen und Baumwurzeln rankten sich über unseren Weg, als ob sie sich verschworen hätten, unseren Vormarsch aufzuhalten. Wir gaben jedoch nicht auf, auch wenn wir uns dabei Kleider und Haut an der zudringlichen Vegetation aufrissen. Oft boten gefährlich lockere Baumwurzeln den einzigen Halt in dem lehmigen Untergrund des Regenwalds.

Die mesmerisierenden Rufe des Hokkos hießen uns weitergehen. Die Anziehungskraft unseres scheuen Rattenfängers gestattete uns keine Rast. Wir wurden weitergelockt. Die Abhänge fielen zu beiden Seiten steil ab, aber wir waren wie betört von den Rufen.

Nachdem wir die Anhöhe erklommen hatten, arbeiteten wir uns auf einem dicht mit Bäumen bestandenen Kamm weiter. Der Sonnenschein auf einer Lichtung vor uns ließ die Schatten länger werden, als wir näher kamen. Wir drangen ins Offene vor. Die Lichtung war durch einen kürzlich erfolgten Felssturz entstanden. Der halbe Berg war ins Tal hinuntergestürzt und hatte alte Bäume und Unterholz über eine Klippe mit sich in die Tiefe gerissen. Nun glich die Wunde, die er dem Wald geschlagen hatte, einer kiesbedeckten Mondlandschaft.

Guy und ich vergaßen den Ruf des Hokkos und setzten uns auf einen Stein, um eine Zigarette zu rauchen. Während wir ausruhten, ließen wir unsere Blicke über den Himmel schweifen, um nach einem der seltenen Kondore Ausschau zu halten. Erst ein einziges Mal war ein Kondor, der größte Raubvogel der Welt mit einer Spannweite von über drei Metern, im Amboro gesichtet worden. Statt dessen zogen die allgegenwärtigen Truthahngeier auf der Suche nach Aas ihre Kreise im Aufwind über uns.

Der Hokko schrie noch immer, sein Gesang dröhnte durch die Baumwipfel. Wir machten versuchsweise ein paar Schritte auf dem steilen Kieshang. Wir rutschten zwar leicht ab, aber unsere Füße fanden genügend Halt, so daß wir weiterklettern konnten. Wenn wir jetzt umkehrten, würden wir den Hokko aus den Ohren verlieren und wieder auf demselben Weg über den Kamm zurückgehen müssen. Wir beschlossen, die Überquerung zu wagen.

Mit jedem Schritt glitten wir ein paar Fuß weiter den Felssturz hinunter. Auf halber Strecke stoppten wir, um die Situation neu einzuschätzen. Die Anstrengung, die es bedeutete, die Füße in diesen beinahe flüssigen Untergrund einzugraben, hatte ihren Preis gefordert. Wir schwitzten beide und schnauften schwer. Mitten auf der Lichtung balancierend, staunten wir, wieviel Höhe wir bereits verloren hatten. Wenn wir unsere Route im selben Winkel fortsetzten, war es ungewiß, ob wir den Schutz der Bäume erreichen würden. Jetzt, da wir dem Abgrund näher waren, wurde mir klar, daß die Geier Schaufel und Besen brauchen würden, um unsere zerschmetterten Überreste einzusammeln, wenn wir über die Klippe stürzten.

Ich warf einen nervösen Blick zum Himmel hinauf. Die

Geier kreisten tiefer. Umzukehren hatte keinen Sinn. Es war mir egal, auf welchem Stück der Felswand ich abstürzen würde. Kriechend kletterten wir weiter und gruben unsere Finger in die – Steine, um unser Abgleiten abzubremsen. Unsere Erschöpfung machte jedoch alles noch beschwerlicher. Wir waren dem Abgrund gefährlich nahe gekommen, die rettenden Bäume standen noch immer sechs Meter entfernt. Zwei Schritte, und wir rutschten anderthalb Meter hinunter. Die losen Steine fielen geräuschlos über den Rand der Klippe. Erst Sekunden später erreichte uns das Prasseln der Steine, die auf dem Talboden aufschlugen.

Wenn wir stillstanden, begannen wir zu rutschen. Wir mußten uns bewegen. Also schlugen wir alle Vorsicht in den Wind und rannten auf die Bäume los. Unsere Sprünge ließen ganze Sprühregen von Kieselsteinen über den Rand hinunter gleiten, bis das ganze Tal von ihrem widerhallenden Lärm erfüllt war.

Guy packte eine Baumwurzel, und ich packte Guy. Fest den Baum umklammernd, zogen wir uns vom Abgrund weg. Keuchend setzten wir uns auf einen Baumstamm. Mein Puls dröhnte. Der Hokko stieß eine weitere rhythmische Folge von Tönen aus, aber der Bann war gebrochen. In diesem Augenblick hätte ich den Vogel am liebsten roh verspeist, nur mit etwas Preiselbeersoße.

Guy stand auf, um weiter dem Ruf zu folgen: Ich mußte gezwungenermaßen mitgehen. Aber wir fanden den Scheißputer nicht.

Nach einer erfolglosen Woche, in der wir vergeblich nach Nestern gesucht hatten, gingen uns allmählich die Vorräte aus. Also begannen wir unsere Wanderung zurück nach Buena Vista. Wir marschierten, so schnell wir

146

konnten. Der Himmel über uns grollte bedrohlich, und wir hielten nicht an, ehe wir bei Señora Arnaldos Farm angekommen waren. Sie begrüßte uns mit der üblichen Herzlichkeit und lud uns in ihre Hütte ein. Sie kochte Kaffee und bot uns eine Banane an. Zurückgelehnt in ihrer Hängematte – die Gummistiefel baumelten unter dem Ballkleid hervor –, erzählte sie uns, daß der Zorn Gottes alle Sünder von der Erdoberfläche wegpusten würde. Sünder waren die armen Leute, die nicht einmal ein Pferd hatten – sie hatte zwei.

Guy fiel auf, daß auf dem Fenstersims Knoblauchzehen lagen. Ich sah mich um. Vor jedem Fenster und an der Tür gab es Knoblauchzehen. »Sie halten die Vampirfledermäuse fern. Habt ihr denn keine?« fragte sie verblüfft. Als wir verneinten, bestand sie darauf, daß wir welche mitnehmen sollten. »Tragt ihr nie Knoblauch bei euch?« fragte sie ungläubig.

»Nur zum Essen.«

Sie stopfte mir zwei Zehen in die Tasche. Dann ergriff sie meine Hand und beschwor mich aufrichtig: »Behalt sie immer bei dir. Sie werden dich beschützen.« Ich versprach es. Ich bot ihr eine Zigarette an, und sie nahm drei für später. Dann verabschiedeten wir uns und gingen weiter.

Wir hasteten Richtung Buena Vista, trabten, ja liefen beinahe. Guy litt ein wenig unter Asthma, deshalb war die Fitneß, die er an den Tag legte, um so bemerkenswerter. Er ging den ganzen Tag voraus, trieb mich trotz der Müdigkeit an. Wir schafften es in Rekordzeit zum Parkausgang, schlugen unsere Bestzeit um Stunden. Obwohl Guy es nicht zugab, wußte ich, daß er genauso stolz auf unsere körperliche Leistung war wie ich. Er sagte nur soviel: »Es ist gut, daß du nicht dauernd anhalten willst. Es ist viel besser, wenn man weitergeht.«

Ich nickte zustimmend.

Vor dem Einsetzen der Regenzeit war nur noch eine letzte Wanderung in den Park geplant. Mein Körper war mittlerweile flächendeckend mit Pilzen und Insektenstichen übersät. Ich freute mich auf eine Erholungspause.

Dennis und ich hatten beschlossen, eine kleine Rundreise durch Südamerika zu machen. Wir begannen mit der Planung. Er wollte unbedingt die Iguaçu-Fälle in Brasilien sehen. Er sagte, es handle sich um riesige Wasserfälle. Der Iguaçu ist ein breiter Fluß, der an der Grenze zwischen Brasilien, Argentinien und Paraguay verläuft. Wir beschlossen, nach Weihnachten abzureisen. Die Iguaçu-Fälle waren unser erstes Reiseziel.

14
Weihnachten

Guy und Paolo gingen noch einmal in den Park. Ich sollte sie später dort treffen. Unterdessen wartete ich auf die Ankunft von zwei spanischen Ornithologen, die ich zu unserem Forschungsgebiet führen sollte. Ich hatte damit gerechnet, sie zwei Tage nachdem Guy aufgebrochen war, hinzubringen, aber sie kamen nicht. Da es so gut wie keine Kommunikationsmöglichkeiten mit Santa Cruz gab, konnte ich nicht herausfinden, was passiert war. Zwei Tage später, um die Mittagszeit, trafen sie schließlich ein. Wir konnten jedoch erst am nächsten Morgen in der Frühe aufbrechen. In dieser Nacht zog ein heftiger Sturm auf, der auch am Morgen noch anhielt. Daher wurde der Ausflug abgeblasen, und die Spanier verschwanden wieder nach Santa Cruz. Ich war erleichtert, zu Hause bleiben zu können, denn mich hatte die bolivianische Grippe erwischt. Drei Pferde und acht Hühner leisteten mir Gesellschaft. Außerdem hatten fünf Weihnachtskarten ihren Weg zu mir gefunden.

Am 24. Dezember kam Robin vorbei und schlug vor, am Abend zusammen zu essen. Ich bot eines von Valeries Hühnern an. Dann ging ich mit etwas Mais auf die Veranda hinaus und rief nach Freiwilligen. Die Hühner kamen erwartungsvoll auf mich zugerannt, also warf ich ihnen die Körner hin und setzte mich. Sie pickten wild drauflos und merkten nicht, daß ich das Gewehr auf eines von ihnen gerichtet hatte und sorgfältig zielte. Ich hatte einen jungen Hahn am Rand der Schar im Visier. Als er in Schußweite kam, blickte er erstaunt auf, und das Kügelchen blies ihm den Hinterkopf weg. Er machte noch ein paar Hüpfer und fiel dann um. Robin war leichenblaß geworden und sah aus, als ob ihm jeden Moment übel werden würde. Ich brach dem immer noch flügelschlagenden Hahn das Genick, um ganz sicher zu gehen, daß er tot war, und band ihn an einen Baum, um das Blut abtropfen zu lassen. Als der Vogel einigermaßen trocken war, legte ihn Robin hinten in seinen Landrover und sagte mir, ich solle um acht Uhr bei ihm sein.

Den Rest des Nachmittags verbrachte ich damit, drei Papierhüte zu basteln und meine Weihnachtskarten zu betrachten. Ich war wieder einmal froh über mein Schweizer Armeetaschenmesser. Mit der Schere fertigte ich geschickt ein paar Party-Accessoires aus den Seiten meines Notizbuchs, schrieb unsere Namen auf die Hüte und ging dann nach Einbruch der Dunkelheit zu Robins Haus. Er hatte Bier besorgt, und das Huhn war im unterirdischen Holzofen der Nachbarn zubereitet worden. Miriam, Robin und ich saßen um den Tisch mit unseren Papierhüten auf dem Kopf und aßen den orangefarbenen Hahn. Er war überraschend groß und zart, und wir spülten ihn mit etwas Rotwein herunter. Ich lehnte mich vollkommen zufrieden zurück. Nach ein paar weiteren Flaschen Bier überließ ich Robin seiner Privatparty und ging zur Plaza hinauf.

Der ganze Ort hatte sich zur Mitternachtsmesse versammelt. Manche Leute waren von weit entfernten Farmen hergekommen. Ich war zu einem Mitternachtsfrühstück bei den Priestern eingeladen. Während das ganze Dorf betete, setzte ich mich vor die Kirche und wartete blöde an der Tür, bis die letzten fünf Minuten des Gottesdienstes vorbei waren. Um zwölf begann die Menge herauszuströmen. Die meisten glaubten wohl, ich sei ein Padre, denn sie bildeten eine lange geduldige Schlange, um mir die Hand zu schütteln und mir frohe Weihnachten zu wünschen. Dennis stand auf der anderen Seite der Tür und schüttelte ebenfalls Hände. Er blickte mit einem hilflosen Lächeln zu mir herüber, ohne auch nur den Versuch zu machen, mich zu retten, und ich war gezwungen, weiter die Hände dieser frommen Bauern zu schütteln.

Einer nach dem andern ergriff ehrerbietig meine Hand und sagte schüchtern: »Frohe Weihnachten, Padre. Gott sei mit Ihnen.« »Danke. Und mit Ihnen.«

Wenn ich meine Reihe hinunterblickte, sah es so aus, als ob niemand die Kirche verlassen wollte, bevor er mich nicht kennengelernt hatte. Zum Glück bat mich niemand, sein neugeborenes Kind zu segnen. Irgendwie hatte ich den Eindruck, daß eine zahnlose Alte sich noch einmal hinten angestellt hatte, um noch einen Kuß zu bekommen. Ich flüchtete und ließ die letzten Dickschädel verloren stehen. Dann schickte ich sie unter dem Vorwand hinaus, daß ich helfen mußte, die Kirchentüren zu schließen.

Wir löschten die Lampen und gingen ins Pfarrhaus. Dort warteten die Padres Paul und Tom und die beiden Nonnen Anne-Shirley und Melanie. Nach einem kurzen Gebet setzten wir uns an den Tisch, aßen Speck und Eier und tranken Tee. Melanie hatte sogar einen Kuchen gebacken.

»Ich habe dich nicht in der Messe gesehen, Oliver.«
»Nein, ich bin nicht katholisch.«

»Oh, wirklich? Was bist du dann?«

»Möchte jemand noch etwas Speck?«

»Du sagtest eben, Oliver ...«

»Ähm, nun, ich bin eigentlich gar nichts.«

»Aber du glaubst doch an Gott?«

»Nun, ich versuche, nach der christlichen Moral zu leben.«

»Würdest du mir mal die Butter reichen?«

»Hier, bitte.«

»Danke.«

»Du lebst also nach den christlichen Moralbegriffen.«

»Oh, ja. Du sollst nicht deines Nächsten Weib töten oder
begehren ... und all das.«

»Sehr lobenswert.«

»Danke, ich bin zwar schon in Versuchung gekommen.«

»Mmmm, aber du glaubst nicht wirklich an Gott?«

»Nun, nicht an Gott als solchen. Herrlicher Tee, ist das
Earl Grey?«

»Ja, ein englischer Priester, der uns Anfang dieses Jahres
besuchte, hat ihn uns dagelassen.«

»Wir Engländer lieben unseren Tee. Ich nehme sogar wel-
chen in den Park mit.«

»Warum glaubst du nicht an Gott, Oliver?«

»Ähm, in meiner derzeitigen Lebenssituation erscheint mir
die Vorstellung Gottes schwer verständlich.«

Unzufriedenes Gemurmel.

»Das soll nicht heißen, daß ich meine Meinung nicht
noch ändere. Ich habe bestimmt keine festgefahrenen Ansichten zu diesem Thema. Meine Mutter ist sogar sehr religiös.«

Ich nippte an meinem Tee und hoffte auf eine Unterbre-
chung. Es gab keine.

»Ja, sie hat sogar einmal mit dem Gedanken gespielt,

Nonne zu werden. Aber ich bin ziemlich froh, daß sie es nicht getan hat.«

Schweigen.

»Nun, sonst wäre ich ja nicht hier, oder?«

Bittend: »Kann ich beim Abwasch helfen?«

»Nein, nein. Du bist unser Gast.«

»Also, weshalb hast du dich von Gott abgewandt, Oliver?«

»Ah, ich würde nicht sagen, daß ich mich von ihm abgewandt habe, eher, daß ich mich für eine Weile auf einen Rastplatz zurückgezogen habe.«

»Einen Rastplatz?«

Ich schlang den letzten Bissen Ei hinunter und stand auf.

»Nun ja, das war ein nettes Frühstück, aber ich muß jetzt wirklich gehen. Herzlichen Dank für die Einladung und, äh, frohe Weihnachten!«

»Frohe Weihnachten, Gott segne dich.«

»Das wäre fein.« Ich schob mich auf die Tür zu.

»Ich werde für dich beten, Oliver.«

»Danke, das ist wunderbar, gute Nacht.«

Im Chor: »Gute Nacht!«

Die Tür fiel hinter mir ins Schloß, und ich trat auf die Plaza hinaus. Als erstes zündete ich mir eine Zigarette an und inhalierte tief. Ich litt an einem postspanischen Inquisitionstrauma.

Eine Gruppe einheimischer Jugendlicher saß in der warmen Nacht unter den Bäumen auf der Plaza. Ich ging zu ihnen hinüber. Als hätten sie sich abgesprochen, wurde mir ein Platz neben Anita frei gemacht. In den letzten Wochen hatte ich sie ein paarmal von weitem gesehen, aber seit dem Schulabschlußfest hatten wir nicht mehr miteinander gesprochen. Sie schien einen unerschöpflichen Vorrat an kurzen Röcken zu besitzen. Auch dieser Abend bildete da keine Ausnahme; der weiße Stoff kontrastierte reizvoll mit ihren braungebrannten Beinen. Charo lud mich ein, zusammen mit ihr und ihrer Schwester auf ein Fest zu gehen. Anita sah mich an und wartete auf meine Entscheidung. Die schelmische Zuversicht war verschwunden. Statt dessen sah ich in ihren Augen eine unsichere Verletzlichkeit, die ich sogar noch bezaubernder fand. Ich tat so, als ob ich schwer zu überzeugen wäre, und es gelang mir, meine Antwort beinahe zehn Sekunden hinauszuzögern. Dann gingen wir ungefähr drei Kilometer zu Fuß zu einer Hühnerfarm.

Dort gab es gar kein Fest, nur ein paar betrunkene Verwandte. Ich saß da, blickte die Sterne an und träumte von England. Obwohl mir Anita ständig etwas zu trinken brachte, sehnte ich mich nach meinem Bett.

Schließlich zwängten sich alle in einen Laster, der uns nach Buena Vista zurückbringen sollte. Ich stellte mich etwas abseits hinten auf die Ladefläche, aber Anita gelang es, mir mit jeder Erschütterung des instabilen Gefährts sichtlich näher zu rücken. Ihr kurzer Rock wurde dauernd vom Wind hochgeschlagen, was meine Aufmerksamkeit auf ihre im übrigen sehr subtile Annäherung lenkte. Ich zog mich in meine Ecke zurück, aber sie hatte Witterung aufgenommen und kam nun unbarmherzig näher. Als wir durch ein kratergroßes Schlagloch fuhren, machte sie sich den heftigen Ruck zunutze und legte den letzten Meter mit einem einzigen eleganten Stolpern zurück. Ich hatte nicht das Herz, sie nach all dieser Anstrengung fallen zu lassen. Im letzten Moment fing ich sie auf und zog sie wieder sicher auf die Beine. Ein weiteres Schlingern drückte uns zusammen gegen die Seitenwand des Wagens. Mein Puls wurde schneller, als ich ihre begehrenswerte Gestalt gegen mein abstinentes Fleisch spürte. Aus dieser intimen Umarmung heraus blickte sie zu mir auf, geziemend dankbar für meine Hilfe. Ich fragte mich nur, wie dankbar. Vermutlich würde ich sie zuerst heiraten müssen. Ich hielt sie noch immer um die Taille gefaßt. Mit meiner freien Hand hob ich ihr Kinn an. Sie ließ es geschehen, also näherte ich meine Lippen, um ihr den ersten Kuß zu geben. Ihre langen Wimpern senkten sich erwartungsvoll, doch im letzten Moment kam der Lastwagen mit quietschenden Bremsen zum Stehen und schleuderte uns strauchelnd nach vorn.

Ich sprang von der Ladefläche hinunter und hob sie langsam auf den Boden. Ich hielt sie noch immer umfaßt und hob wieder ihr Kinn an. Sie schürzte die feuchten Lippen. Aber als nach ein paar Sekunden noch immer kein Kuß kam, öffnete sie die Augen wieder, um der Verzögerung auf den Grund zu gehen. Ich lächelte, küßte sie auf die Nasenspitze und sagte: »Frohe Weihnachten.« Dann löste ich mich aus ihrer Umarmung und marschierte, kichernd über diesen Gipfel an Gemeinheit, Richtung Weißes Haus. Optimistisch wie ich bin, war ich zuversichtlich, daß sich diese grausame Neckerei auszahlen würde. Mein Verhalten war nicht ganz so herzlos, wie es klingen mag, denn ich war mir bewußt gewesen, daß uns ein Dutzend Augen zusahen. Außerdem verstand ich zwar recht gut Spanisch, aber selbst konnte ich nur ein paar wenige kurze Sätze sagen. »Laß uns einen Ford Transit suchen, wo wir allein sind« überstieg meine linguistischen Fähigkeiten.

Als ich so im hellen Mondschein um halb vier Uhr morgens am ersten Weihnachtstag nach Hause ging, faßte ich den Vorsatz, mir besondere Mühe zu geben, um besser Spanisch zu lernen. Es war offensichtlich, daß der Weg zur Erfüllung in dieser Liebesgeschichte lang und steinig werden würde.

Ich blieb bis fünf Uhr nachmittags auf dem Sofa liegen. Das Bier und das lange Aufbleiben hatten meinem Körper nicht gerade geholfen, die einsetzende Grippe zu bekämpfen. Zum Abendessen wollte ich mir ein Käseomelett machen. Aber als ich den Käse rieb, krochen zwei dicke Maden auf meine Hand. Ersatzweise kochte ich mein einziges Ei, und in der zunehmenden Dunkelheit zündete ich meine letzte Kerze an: Ich schaltete den Kassettenrecorder ein und setzte mich zu meinem Essen bei Kerzenschein für eine Person. Das Ei war etwas hart geraten, aber den Kakerlaken schien das nichts auszumachen. Sie kamen an den Tellerrand geschossen und stahlen sich noch die winzigsten Krümel. Ich ließ sie gewähren und lehnte mich zurück, um meine Weihnachtskassette zu hören. Meine Mutter hatte mir eine Kassette mit Botschaften von jedem Mitglied meiner großen Familie gesandt. Sie war gerade rechtzeitig zu Weihnachten in Santa Cruz eingetroffen. Ich war zu Tränen gerührt, als mir die dreijährige Tochter meiner Kusine *Jingle Bells* vorsang und dann von ihrer Mutter aufgefordert wurde: »Sag Oliver Happy Christmas.«

Sie hatte geflüstert: »Happy Birffday, Oliver.« Nachdem ich die Kassette ungefähr zum sechsten Mal innerhalb von zwei Tagen abgespielt hatte, waren die Batterien des Geräts schließlich leer.

Ich saß still am Tisch im flackernden Kerzenschein und las von neuem meine fünf Weihnachtskarten. Nur die Kakerlaken leisteten mir Gesellschaft. Ich konnte nicht einmal Kaffee kochen, da das Wasser abgestellt war. Die Behörden konnten sich den Treibstoff nicht leisten, um die Pumpe dauernd in Gang zu halten. Jeden Abend um sieben wurde das Wasser abgestellt, doch mittlerweile war es bereits seit zwei Tagen nicht wieder eingeschaltet worden, und mein Reservekübel enthielt nur noch so wenig, daß ich nichts mehr davon zu brauchen wagte.

Obwohl ich über meinem Ei beinahe eine halbe Stunde zugebracht hatte, war ich noch immer nicht zufrieden. Mein fiebriger Geist begann nach Essen zu hungern, und ich fiel rasch in einen apathischen Tagtraum. Wie vorauszusehen war, begann ich mit einem Truthahn und erwog die Zutaten jedes einzelnen Ganges so sorgfältig, daß es neun Uhr wurde, bis ich meinen dritten Teller mit Pastete und Weinbrandbutter fertig hatte. Als ich merkte, wie spät es war, wachte ich auf und fragte mich, wo Dennis wohl blieb. Er hatte versprochen, mich zu besuchen, aber er war noch immer nicht gekommen. Ich befand, daß ich zu krank sei, um zur Plaza hochzugehen. Also kletterte ich steif vom Stuhl hinunter und hinkte zum Sofa hinüber. Ich hatte mich damit abgefunden, daß diese Weihnacht nicht nur ohne Geschenke, sondern auch ohne Besucher vorbeigehen würde. Ich war eben dabei, in mein Hungerfieber zurückzufallen, und ganz mit der Entscheidung beschäftigt, ob ich den Brie oder den Stilton nehmen sollte, als mich ein Klopfen aufschreckte. Meine Kerze war hinuntergebrannt, deshalb tastete ich im Dunkeln nach der Tür. Es war Padre Paul. Dennis hatte den ganzen Tag auf einen Anruf von seiner Familie gewartet und es nicht gewagt, das Telefon zu verlassen. Sobald der Padre seine religiösen Pflichten erledigt hatte, war er zum Weißen Haus hinuntergefahren, um mich zu holen. Diese Leute waren so rücksichtsvoll. Ich ließ meine Weihnachtskarten liegen, und wir fuhren zum Pfarrhaus.

Ich blieb eine Stunde und aß ein paar Reste. Sie hatten keine Kakerlaken. Durch das Essen gestärkt, fand ich, daß ich Unterhaltung brauchte. Ich schlenderte auf die Plaza hinaus, wo ich Anita und ihre Freunde entdeckte. Sie trug einen provozierend kurzen Rock. Ich ging hin, nahm sie bei der Hand und führte sie in die Dunkelheit. Bevor man noch hätte »Mund zu Mund« sagen können, praktizierte ich angewandte Wiederbelebung. Leider ließ sie mich nicht den Herzschlag unter ihrer Bluse prüfen.

Zufrieden mit meiner drittrangigen Nothelferkunst, begleitete ich Anita nach Hause und kehrte dann ins Weiße Haus zurück. Der zweite und der erste Rang würden langfristige Hingabe erfordern.

Die Grippe zehrte an meinen Kräften, also blieb ich im Bett. Guy und Paolo kehrten am zweiten Weihnachtsfeiertag zurück. Sie wären beinahe weggespült worden und hatten sich sechs Stunden lang einen Flußabschnitt hinuntergekämpft, für den man normalerweise zwei braucht. An Weihnachten hatten sie besser gegessen als ich. Bei ihnen hatte es gebratene Pampe mit Knoblauch gegeben.

Anita war unglücklich, weil ich nicht zur Plaza gekommen war, um sie zu sehen. Sie überredete ein paar Einheimische, mit dem Traktor zu uns hinunterzufahren. So kam sie hereingeplatzt, und ich rang kurz, aber erfolglos mit ihr. Sie wich meinem Grabschen geschickt aus wie eine flüchtige Nymphe. Sie kannte so viele Tricks, um sich mir zu entwinden, daß ich den Eindruck erhielt, sie besäße den schwarzen Gürtel im Krakenringen. Schließlich hüpfte sie keck davon. Ich blieb allein mit meinem Fieber zurück.

Die nächsten paar Tage war ich krank und blieb den ganzen Tag auf dem Sofa, damit ich am Abend genügend ausgeruht war, um mich wieder ganz der »Operation Anita« widmen zu können. Dennis und ich mußten unsere Abreise um ein paar Tage hinausschieben, bis ich wieder gesund war.

Am Neujahrstag kam Robin vorbei. Er sah nicht gerade glücklich aus, was sich bestätigte, als er sich setzte. »Wenn mir jetzt einer ein gutes neues Jahr wünscht, kriegt er eins in die Fresse.« Er hatte versehentlich den Hund seines Nachbarn überfahren.

15
Gelbfieber

Anfang Januar küßte ich Anita zum Abschied und versprach, ihr etwas aus Brasilien mitzubringen. Dann fuhr ich nach Santa Cruz. Da mein Repertoire an überraschenden Schachzügen beinahe erschöpft war, hoffte ich, meine Abwesenheit würde ihr Herz zugänglicher machen.

Die Micro-Busse waren vollgestopft mit Leuten, die nach den Weihnachtsferien an die Arbeit zurückkehrten. Ich beschloß, per Anhalter zu reisen. Es gab kaum Verkehr auf der Straße, aber nach einer Stunde hielt ein riesiger Lastwagen an. Ich kletterte auf die Ladefläche und setzte mich auf zehn Tonnen Steine. Ich war noch immer in Neujahrsstimmung und hatte ganz vergessen, den Fahrer zu fragen, wieviel er für das Mitnehmen verlangen würde. Ich war dem Wind und peitschendem Regen ausgesetzt, aber glücklich, wieder unterwegs zu sein. Der Fahrer verlangte eine lächerlich hohe Summe, etwa zwei Pfund, aber ich war nicht in Stimmung, um zu verhandeln. Ich würde ein paar Tage in Santa Cruz bleiben, bis Dennis eintraf, also checkte ich im billigsten und saubersten Hotel ein, das ich finden konnte.

Nachdem ich meine Zahnbürste ausgepackt hatte, machte ich es mir zur Nachmittagssiesta bequem. Da klingelte das Telefon. Die Empfangsdame sagte mir, zwei Männer von der Einwanderungsbehörde wollten mich sprechen. Verärgert über die Störung, fragte ich, was sie wollten.

»Sie wollen Ihren Paß überprüfen.«

Leicht empört darüber, daß die Begutachtung meines Passes jedem x-beliebigen freistehen sollte, legte ich soviel »Britischer-Bürger-unter-dem-Schutz-des-Ministers-für-Commonwealth-Beziehungen-Ihrer-Majestät« in meine Stimme wie möglich.

»Ich bin in zehn Minuten unten.«

Die Empfangsdame meinte: »Sie kommen besser gleich herunter. Die mögen es nicht, wenn man sie warten läßt.«

»Ich komme in fünf Minuten«, antwortete ich und hängte ein. Viele Leute hatten mir Gerüchte über falsche Einwanderungsbeamte erzählt, aber ich war skeptisch. Es schien jedoch vernünftiger, sie unten an der geschäftigen Rezeption zu treffen als allein in meinem Zimmer. Ich überprüfte zweimal, ob ich die Tür abgeschlossen hatte, da ich an ungebetene Gäste denken mußte.

Zwei Minuten später ging ich mit meinem Paß in der Hand die Treppe hinunter. Die beiden Männer lehnten am Empfang und plauderten. Sie trugen modische Freizeitkleidung in rosa, grünen und gelben Pastelltönen und stellten ihren Reichtum mit goldenen Ringen und Uhren zur Schau. Ich stand hinter ihnen wie ein ungehorsamer Schuljunge und wartete, bis sie mir ihre Aufmerksamkeit schenken würden. Sie machten nicht den Eindruck, als ob sie mich bemerkt hätten, daher sagte ich mutig: »*Buenas tardes.*« Sie wandten sich um und wünschten mir ebenfalls höflich einen guten Nachmittag. Höflichkeit schien keine schlechte Strategie zu sein, also gab ich beiden die Hand.

Sie nahmen meinen Paß und studierten ihn sorgfältig, verglichen mein Aussehen mit dem Foto und überprüften die Gültigkeit jedes einzelnen Stempels. Sie stellten mir die üblichen Fragen nach meinem Namen, Wohnort und meiner Beschäftigung in Bolivien. Dabei blieben sie immer höflich, obwohl ich den Eindruck hatte, sie glaubten mir meine Antworten nicht. Dann fragten sie, was ich in Santa Cruz mache. Ich sagte, ich besuche Freunde. Ich wußte, wenn ich meine Reise erwähnte, würde das nur zu weiteren Fragen führen. Sie lächelten über meine Antwort wie über einen Scherz. Offenbar zufrieden, gaben sie mir meinen Paß zurück, drehten sich auf ihren italienischen Absätzen um und gingen. Ich seufzte erleichtert. Es war eine beträchtliche Anstrengung für mein bescheidenes Spanisch gewesen. Ich fragte die Empfangsdame, ob sie die beiden kenne. Sie nickte und sagte ein einziges Wort: »Interpol.«

Das Wort ließ meine Nerven vibrieren.

»Interpol?« Die Empfangsdame begann zu arbeiten. Sie hatte nicht die Absicht, weitere Fragen zu beantworten. Ihrer Erfahrung nach gab es keine tugendhaften Ausländer. Für sie war ich einfach ein weiterer Kokain-Gringo.

Im Volksmund gehörte die Interpol zu den gefürchtetsten Organisationen Südamerikas. Ich hatte gehört, ihre Beamten könnten überall hingehen und tun und lassen, was sie wollten. Ihre Korruptheit war sprichwörtlich. Dies war nicht die Interpol des Westens. Es war eine Interpol südamerikanischen Stils: mächtig, gesichtslos und korrupt. Der Umstand, daß ich mich keines Verbrechens schuldig gemacht hatte, nahm mir die Schuldgefühle keineswegs, die ich jetzt hatte. In Gedanken ging ich meine Vergangenheit nach irgendeinem Vergehen durch. Aber nicht einmal ein Strafzettel für falsches Parken befleckte meine weiße Weste. Beunruhigende Fragen kamen mir in den Sinn. »Woher hatten sie meinen Namen?« – »War dies nur eine willkürliche Überprüfung von Ausländern?« – »Suchten sie speziell nach mir?«

In meiner Einsamkeit fühlte ich mich zusehends verletzlicher. In meinem wachsenden Verfolgungswahn suchte ich das Zimmer nach Drogen ab, die mir während meiner kurzen Abwesenheit hätten untergeschoben werden können. Als ich nichts fand, stieß ich einen gezwungenen Lacher über meine Ängste aus und ging mir einen nicht nur aus medizinischen Gründen angesagten Drink genehmigen.

Am folgenden Tag zog ich gemeinsam mit Dennis im Pfarrhaus von Santa Cruz ein. Wir gingen zusammen in ein Reisebüro, da Dennis ein Visum brauchte, um nach Brasilien einreisen zu dürfen. Der Angestellte sagte mir, ich brauche eine Bescheinigung, daß ich gegen Gelbfieber geimpft sei. Ich hatte mich bereits in England impfen lassen, aber die Bestätigung war mir irgendwo unterwegs abhanden gekommen. So blieb mir nichts anderes übrig, als mich nochmals impfen zu lassen. Der Mann gab mir die Adresse des Krankenhauses und sagte mir, wann es seiner Meinung nach geöffnet sei.

Ich fand die Klinik, und zu meiner Überraschung wurden Impfungen nur zwei Stunden später als angekündigt durchgeführt. Das Gebäude glich einem zweistöckigen Katastrophengebiet. Die Wände waren einmal verputzt gewesen, aber nun häufte sich der Verputz auf dem alten Backstein-Innenhof an. Ich hatte keine Zeit, mich auf die voraussehbar verwirrende bürokratische Prozedur vorzubereiten, die nötig sein würde, um eine Spritze zu bekommen. Da mein Visum ablief, konnte ich nur hoffen, daß es möglich war, alles an einem Tag zu erledigen. Ich kehrte zur richtigen Zeit zurück und erkundigte mich im ganzen Gebäude. Niemand wußte, wo die Impfungen stattfanden.

Als ich von dem verrosteten Balkon im Obergeschoß hinuntersah, erblickte ich zufällig eine Frau, die ihr schreiendes Kind aus einem Gebäude im Untergeschoß trug. Sie hielt einen Wattebausch gegen seinen Arm gedrückt. Meine Neugier war geweckt, und ich ging hinunter, um nachzuforschen. Im Innern des unverputzten, türlosen Schuppens mit Backsteinboden saß eine dicke Frau auf einem Drehstuhl. Sie sagte, sie könne mir eine Spritze geben, aber ich müsse mich zuerst registrieren lassen. In einem erstaunlichen Anfall von Hilfsbereitschaft verwies sie mich zur Anmeldung hinter eine Holzplanke, die auf einem Haufen Backsteine angebracht war. Nach einem schwachen Versuch, meinen Namen zu buchstabieren, reichte mir die häßliche Person hinter dem Tisch die Hälfte einer Karte.

Ich wischte etwas Schutt von einer Stufe und setzte mich hin, bis meine Nummer aufgerufen wurde. Man hörte zwei Kinder kreischen, die von ihrer Mutter begleitet wurden. Sie verließen den dunklen Schuppen mit kreideweißen Gesichtern, die Augen vor Angst geweitet und voller Tränen. Dann war ich an der Reihe.

Mutig betrat ich den düsteren Raum. Die Frau, die eine Art Schwester zu sein schien, sah von ihrem Schreibtisch auf und fragte mich, welche Spritze ich gern hätte. Ich sagte Gelbfieber. Sie schwang herum und öffnete einen kleinen Eisschrank. Das grüne Licht tauchte ihr Gesicht in makabre Schatten. Ich beobachtete, wie sie verschiedene durchsichtige Röhrchen befingerte, bis sie eine volle Spritze wählte. Ich hatte in der Zwischenzeit meinen Ärmel hochgekrempelt, und sie wischte mir den Arm mit einem grauen Stück Watte ab. Auf ihrem Schreibtisch stand ein altes hölzernes Reagenzglasregal, in dem verschiedene Größen von Nadeln aufbewahrt wurden. Sie waren nicht versiegelt, und ich beäugte sie skeptisch angesichts des Schmutzes um mich herum. Bevor ich reagieren konnte, hatte die Schwester die Spritze auf eine unnötig große Nadel gesteckt, sie aus dem Regal gezogen und in meinen Arm gebohrt. Die Heftigkeit des Stichs ließ die Nadel gut zwei Zentimeter tief in mein Fleisch versinken, aber die Spritze hatte sich wieder gelöst. Die Schwester versuchte, den ganzen Vorgang schnell hinter sich zu bringen, so daß sie die Hälfte des Medikaments bereits verspritzt hatte, bevor sie innehalten konnte. Der Wirkstoff gegen das Gelbfieber schoß mir direkt ins Auge, und als dann der Druck nachließ, tropfte es von meiner Brust bis zum Knie hinunter. Die Nadel steckte jedoch noch immer fest in meinem Arm. Die Krankenschwester entschuldigte sich, war aber insgeheim belustigt. Da ich drei Schwestern habe, die denselben Beruf ausüben, reagierte ich ziemlich ungehalten auf ihre unglaubliche Unfähigkeit. Ich wischte mir die Flüssigkeit aus dem Auge und sagte, sie sei eine verdammte Schande für ihren Berufsstand. Sie saß ziemlich belemmert da. Ich wollte nicht an Aids sterben, also würde ich auf keinen Fall eine zweite Nadel riskieren. Ich sagte ihr, sie solle weitermachen. Sie steckte die Spritze wieder auf die Nadel und gab mir das letzte Drittel der Injektion. Nachdem sie meinen Zettel unterschrieben hatte, sagte ich ihr, sie sei eine dumme Kuh.

Ich ging meine Bescheinigung holen. Oben auf der Galerie fand ich eine Schlange, die aussah, als ob es die richtige wäre. Mir fiel auf, daß ich eine doppelt so hohe Gebühr bezahlen mußte wie die Frau vor mir. Mittlerweile hatte ich mich an dieses inoffizielle Drei-Klassen-Preissystem gewöhnt. Es gibt einen Preis für Einheimische, einen für andere Südamerikaner und einen für Gringos. Es lohnt sich nicht, wegen ein paar Pfund zu protestieren. Sie gaben mir die Bescheinigung. Dennis' Visum konnten wir am Nachmittag abholen, und dann wären wir bereit. In vier Tagen lief mein Visum ab.

16
Der Todeszug

Um sieben Uhr morgens setzte uns das Taxi an einer großen grauen Scheune ab. Der Fahrer drängte uns hinaus und versicherte, dies sei der Bahnhof. Ich sah ein paar Wandtafeln, auf denen die Abfahrtszeiten der Züge vom Vortag standen. Zu unserer Überraschung fanden wir einen Informationsschuppen; er war jedoch geschlossen. Zwei Stunden später glitt der hölzerne Fensterladen zurück und enthüllte eine Angestellte. Ganz wie es dem Image der bolivianischen Eisenbahn entsprach, bereitete es der zahnlosen Alten große Mühe zu sprechen. Schließlich interpretierten wir die Bewegungen ihres kokaverfärbten Gaumens dahingehend, daß der Zug nach Brasilien am nächsten Tag fuhr und wir die Fahrkarten erst am Tag der Abreise kaufen konnten.

Ihrem Rat folgend, kehrten wir am nächsten Morgen um sechs Uhr zurück. Die Warteschlangen waren bereits lang. Wir wußten nicht, wo wir uns anstellen sollten. Unglücklicherweise befand sich die Informationsabteilung noch im Bett, und der Zuständige für die Tafeln schürfte wohl nach seiner Kreide. Zu meinem Leidwesen mußten wir also die Einheimischen fragen, in welche Reihe wir uns stellen sollten. Ein halbes Dutzend Leute begann gleichzeitig auf uns einzureden, jeder war anderer Ansicht. Schließlich einigten sie sich darauf, daß die Schlange, in der sie standen, die richtige war. Wir bedankten uns und machten uns auf eine lange Wartezeit gefaßt.

In den nächsten dreieinhalb Stunden beobachtete ich, wie Leute in der Schlange vor uns die Plätze tauschten. Mit jedem Tausch wechselte Geld den Besitzer. Mein bolivianischer Nebenmann erklärte mir, daß ein Teil der Leute vor uns professionelle Schlangensteher wären. Sie kamen jeden Morgen bereits um zwei Uhr früh zum Bahnhof und stellten sich in die Reihe. Dann warteten sie bis zu acht Stunden und verkauften ihren Platz dem Meistbietenden. Es hieß, für die besten Plätze müsse man mit bis zu drei Pfund rechnen. Ich setzte ein angemessen schockiertes Gesicht auf, weil die Einheimischen immer maßlos übertreiben, wenn sie Fremden solche Geschichten erzählen.

Während mein Nachbar mir dies erklärte, sah ich drei Polizisten die Köpfe zusammenstecken. Sie nickten einander zu, als seien sie zu einer Entscheidung gekommen. Dann schritten sie zu einem jungen Gringo hinüber, sagten etwas und marschierten mit ihm zu einem Polizeiwagen. Sie verfrachteten ihn ins Auto, und der Wagen verschwand in einer Staubwolke. Sein Freund, der zurückgeblieben war, starrte ihnen ungläubig nach. Später, als wir bereits im Zug saßen, fand ich heraus, daß der Mann unter dem Vorwand verhaftet worden war, er habe mit Schwarzmarktfahrkarten gehandelt. Genau wie wir hatte er einen Großteil des gestrigen Tages damit zugebracht, Informationen und Fahrkarten zu bekommen. Der Polizei war aufgefallen, daß er an zwei aufeinanderfolgenden Tagen am Bahnhof gewesen war, also hatten sie ihn verhaftet. Er schaffte es nicht mehr auf unseren Zug. Ich habe nie erfahren, was aus ihm geworden ist.

Um halb zehn wurde der Informationsschalter geöffnet. Ich dachte, es könnte nicht schaden nachzufragen, ob wir in der richtigen Schlange stünden. Manchmal logen die Einheimischen Ausländer absichtlich an. Sie betrachteten es als Spiel, um uns zu verwirren und unsere Zeit zu vergeuden. Sie meinten es nicht böse; sie hatten einfach einen anderen Zeitbegriff als wir und dachten, so wie sie nichts zu tun hatten, hätten wir auch nichts zu tun.

Die Alte bestätigte, daß wir uns in der richtigen Schlange befanden. Um zehn Uhr begann der Verkauf der Fahrkarten. Auch der Tafelschreiber mit seiner Kreide und einer Trittleiter traf ein. Die Tafel sah verdächtig verwirrend aus, deshalb fragte ich meinen Vordermann, ob dies wirklich die richtige Schlange für Brasilien sei. Er nickte und sagte, er sei sicher, daß dies die richtige Schlange für Argentinien sei. Als ich ihn daran erinnerte, daß er mir vor vier Stunden versichert hatte, dies sei die richtige Schlange für Brasilien, zuckte er nur verwirrt die Schultern. Sein Lächeln war von einer so selbstgerechten Heiterkeit, daß Mutter Theresa daneben wie ein Gangster ausgesehen hätte. Wir hatten vier Stunden in der falschen Schlange gewartet, und die richtige war jetzt ungefähr einen Kilometer lang. Die Einheimischen, die von Anfang an an dem Scherz beteiligt gewesen waren, brachen in ein stürmisches Gelächter aus. Um zu zeigen, daß ich nicht enttäuscht war, lachte ich schallend mit und klopfte dem Anführer auf die Schulter. Ich gratulierte ihnen zu ihrem üblen Streich – vier Stunden in der falschen Schlange war ein fabelhafter Witz!

Ich hatte meinen Arm immer noch um den Hauptspaßvogel gelegt und flüsterte ihm ins Ohr, wenn ich aus Brasilien zurück sei, könne es geschehen, daß er und seine Familie einen plötzlichen, schrecklichen Tod erlitten. Dann schlenderte ich davon, um mich bei der anderen Schlange hinten anzustellen. Der Mann starrte mir besorgt nach, während seine Kumpel noch immer fröhlich kicherten und den Scherz schneller weitererzählten, als wir gehen konnten.

Nach einer Viertelstunde schien sich die Schlange noch immer nicht bewegt zu haben, obwohl viele Leute an uns vorbeigingen, die Fahrkarten in der Hand hielten. Ich ließ Dennis unseren Platz halten und ging nach vorn, um nachzuforschen und eventuell einen Platz weiter vorn zu kaufen. Kein Wunder, daß sich nichts bewegte. Es gab eine Gruppe von ungefähr sechs Leuten, alle schwarz gekleidet, die in die Schlange hinein und wieder heraus sprangen, drei Fahrkarten aufs Mal kauften und sogar die grundlegende Regel von nur einer Karte pro Person verletzten. Der Rest der Schlangestehenden stand da und sah zu, ohne zu protestieren. Die Polizei machte keine Anstalten, einzugreifen, und genoß weiterhin den morgendlichen Sonnenschein.

Die Männer in Schwarz waren von der örtlichen Mafia. Wie mir ein Bolivianer erzählte, haben sie die Polizei in der Tasche. Anders konnte ich mir ihre fehlende Lust am Einschreiten auch nicht erklären. An einem guten Tag kauft die Mafia bis zu achtzig Prozent der Fahrkarten und verkauft sie dann auf dem Schwarzmarkt zum doppelten bis dreifachen Preis weiter. Die Offensichtlichkeit der Korruption machte sie beinahe zur Farce.

Ich ging zu Dennis und sagte ihm, er solle zum Pfarrhaus zurückkehren und unser Gepäck holen. Der Zug würde in einer guten Stunde abfahren, und ich war entschlossen, den zu erwischen.

Dann ging ich auf den Mafiaboß zu. Er war leicht zu

erkennen. Er war extrem dick – ich schätzte ihn auf rund hundertsechzig Kilogramm –, sein schwarzes Hemd stand beinahe bis zur Taille offen, die schwarzen Hosen steckten in erlesenen schwarzen Cowboystiefeln, und er trug einen ganzen Juwelierladen in Form von Goldringen, Halsketten, Armbändern und einer großen goldenen Uhr am Körper. Seine Augen wurden von der üblichen goldgerahmten Fliegersonnenbrille verdeckt. Ich fragte ihn nach zwei Fahrkarten. Die Polizei sah, daß er mit mir sprach, also führte er mich um das Gebäude herum. Der offizielle Preis der Karten war vierzig Bolivianos, was ungefähr zehn Pfund entsprach. Er verlangte achtzig. Schweißperlen rollten über sein Gesicht, und er verströmte einen Geruch nach Fett und Gier. Ich ließ mich nicht zum Handeln herab, sondern überreichte ihm das Geld mit Todesverachtung. Er tat, als ob er es nicht bemerkte, und das Geld verschwand in seinen glitzernden dicken Pfoten. Innerhalb von Sekunden waren alle Spuren der Transaktion beseitigt und die Scheine unter seinen Assistenten zur Aufbewahrung verteilt. Ich stand mit den Fahrkarten in der Hand da.

Als Dennis wieder am Bahnhof eintraf, wurde es Zeit einzusteigen. Ich war erleichtert, daß der Zug keine Dampflokomotive hatte, aber der Rost und das nicht zu übersehende Alter der Bahn waren nicht gerade vertrauenerweckend. Wir fanden uns schließlich mit dem komplizierten Nummernsystem der Wagen zurecht und fanden unsere Plätze.

Abgesehen von einer Verrückten, die quer über unseren Sitzen lag, sahen die Wagen ganz normal aus. Jeweils zwei Dreierbänke standen einander gegenüber. Die Frau auf unseren Plätzen machte keine Anstalten aufzustehen. Erst als ich sie anstieß, zeigte es sich, daß sie noch lebte. Schließlich begannen andere Leute, die es darauf anlegten, gesehen zu werden, wie sie Gringos halfen, die Frau höchst unflätig anzuschreien. Ich stieß sie nochmals an. Sie betrachtete mich wie ein verwirrter Spaniel und ließ sich auf den Boden hinabrollen. Dort lag sie geraume Zeit zu meinen Füßen, bis ihr jemand auf die Schulter trat.

Der Zug füllte sich zusehends. Die Leute verstauten Säkke mit Reis und Weizen, lebende Hühner, ja sogar ein Ferkel an jedem verfügbaren Ort. Auf einer einen Meter zwanzig breiten, schlecht gepolsterten Bank quetschten sich Dennis, ein Bolivianer und ich nebeneinander. Uns gegenüber saßen ein Mann und sein kleiner Sohn, eine Frau und ihr mittelgroßer Sohn und ein ausgewachsener Bolivianer. Zwischen unseren Bänken türmten sich Reissäcke. Während sich immer mehr Leute und Säcke in den Wagen drängten, nahm die Temperatur stetig zu. Kleine Mädchen bahnten sich einen Weg durch die Menge und boten selbstgemachte Limonade an.

Der Zug bebte und ächzte, bereit, jeden Augenblick loszufahren. Die Getränkeverkäuferinnen schoben sich zu den Türen und sprangen hinaus. Ein Mädchen war hin und her gerissen zwischen Einkassieren und Abspringen. Schließlich entschloß sie sich für das Einkassieren, und der Zug setzte sich in Bewegung. Sie zuckte die Schultern und fuhr fort, ihre Becher mit Limonade zu verkaufen. Es schien ihr nichts auszumachen, daß der nächste Halt 1500 Kilometer entfernt an der brasilianischen Grenze lag.

Da dieser Zug eine der wenigen Landrouten zwischen Bolivien und Brasilien war, benützten ihn die meisten durchreisenden Ausländer. Außerdem munkelte man, er sei die beliebteste Kokainschmuggelroute. In den Augen der Behörden waren Ausländer gleichbedeutend mit Kokainschmugglern.

In diesem Zug gab es siebzehn Ausländer und mindestens zwanzig Polizisten in Zivil. Der Begriff zivil ist zwar etwas irreführend, denn sie unternahmen keinen Versuch, nicht aufzufallen. Man erkannte sie sogleich an ihrer eleganten Freizeitkleidung und dem vielen Goldschmuck. Sie gingen in Dreiergruppen den Flur hinunter, ihre Kanonen zwischen üppigem Fleisch und Designerhosen eingeklemmt. Als Teil ihrer inoffiziellen Uniform trugen sie zudem dunkle Sonnenbrillen, die meisten mit Goldrahmen. Sie prüften willkürlich Pässe, ließen dabei jedoch keinen Gringo aus. Dennis und ich waren ordentlich gekleidet, sauber rasiert, und unser Haar war kurz geschnitten, da man uns gewarnt hatte, daß uns Drogen untergeschoben werden könnten. Mit einem gepflegten Äußeren wirkten wir offenbar weniger anrüchig. Jene Rucksacktouristen, die seit Monaten unterwegs waren, würden wahrscheinlich eher die Aufmerksamkeit der Polizei erregen.

Trotzdem überprüfte jede Dreiergruppe unsere Papiere. Die Stempel in unseren Pässen bescheinigten, daß wir nicht einfach auf der Durchreise waren, sondern daß wir uns geraume Zeit in Santa Cruz aufgehalten hatten. Dennis besaß außerdem eine bolivianische Identitätskarte, die ihn als Missionar auswies. Die Polizisten studierten unsere Papiere gründlich und stellten uns der Form halber ein paar Fragen, die wir auf spanisch beantworten konnten. Bis alle Polizisten den Zug abgeschritten hatten, waren unsere Pässe siebenmal überprüft worden. Die einschüchternde Wirkung war beträchtlich, und als dann die letzte Gruppe durch war, entspannte ich mich. Sie versammelten sich am Ende des Zugs.

Wir waren erst knapp zwei Stunden von Santa Cruz entfernt. Als die Aufmerksamkeit der Polizei nachließ, merkten wir erst, wie extrem unbequem wir in unserer verkrampften Position dasaßen. Ich streckte mich so weit, wie es der knappe Raum erlaubte. Eben wollte ich mich in die Unbequemlichkeit schicken, als sich zwei Polizisten ihren Weg durch die Menge bahnten. Sie verschwanden im nächsten Wagen. Ein paar Minuten später kamen sie mit einem nervös wirkenden Ausländer im Schlepptau zurück. Sie marschierten bis zum Ende des Zugs mit ihm.

Nach zehn Minuten erschienen sie erneut mit demselben Ausländer, der nun erschüttert und sehr unordentlich aussah. Minuten später tauchten sie mit einem weiteren Ausländer auf, und die Prozedur begann von vorne. In den nächsten zwei Stunden arbeiteten sie sich durch den ganzen Zug. Die Abstände zwischen dem Holen des nächsten Opfers und dem Wiedererscheinen in unserem Wagen wurden immer kürzer. Mit ihren systematischen Verhören würden sie bald bei unserem Wagen angelangt sein. Ich hatte keine Ahnung, was bei einem solchen Verhör geschah, aber nach dem Aussehen der zurückkehrenden Ausländer zu urteilen, war nichts Angenehmes zu erwarten. Ich saß da und wartete, bis ich an die Reihe kam. Die anderen Passagiere gaben keinen Kommentar ab, und ich wagte nicht, den Blick zu heben, als ein weiterer Gringo durch unseren Wagen geführt wurde. Dies war das normale Vorgehen.

Abgesehen von Dennis und mir gab es noch zwei Ausländer in unserem Wagen, einen Brasilianer und einen

Griechen. Die Polizisten kamen herein und bauten sich vor dem Griechen auf. Sehr höflich baten sie ihn, ihnen zu folgen. Er fragte mutig, weshalb. Sie antworteten nicht, sondern halfen ihm freundlich auf die Füße und marschierten mit ihm durch den Zug. Diese nicht enden wollende Einschüchterung forderte ihren Preis. Ich saß da, und die Furcht über meine ohnmächtige Hilflosigkeit verwandelte sich in Wut. Die drohenden, unbekannten Schrecken hatten mich so weit gebracht, daß ich die Rückkehr der Männer begrüßte. Mittlerweile zog ich eine Konfrontation dem zermürbenden Warten vor. Die Polizisten brachten den Griechen zu seinem Platz zurück und stellten den Brasilianer auf die Füße. Sie schleiften ihn den Gang hinunter.

Ich fragte den Griechen, was geschehen sei. Sie hatten ihn zur Toilette am Ende des Zuges gebracht und ihn hineingestoßen. In dem engen Raum befanden sich bereits drei Polizisten, deshalb blieb seine Eskorte draußen. Ein Polizist saß auf der Toilette, die anderen zwei drängten sich neben ihn. Er wurde gegen die Wand gestoßen. Die Polizisten standen nur Zentimeter von ihm entfernt und betrachteten ihn. Sie hatten ihn angeschrien: »Wo ist dein Kokain?«

Bevor er antworten konnte, hatte der sitzende Polizist gesagt: »Es steckt vermutlich in seinem Arsch.«

»Steckt es in deinem Arsch?« Er hatte den Kopf geschüttelt.

»Es steckt in seiner Nase!«

Sie hatten ihn gegen die Tür geknallt, und ein Polizist hatte seinen Kopf nach hinten gebogen, während der andere die Finger in seine Nase bohrte. Lachend hatten sie sich an ihren sitzenden Kollegen gewandt und gesagt: »Dort ist es nicht.«

175

»Es ist in seinem Gürtel.«

Sie öffneten sein Hemd und nahmen ihm den Geldgürtel ab. Dann zählten sie sein Geld und bedienten sich mit einer Fünfzig-Dollar-Note. Schließlich richteten sie ihn soweit wieder her und schoben ihn auf den Flur hinaus. Darauf war er zu seinem Platz zurückbegleitet worden.

Ich fragte den Griechen, weshalb er sich nicht gewehrt habe. Er erzählte mir, er wisse von einem Deutschen, der vor ein paar Monaten Widerstand geleistet hatte. Er war unter den genau gleichen Umständen mitgenommen worden und hatte zu den Polizisten gesagt, er habe nichts für sie. Einer der Männer hatte daraufhin in seine eigene Brusttasche gefaßt und einen kleinen Beutel weißes Pulver hervorgezogen. Der Deutsche weigerte sich noch immer, worauf der Polizist ihm in die Augen sah und den Beutel in die Brusttasche des Deutschen stopfte. Er wurde im Zug festgehalten, und sie kehrten mit ihm nach Santa Cruz zurück. Dort kam er ins Gefängnis, und man drohte ihm mit einer zwanzigjährigen Haftstrafe. Zwei Monate lang wurde er nicht verurteilt; dann erhielt er siebzehn Jahre. Er hatte einen Monat abgesessen, als sein Vater, so munkelte man, einem namenlosen Beamten zehntausend Dollar bezahlte. Daraufhin durfte er das Land verlassen.

Als sie den Brasilianer an mir vorbeiführten, hätte ich am liebsten die Hand ausgestreckt, die Kanone herausgezogen, die hinten in der Hose des Polizisten steckte, sie ihm unter die Nase gehalten und ihm den Kopf weggepustet. Das Verhalten der Polizisten zeigte deutlich, daß sie gar nicht an einem möglichen Kokainschmuggel interessiert waren, sondern lediglich ihr Einkommen aufbessern wollten. Ich nehme an, wenn einer Kokain bei sich gehabt hätte, wäre sein »Beitrag« einfach entsprechend erhöht worden. Ich war so wütend, daß ich in Gedanken den Tod der Polizisten und meine Flucht durchspielte, während ich auf ihre Rückkehr wartete. Ich wußte zwar, es konnte keine Flucht geben, aber in diesem Augenblick war meine Angst so groß, daß ich mir geschworen hatte, lieber kämpfend zu sterben.

Die Polizisten begleiteten den Brasilianer zu seinem Sitz zurück. Sie wandten sich um, und ohne uns eines Blickes zu würdigen, verließen sie den Wagen. Ich konnte nicht aufatmen, da sie jeden Moment zurückkommen konnten. Nach einer halben Stunde waren sie jedoch noch immer nicht zurückgekehrt. In ihrer primitiven Frömmigkeit schienen sie den Zorn Gottes zu fürchten, und dies hatte uns gerettet. Sie glaubten, daß ich wie Dennis Missionar sei, und ließen uns deshalb in Ruhe. Ihre Heuchelei war zum Kotzen.

Aus zuverlässiger Quelle hatte ich erfahren, daß man buchstäblich ungeschoren mit einem Mord davonkommen konnte, wenn man nur das nötige Kleingeld besaß. Später lernte ich andere Reisende kennen, und sie bestätigten diese Erfahrung. Allen waren mindestens zehn Dollar abgenommen worden. Einem Engländer, der fast seine ganze Barschaft bei sich getragen hatte, wurden fünfhundert Dollar gestohlen. Sie hatten ihn gar nicht durchsucht, nur seinen Gürtel genommen und sich bedient. Allmählich wurde klar, daß sie uns nicht anrührten. Meine Wut wich einem körperlichen Unwohlsein. Wir waren seit ungefähr sechs Stunden unterwegs, und ich hatte mich kaum rühren können. Plötzlich kreischten die Bremsen, blockierten, und bebend kamen wir zum Stillstand.

Wir waren aus dem Urwald auf eine kleine Lichtung herausgekommen. Ein winziges Dorf lag neben den Schienen, dessen einzige Aufgabe es war, den alle zwei Wochen hier durchfahrenden Zug zu verpflegen. Die gesamte Bevölkerung rannte zu den Wagen und bot Essen an.

Da die Wagen so vollgestopft waren, konnten die Passagiere nicht zu den Türen gelangen. Statt dessen sprangen sie aus den Fenstern und gingen in aller Ruhe an den schreienden Einheimischen vorbei zum Rand des Dschungels. Dort erleichterten sie sich mit ungehemmter Freude und schlenderten dann zurück zu den Essensständen. Die Einheimischen winkten ihnen, boten Stühle an und hielten ihnen gefüllte Teller hin. Ihnen war nur allzu bewußt, daß die Grundlage ihres Lebensunterhalts in wenigen kostbaren Augenblicken wieder entschwunden sein würde und sie vier Tage lang nichts zu tun hatten. Sie mußten alles verkaufen. Jedes einzelne Mitglied des Dorfes war beteiligt. Mit Tellern voll Fleisch und Reis rannten sie die Wagen entlang, um die Leute zu versorgen, die nicht aussteigen wollten. Wenn sie ihre Mahlzeiten verkauft hatten, liefen sie zu ihrem Familienstand zurück, um Nachschub zu holen. Der Wald widerhallte von den Preisen für frische Limonade, Mangos, Orangen und verschiedenste Gerichte. Die Leute rannten in heller Aufregung herum, sogar die kleinen Kinder mußten mitarbeiten und Zigaretten und Kaugummi verkaufen.

Dann pfiff der Zug, und alle kletterten wieder an Bord. Die Räder ächzten, und wir setzten uns in Bewegung. Die Dorfbewohner verließen ihre Stände, sogar die alten Frauen rannten dem abfahrenden Zug hinterher, um noch eine letzte Mahlzeit zu verkaufen. Schließlich ließen wir auch die hartnäckigsten hinter uns. Ich blickte den Schienen entlang zurück und sah sie alle dastehen und uns nachstarren, eine einsame Schar von ungefähr hundert Personen, die Hände voll mit Limonadeneimern und weggeworfenen Tellern. Starr beobachteten sie, wie wir in der Dämmerung verschwanden, als ob wir ihre liebsten Verwandten wären.

Als es dunkel wurde, kamen die Moskitos. Da es weder Licht noch Ventilatoren im Zug gab, wurden die Fenster offengelassen. Die Moskitos surrten um uns herum. Sie schienen durchaus in der Lage, mit unserer tuckernden Geschwindigkeit mitzuhalten. Eine Gruppe Bolivianer trank sich lärmend einen Rausch an und brach dann im Gang zusammen. Man konnte sich nicht bewegen. Angesichts der Temperatur von immer noch mehr als fünfundzwanzig Grad verstand ich plötzlich, warum man diesen Zug den Todeszug nannte.

Um ein Uhr morgens fand der kleine Junge, der mir gegenüber saß, er müsse jetzt unbedingt auf die Toilette. Weil er in der Dunkelheit nicht den verstellten Gang hinuntergehen konnte, mußte ich ihn zum Fenster hochhalten. Glücklich zog er seinen Pimmel heraus und pinkelte aus dem fahrenden Zug. Eine nicht unbeträchtliche Menge spritzte dabei auf meine Beine. Ich war nur froh, daß ich nicht in einem der Abteile hinter uns saß. Dort hatten die Passagiere die Köpfe hinausgestreckt, um die kühlere Nachtluft einzuatmen, statt dessen waren sie besprüht worden. Ihre Flüche verminderten den Strahl des kleinen Jungen aber keineswegs.

Um zwei Uhr früh hielt der Zug erneut. Diesmal gab es keinerlei Anzeichen eines Dorfes, aber innerhalb von Sekunden kamen Leute aus dem Dschungel. Auch sie trugen Teller mit Fleisch und Reis und Eimer voll Limonade. Zwar waren keine Stände zu sehen, aber das Essen war warm. Es war verblüffend, daß mir um zwei Uhr nachts an einem der entlegensten Orte der Welt ein Becher Limonade aus einem Eimer angeboten wurde. Der Zug fuhr wieder an und überließ diese Eisenbahn-Caterer ihrer einsamen Lebensweise.

Der Rest der Reise verlief ereignislos, aber äußerst unbequem. Ich konnte kein Auge zutun, obwohl die Bolivianer um uns herum zufrieden schnarchten. Kurz nach Beginn der Dämmerung erblickte ich ein paar Pampasstrauße. Dabei handelt es sich um die südamerikanische Version des Emus. Der Zug erschreckte sie, und sie verschwanden in einem Wirbel von schlaksigen Beinen. Schließlich erreichten wir die bolivianische Grenzstadt Quijaro. Die letzten vierundzwanzig Stunden waren sehr anstrengend gewesen.

17
Brasilien

Wir überquerten die Grenze nach Brasilien und ließen die unbefestigten Straßen hinter uns. Statt dessen gab es jetzt asphaltierte Autobahnen, statt Lehmhütten Ziegel- und Betongebäude. Aber die vertraute Ineffizienz war geblieben. Corumba, die Grenzstadt, lag noch immer ein gutes Stück weit entfernt. Wir verhandelten mit einem äußerst widerwilligen Taxifahrer und versuchten, ihm klarzumachen, daß er mehr Geld verdienen würde, wenn er seinen Wagen fuhr, statt ihn nur zu polieren.

Er brachte uns schließlich zu einem Busbahnhof, wo wir uns anstellten, um unsere Pässe abstempeln zu lassen. Auf der kurzen Fahrt dorthin hatte Corumba nicht gerade interessant ausgesehen, deshalb beschlossen wir, gleich weiterzufahren. Wir erwischten einen Bus nach Campo Grande, der durch den Pantanal fuhr, ein großes Sumpfgebiet, das für seine Tierwelt berühmt ist. Beidseits der Straße erstreckte sich eine flache Landschaft, die mit Entwässerungsteichen durchsetzt war. Bei einem angeschwollenen braunen Fluß hielt der Bus an. Der Fahrer bat uns auszusteigen, da er seiner Fahrtechnik nicht ganz traute. Er gelangte aber sicher auf die offene Fähre, und wir folgten zu Fuß.

Die Fähre fuhr den piranhaverseuchten Fluß hinunter. Kaimane sonnten sich auf den steilen Sandbänken. Diese Vertreter der Familie der Krokodile werden selten mehr als drei Meter lang. Die Fähre störte sie beim Sonnenbaden, und in der zeitlosen Tradition der besten Tarzanfilme glitten sie das Ufer hinab und verschwanden in den sich kräuselnden Wellen. Hoffnungsvoll suchte ich das Wasser nach einer spärlich bekleideten Jungfrau ab, die ich vor den Kinnladen dieser prähistorischen Ungeheuer retten könnte. Aber Tarzan mußte bereits hiergewesen sein, denn nirgends war ein Mädchen in Not zu sehen. Ich erwog, Dennis in den Fluß zu stoßen, damit ich trotzdem noch ein Held werden könnte, entschied mich jedoch dagegen, um nicht in Versuchung zu kommen, ihn planschen zu lassen. Die Alligatoren tauchten jeweils noch einmal kurz auf, bevor sie davonschwammen, um sich ein ruhigeres Plätzchen zu suchen.

Nur zu schnell waren wir wieder an Bord des Busses und rasten eine moderne Autobahn entlang. Von meinem erhöhten Sitz aus entdeckte ich Capybaras, Wasserschweine. Dies sind die größten Nagetiere der Welt; sie sehen aus wie riesige Meerschweinchen. Sie standen im seichten Wasser, mampften Wasserlilien und starrten mit leerem Blick die Reiher an, die vom Ufer aus fischten.

Nach zwei Tagen im Bus kamen wir spätabends in Foz do Iguaçu an. Die Stadt ist nur entstanden, um Besuchern der Fälle die Infrastruktur zum Übernachten zu bieten, und ist nicht weiter sehenswert.

Am nächsten Morgen gingen wir die Hauptstraße hinunter und fanden einen Taxistand. Die Fahrer sprachen weder Spanisch noch Englisch, nur brasilianisches Portugiesisch. Spanisch und Portugiesisch sind sich jedoch sehr ähnlich, und ich hatte die Erfahrung gemacht, daß man mich in der Regel verstand, wenn ich langsam sprach. Das Problem war dann nur, daß ich ihre genuschelten Antworten nicht verstand.

Da wir nur wenige Sprachführer dabeihatten, mußte ich oft raten. Ich hatte in der Schule Latein gelernt; also nahm ich ein englisches Wort lateinischen Ursprungs und hängte hinten ein A an. Ich war überrascht, wie oft meine aufs Geratewohl konstruierten spanischen Vokabeln korrekt waren. Andere Wörter übersetzte ich einfach aus dem Zusammenhang heraus. Diese Methode stiftete jedoch gelegentlich Verwirrung. Da Iguaçu der Name des Flusses war, nahm ich automatisch an, Foz bedeute Wasserfall. Foz do Iguaçu: Wasserfall von Iguaça.

»*¿Cuanto costa ir a la foz?*«

Der Taxifahrer sagte uns, wieviel es kostete. Der Preis schien vernünftig. Wir stiegen ein, und er fuhr davon. Nach etwa zehn Minuten kamen wir an eine große Brücke.

»Das ist ein großer Fluß. Wir müssen ziemlich nahe bei den Fällen sein.«

Das Taxi fuhr hinüber und weiter die Straße entlang. Nach wenigen Minuten waren keinerlei Anzeichen für die Nähe des Flusses mehr zu sehen. Dennis und ich waren leicht beunruhigt. Ich versuchte, mit dem Fahrer zu sprechen.

»*¿Donde foz?*«

Er zeigte die Straße hinauf zum Rand einer Ortschaft.

»Dennis, der Fluß ist da hinten. Gott weiß, wo der uns hinfährt.«

»Lästere nicht, Oliver.«

»Entschuldige.«

Ich drehte mich zum Fluß um. Inzwischen waren wir in der Ortschaft angelangt.

»*¿Donde foz? Foz Río Grande. Aqua. Platsch. Foz.*«

Der Fahrer starrte mich nur stumm an. Ich machte ihm einen Wasserfall vor.

»*Platsch. Aqua. Foz.*«

Er zeigte hinauf zum Dorf.

»Nein! *Río. Aqua. Pssss.* Wasser.«

Der Fahrer starrte geradeaus. Ich wandte mich an Dennis: »So ein Schwachkopf.«

»Fluch nicht, Oliver.«

»Entschuldige.«

Wir fuhren in die Ortschaft hinein, und ein Schild hieß uns in Paraguay willkommen.

»Jesus, wir sind in Paraguay. Was zum Teufel haben wir in Paraguay verloren? Verdammt, hier gab es erst vor kurzem einen Staatsstreich. Scheiße!«

»Oliver, deine Sprache!«

»Entschuldige.«

Dennis stellte ruhig fest: »Wir haben nicht einmal unsere Pässe dabei.«

»Na großartig! Wir sind in Paraguay, wo jeder gleich erschossen wird, und wir haben nicht mal unsere Pässe dabei.«

Ich drehte mich zu dem Fahrer um und lächelte. Auf englisch sagte ich: »Was machen wir in Paraguay, du Scheißer?« Er zuckte nur die Schultern.

»Oliver!«

»Entschuldige.«

Ich lehnte mich zurück, und der Fahrer fuhr an den Straßenrand. Dennis lehnte sich aus dem Fenster und winkte einem jungen Straßenhändler.

»*Chico, ven.*«

In Paraguay sprechen sie Spanisch, und Dennis fand heraus, daß der Junge auch Portugiesisch konnte. Dieser Ort hieß Foz und lag in Paraguay. Dennis erklärte, daß wir den großen Fluß sehen wollten, und er zeigte mit den Händen einen Wasserfall. Der Junge antwortete: »*Ah, las cataratas.*«

Cataratas hieß Wasserfall, nicht *Foz*, wie wir angenommen hatten. Der Junge übersetzte für den Taxifahrer. Die Fälle

184

befanden sich dreißig Kilometer weit weg in der entgegengesetzten Richtung, in Brasilien. Wir dankten dem Fahrer und sagten ihm, er solle uns in unser Hotel nach Brasilien zurückbringen.

Die Brücke bildete die Grenze, und auf dem Rückweg durchsuchten Polizei und Militärs die Autos, die das Land verließen. Sie schienen jeden zweiten Wagen anzuhalten. Wir beteten darum, daß sie uns nicht stoppten. Nun ja, Dennis betete, ich tat nur so.

Wir wurden jedoch zur Seite gewinkt. Mit der Mündung einer Maschinenpistole bedeutete der Polizist unserem Fahrer auszusteigen. Er öffnete den Kofferraum und starrte uns durch das hintere Fenster an. Wir blickten ihn so unschuldig an, wie wir konnten. Er winkte uns weiter.

Dennis lächelte selbstgefällig, zuerst zu mir und dann zum Himmel hinauf. Wir schafften es ohne weitere göttliche Hilfe ins Hotel zurück.

Dann wurde Dennis krank. Er war zwar der Meinung, er habe einen Nervenzusammenbruch erlitten. Er blieb den ganzen Tag im Bett, also benützte ich die Gelegenheit, mir etwas Unterhaltung ohne Anstandswauwau zu gönnen. Ich ging in ein Gartenrestaurant, wo ich eine schöne Brasilianerin kennenlernte. Sie hieß Vera und war eine Zahnmedizinstudentin aus Rio de Janeiro. Leider trafen bald ihre Eltern ein, daher verabredete ich mich für den folgenden Abend mit ihr.

Dennis ging es etwas besser, und er erzählte mir, er habe eine lange Aussprache mit Gott gehabt.

»Das ist schön.«

Gott habe ihm gesagt, er solle stark sein und sich nicht zu sehr auf mich verlassen. Er sagte, er sehe ein, daß er mir zur Last falle, deshalb würde er nach Santa Cruz zurückgehen.

Ich nickte, obwohl ich ein bißchen Angst davor hatte, allein weiterzureisen. Ich beschloß, vom Hotel aus eine Exkursion zu den Fällen zu buchen, da ich es nicht noch einmal mit dem Taxi riskieren wollte.

Am nächsten Morgen raffte sich Dennis taumelnd auf, um mitzukommen. Er sah schrecklich aus. Seine Haut reagierte allergisch auf die Hotelseife. Trotzdem war er entschlossen, die Fälle zu sehen. Der Minibus hielt vor einem weiteren Hotel, um ein junges Paar abzuholen. Die Frau war eindeutig eine Westlerin, was sich auch sogleich bewahrheitete, als sie zu ihrem Mann sagte: »Hast du den Fotoapparat, Schatz?«

»Yeah.«

Dennis spitzte die Ohren, als er die weiche Intonation des Amerikanischen hörte. Bevor sich die beiden recht gesetzt hatten, fragte er:

»Hi, seid ihr Amerikaner?«

»Yeah, klar, mein Mann ist zwar Brasilianer, aber wir wohnen in den Staaten. Und ihr?«

Bevor Dennis antworten konnte, fuhr ich dazwischen: »Ich bin Engländer.«

Nachdem ich meinen guten Ruf gerettet hatte, lehnte ich mich zurück, damit sie in ihrer Art miteinander reden konnten.

»Yeah, ich bin aus den Staaten. Ich heiße Dennis, und das ist Oliver.«

»Hi, ich bin Bonnie, und das ist Tulio.«

Bei diesem Gespräch blieb Oliver und Tulio nichts anderes übrig, als die Rolle der starken, schweigenden Typen im Hintergrund zu übernehmen. Zwei Kilometer weiter meinte Bonnie mit typisch amerikanischer Zurückhaltung: »Dennis, du siehst nicht besonders gut aus.«

Und Dennis antwortete mit demselben Schamgefühl: »Nein, ich hatte einen wirklich schlimmen Durchfall.«

»Yeah? Hast du etwas genommen?«

»Nein, ich konnte die Toilette nicht lange genug verlassen, um eine Apotheke zu suchen. Ich muß praktisch alle fünf Minuten. Nicht wahr, Oliver?«

Ich nickte unverbindlich, da ich nicht als Zeuge für Dennis' Stuhlgang auftreten wollte.

Bonnie seufzte mitfühlend. Sie öffnete ihre Handtasche und nahm ein Röhrchen Tabletten heraus.

»Ich habe zwei Tage im Badezimmer verbracht, und es schoß an beiden Enden nur so aus mir heraus, aber die haben mir geholfen. Die sind echt gut. Nimm ein paar.«

»Danke.«

Als wir bei den Wasserfällen ankamen, plauderten die beiden wie alte Freunde. Nichts schweißt Leute so sehr zusammen wie eine Verdauungsstörung. Wir gingen zu Fuß den Pfad hinunter an den riesigen Fluß. Als wir um eine Kurve bogen, erhaschten wir durch eine Lücke in den Bäumen unseren ersten Blick auf die Wasserfälle.

»Phantastisch!«

Ich mußte zustimmen. Die Fälle des Iguaçu sind zwanzig Meter höher als die Niagarafälle und doppelt so breit. Der Wald erstreckt sich bis zum Horizont wie ein vollgesogener grüner Schwamm. Er sah so grün und mit Wasser getränkt aus, daß sogar der riesige Fluß nur ein bedeutungsloser Wasserlauf zu sein schien.

Tausende von Litern donnern jede Sekunde über den sechzig Meter hohen Abgrund und zerstieben zu Dunstwolken. Wir standen am Fuß der Fälle, inmitten von Gischt und strahlenden Regenbogen. In den Aufwinden über uns kreisten Truthahngeier. Wir waren in der richtigen Jahreszeit gekommen, um die Fälle in ihrer vollen Pracht zu sehen. Während wir völlig gebannt dastanden, griff eine kleine Gruppe Coatimondis mein Lunchpaket an. Diese Waldbewohner sehen aus wie langschwänzige, magere Dachse.

Leider mußten wir bald wieder gehen, da Bonnie und Tulio ihren Flug nach São Paulo erreichen mußten. Wir versprachen, uns mit ihnen in Verbindung zu setzen, falls wir je dorthin kommen sollten.

An jenem Abend fühlte sich Dennis etwas besser. Er beschloß, mit mir auszugehen, versprach aber, nicht lange zu bleiben, da ich mit Vera noch etwas vorhatte. Er blieb den ganzen verdammten Abend. Ich fand nicht heraus, ob er meine Andeutungen über das »fünfte Rad am Wagen« aus Naivität nicht verstand oder ob das Ganze eine schlaue Strategie war, um mich vor der Sünde zu retten. Was es auch sein mochte – es schlug fehl, denn Vera gab mir einen Kuß und sagte, ich solle um halb eins in ihr Hotel kommen. »Hurra«, dachte ich und machte in Gedanken ein paar Dehnungsübungen. Nach einem kurzen Bad traf ich zur vereinbarten Zeit in ihrem Hotel ein. Sie saß mit ihren Eltern in der Halle. Ich hatte zwar keinen Ehering an ihrem Finger gesehen, blies aber trotzdem rasch zum Rückzug, bevor ich entdeckt wurde.

Enttäuscht kehrte ich in mein Hotel zurück. Dennis war noch am Beten. Wir beschlossen, nach São Paulo zu fliegen, damit er von dort nach Santa Cruz zurückkehren konnte. Dennis war zu dem Schluß gekommen, daß er in seinem Zustand nicht mit den Härten der Bahnfahrt fertig würde.

Am noch ungebauten Flughafen von Iguaçu stießen wir auf Vera und ihre Eltern. Sie gaben mir ihre Adresse, und mir schauderte, wenn ich daran dachte, daß es lediglich mein Status als Ausländer war, der mir in ihren Augen eine solche

Attraktivität verlieh. Mit hinter meinem Rücken gekreuzten Fingern versprach ich, anzurufen, wenn ich nach Rio de Janeiro kam. Bis wir dann in Rio eintrafen, hatten die Tabletten gegen Durchfall ihre Wirkung getan. Da es ihm besserging, beschloß Dennis, noch ein paar Tage zu bleiben.

Am Informationsschalter des Flughafens in São Paulo buchten wir ein Zimmer in einem Hotel mit Swimmingpool. Auf dem Prospekt sah es nicht nur luxuriös aus, sondern es lag auch in der Nähe des zentralen Busbahnhofs. Auf der Fahrt ins Zentrum sah São Paulo aus wie eine Ansammlung von Betonklötzen. Es war grau, naß und sehr abweisend. Nachdem wir bereits eine Stunde lang moderne Autobahnen entlanggefahren waren, waren wir noch immer nicht im Zentrum angelangt. Ich begriff allmählich, was an São Paulo so besonders war: Es ist riesig. Offiziell hat es knapp über zehn Millionen Einwohner, aber die vier Satellitenstädte, die daran angrenzen, lassen die tatsächliche Zahl näher bei vierzehn Millionen liegen.

Vom Flughafenbus aus hatte Dennis einen McDonald's entdeckt, und da sich der Hotelpool als großer Eimer voller Blätter entpuppte, gingen wir zum Trost einen Hamburger essen. Im Prinzip war ich dagegen, aber da sich mir seit fünf Monaten zum erstenmal die Gelegenheit bot, Junkfood zu essen, ließ ich meinen Vorsatz fallen. So glücklich hatte ich Dennis schon ewig nicht mehr gesehen. Er stürzte sich geradezu auf den Hamburger, den Erdbeermilchshake und eine große Portion Pommes frites.

Als wir in der lauen Abendluft zu unserem Hotel zurückspazierten, war es schon ziemlich spät. Wir waren beide müde; trotzdem folgten meine Augen den Beinen einer schwarzen Schönheit. Wie sie so auf uns zukam – in einem erstaunlichen blauen Lederminirock und einem tief ausgeschnittenen Jackett –, war ich einen Moment lang wie betäubt. Als sie näher kam, öffnete sie provozierend die tollen roten Lippen. Ich ließ meine Blicke abwärts wandern, um ihre übrigen Vorzüge zu prüfen. Da merkte ich, daß etwas nicht stimmte. Erst als sie an uns vorbeigeschlendert war, wurde mir klar, was es gewesen war: Sie hatte einen Adamsapfel. Sie war ein Mann. Zum Glück war ich so schüchtern!

Am nächsten Tag setzten wir uns mit Bonnie und Tulio in Verbindung. Nach einer kurzen Zusammenfassung über den aktuellen Stand von Dennis' Verdauung nahmen sie uns mit auf den Handwerkermarkt auf dem Hauptplatz, der Plaça da Republica. Unter den eichengroßen Gummibäumen gab es Stände, die von Fossilien bis zu frischen Ananas einfach alles verkauften. Ich kaufte ein Armband zu einem Dollar für eine meiner Schwestern.

Dann fuhren wir auf einen Drink ins oberste Stockwerk des Edifiço de Italia, des höchsten Gebäudes von São Paulo. Von der Aussichtsgalerie blickten wir über ein Meer von Betonhochhäusern. In allen Richtungen gingen die hohen Gebäude am Horizont in den grauen Himmel über. São Paulo wurde auf einer weiten Ebene erbaut. Vom Gipfel des höchsten Hochhauses aus betrachtet, scheinen die Gebäude jegliche natürliche Hügelstruktur eingeebnet zu haben. Die Stadt erweckt den Eindruck eines runden, flachen, leicht gekräuselten Sees. Vom Mittelpunkt dieses riesigen Betonteichs aus war es kaum zu glauben, daß da unten Millionen von *Paulistinos* (die Einwohner São Paulos) lebten und arbeiteten.

Als wir spätabends zurückkehrten, merkte ich, daß unser Hotel mitten in einem der offenkundigsten Bordellviertel der Welt lag. Es wimmelte nur so von Prostituierten, die kaum mehr als eine Briefmarke trugen. Außerdem gab es ein Meter neunzig große Transvestiten in kurzen Röcken, deren breite Schultern aus tiefen Ausschnitten hervorragten. Dennis, der auf eine Privatschule gegangen war, war erstaunt. Hinter dem Schutz des drei Meter hohen Sicherheitstors hervor schoß er fröhlich ein Foto nach dem andern.

Am nächsten Morgen unternahmen wir eine Fahrt mit der Untergrundbahn. Es gibt nur zwei Linien: Nord-Süd und Ost-West. Wir bestiegen beide und fuhren bis zu ihrem jeweiligen Ende. Dies war die sauberste und modernste U-Bahn, auf der ich je gewesen bin. Nachdem wir rein zufällig eine Station ausgewählt hatten, gingen wir ans Tageslicht und entdeckten einen Supermarkt. Darin gab es mehrere kleinere Geschäfte, und ich fand eine Boutique mit Damenbekleidung. Anita hatte ein paar unmißverständliche Andeutungen gemacht, daß sie einen Bikini haben wollte. Ich hatte so getan, als ob ich ihre Hinweise nicht verstünde, bis es schließlich hieß: »Was für ein schöner Tag heute, ich wünschte, ich hätte einen Bikini. Was wirst du mir in Brasilien kaufen?«

Die Verkäuferin fragte: »Kann ich Ihnen behilflich sein?«

Leicht verlegen antwortete ich: »Äh, nein, danke. Ich möchte mich etwas umsehen.«

Ich suchte, bis ich einen Ständer mit Bikinis fand, und wählte eine Farbe aus. Dann fiel mir mit Schrecken ein: Welche Größe? Ich hatte keine Ahnung, aber ich überlegte logisch und wölbte meine Hände, um eine Brust zu formen. Nachdem jedoch beide Hände mit dem Brustrollenspiel beschäftigt waren, konnte ich das Oberteil nicht mehr darüberziehen, um zu prüfen, ob es paßte. Dennis konnte ich auch nicht um Hilfe bitten, da er einen diskreten Sicherheitsabstand einhielt. Er schien zu glauben, jede noch so entfernte Verbindung mit Damenunterwäsche würde seine Chancen, zum Priester geweiht zu werden, ernsthaft gefährden.

Deshalb versuchte ich, das Bikinioberteil mit den Zähnen festzuhalten, aber mittlerweile blickte die Verkäuferin mißtrauisch zu mir herüber. Aus Angst vor einer Verhaftung lächelte ich ihr zu und nahm das schwarzsilberne Bikinioberteil aus dem Mund. Ich entschied mich für »small« – das würde zumindest nicht zuviel verhüllen. Außerdem nahm ich noch ein kurzes Cocktailkleid. Ich bezahlte und stürzte hinaus.

Draußen seufzte ich erleichtert auf. Einer Frau etwas zum Anziehen zu kaufen und gleichzeitig zu versuchen, sich an Größe und Position all ihrer gewölbten, wackelnden Teile zu erinnern war sehr anstrengend. Da nehme ich es lieber jederzeit mit einer giftigen Korallenschlange auf! Ich ging etwas trinken; Dennis ging in die Kirche.

Früh am nächsten Morgen nahmen uns Bonnie und Tulio mit auf einen Ausflug nach Santos, den nahe gelegenen Badeort. Dabei führte unser Weg an einer der vier *Favelas* genannten Barackenstädte vorbei. Da sie offiziell gar nicht existieren, haben diese Städte keine Namen. Sie werden einfach mit A, B, C und D bezeichnet. Tulio erklärte uns, daß die meisten Brasilianer die Einwohner der Favelas nicht mochten. Viele lebten angeblich nur dort, um keine Steuern bezahlen zu müssen. Er zeigte uns Hütten mit Autos davor und Fernsehantennen, die aus den Wellblechdächern ragten. Ich fragte ihn, ob es fließendes Wasser und sanitäre Einrichtungen gebe. Es gab beides nicht, aber die Bewohner der Favelas werden trotzdem als Schmarotzer betrachtet.

Brasilien hat 135 Millionen Einwohner. Im industrialisierten Südosten des Landes lebt ein Fünftel der Gesamtbevölkerung. São Paulo ist eine der am schnellsten wachsenden Städte der Welt. Schon heute bedeckt es eine Fläche von über 1 500 Quadratkilometern. Brasiliens städtische Bevölkerungswachstumsrate ist mehr als doppelt so hoch wie der nationale Durchschnitt. Dies stellt hohe Anforderungen an die Infrastruktur einer Stadt.

Wir fuhren über die Stadtgrenzen São Paulos hinaus in die Berge. Die Straße zur Küste war verblüffend. Mäandrierend gräbt sie sich ihren Weg durch die Berge. Auf eine Brücke folgt ein Tunnel. Leider konnte man nirgends anhalten, da die Straße voll von hupenden Schwerlastzügen war. Sie pendeln Tag und Nacht zwischen Santos und São Paulo hin und her. Santos ist Brasiliens größter Hafen. Dort werden über vierzig Prozent der Importe des Landes und mehr als die Hälfte aller Exporte abgefertigt.

Jede neue Aussicht über das Tal des Todes war sensationell. Das Tal heißt so, weil die Chemiefabriken an der Küste diese Gegend zu einer der am stärksten verschmutzten der Welt gemacht haben. Wir verbrachten jedoch einen herrlichen Tag mit Am-Strand-Liegen und Mais-Eis-Essen.

Unterdessen fühlte sich Dennis wieder völlig erholt und war bereit, weiterzureisen. Also verabschiedeten wir uns von Bonnie und Tulio und brachen nach Rio de Janeiro auf.

18
Ein Amethyst

Die Straße von den Bergen hinunter in Richtung Rio ist von Motels gesäumt. Die Gebäude sind Schlössern, Schiffen und anderen bizarren Gebilden nachempfunden. Die Motels außerhalb von Santa Cruz waren Bordelle gewesen. Ich fragte mich, ob es sich hier um ähnliche Einrichtungen handelte und, wenn ja, ob die Angestellten wohl Kostüme trugen, die zum jeweiligen Thema des Hauses paßten. Jedenfalls ist mir jeder suspekt, der ein Motel in Form einer Burg aus Karton erbaut. In meiner neuen Rolle als Missionarsgehilfe hätte ich vielleicht versuchen sollen, diese verirrten Seelen zu retten.

Wir fanden ein Hotel in der Nähe der Copacabana. Dort buchten wir eine Exkursion zur Concordia, der riesigen Christusstatue, die über der Stadt thront. Die letzte Etappe die steile Bergstraße hinauf schaffte der Bus nicht. Als wir ausstiegen, um in Taxis umzusteigen, wurden wir fotografiert. Wir verbrachten vierzig Minuten bei der Statue und betrachteten die unglaubliche Aussicht auf Rio de Janeiro. Ich hatte eine schwere Zeit, da Dennis sich auf seine Religiosität besann, während es zu regnen begann. Er bekreuzigte sich immer wieder und murmelte vor sich hin. Schließlich konnte ich ihn doch noch bewegen, mit mir zum Taxi zurückzukehren. Wir waren erst eine Treppe hinuntergestiegen, als Dennis einen geschickt positionierten Souvenirladen entdeckte. Nun ergriff eine weitere Manie Besitz von ihm, die ihm in Fleisch und Blut steckte – das Kaufen von wertlosen Devotionalien. Es zeigte sich, daß er von den Gipsmodellen der Concordia noch schwerer wegzukriegen war als vom Original. Ich konnte ihn nur mühsam loseisen, indem ich jedesmal auf seine Kommentare einging, wenn er ein weiteres unansehnliches Stück Plastik in die Hand genommen hatte.

»Mmm, das ist hübsch.«

»Nein, Dennis, es ist Tand, und der Preis ist eine Gaunerei.«

Ich glaube, wenn es um Souveniritis geht, kommen die Amerikaner direkt hinter den Japanern. Ich mußte laut sprechen und meine Meinung zu jedem einzelnen Ding abgeben, bis es Dennis peinlich wurde.

»Psst, Oliver! Diese Leute verstehen Englisch.«

»Natürlich. Die können einen Trottel auf zwanzig Schritte reinlegen.« Damit erreichte ich schließlich den gewünschten Effekt, und er ging voran zum Taxi zurück.

Beim Bus hatte der Fotograf verblüffenderweise die Bilder schon entwickelt und auf eine Tafel geklebt. Als wir wieder einstiegen, bot er sie zum Kauf an. Die meisten Amerikaner freuten sich über die überbelichteten Schnappschüsse.

Auf der Fahrt zurück zum Hotel erklärte unsere Reiseleiterin per Lautsprecher, daß wir jetzt durch eine Gegend kämen, in der auf der einen Seite der Straße Reiche wohnten und auf der anderen Arme. Sie erklärte in ihrem Pidgin-Englisch, daß der Bus anhalten würde, damit wir »Fotos« machen könnten. Wir kamen zum Stehen, und ich beobachtete verblüfft, wie die meisten Touristen ausstiegen, um »arme Leute« zu fotografieren.

Die Reiseleiterin wies uns auf ein Kind hin, das keine Schuhe trug. Während meine Mitfahrenden ihre Tausend-Dollar-Filmkameras surren ließen, wurde mir klar, weshalb Rio de Janeiro eine der höchsten Mordraten der Welt hat.

Doch im Vergleich zu der bolivianischen Verwahrlosung erschienen die Slums hier dagegen geradezu luxuriös.

Rio bedrückte mich. Es war nicht das Paradies, das ich erwartet hatte. Die unmittelbare Nähe zweier Extreme war mir unangenehm. Die Reiseleiterin erzählte uns, daß eine Wohnung am Strand mehr als eine Million Dollar kostete. Wenn man sich etwas von diesen üppigen Straßen entfernte, konnte es geschehen, daß man plötzlich inmitten entsetzlicher Armut landete. In Bolivien war die Armut wenigstens relativ gleichmäßig verteilt, so daß man sich daran gewöhnen konnte. Die ungleiche Verteilung des Reichtums hier war unerträglich.

Die Regierung kündigte in dieser Zeit drastische Maßnahmen zur Senkung der Hyperinflation an. Der Wechselkurs für einen neuen Cruzado wurde auf einen Dollar festgesetzt. Die brasilianischen Banknoten waren verwirrend. Vier Ausgaben waren im Umlauf. Es gab erstens die Cruzaros, dann die neuen Cruzeros, dann Cruzados, und nun wurden neue Cruzados gedruckt. Jede neue Ausgabe hatte drei Nullen mehr. Ein neuer Cruzado war 1 000 alte Cruzados und 100 000 neue Cruzeros wert. Es war äußerst kompliziert, sogar für südamerikanische Maßstäbe. Ich legte es nur so zurecht, daß alles mit mehr als sechs Nullen praktisch wertlos war. Mit dem neuen Wechselkurs hatten unsere Dollars beträchtlich an Wert eingebüßt. Wir hatten zum Karneval bleiben wollen, aber bei den Preisen konnten wir uns das gar nicht leisten.

Der Bus brachte uns zu unserem Hotel zurück, und wir beschlossen, auf den Zuckerhut zu fahren.

Der Pão de Açúcar befindet sich am Rande des Hafenbeckens. Man fährt mit zwei Seilbahnen, um auf den Gipfel zu gelangen. Es war bereits spät, und wir sahen uns vom höchsten Punkt des riesigen Felsens aus den Sonnenuntergang an. Wenn man hinunterblickte, sah Rio aus wie die schönste Stadt der Welt. Es liegt eingebettet zwischen grünen, buckligen Bergen. Seine Grenzen bilden fünf geschwungene Strände, welche auf die mit Inseln gesprenkelte Guanabara-Bucht hinausblicken. Eine hohe Bergkette schließt Rio vom dunklen Landesinnern ab, so daß es wie eine Insel am Rande dieses riesigen Kontinents liegt.

Die Dunkelheit senkte sich herab, und die Dämmerung verscheuchte auch alle Gedanken an die Armut. Statt dessen enthüllte sich unter uns, von Bergkämmen durchbrochen, eine magische Stickerei von Lichtern. Auf einem fernen Gipfel beleuchtete ein riesiger Scheinwerfer die wachende Statue Christi, und die Strände wurden von bunten Glühbirnen erhellt.

Die Brasilianer brüsten sich damit, daß Gott die Welt in sechs Tagen erschaffen habe – und am siebten Tage Rio. Wie auch immer, der Anblick war wirklich spektakulär.

Schließlich begannen alle, zur Seilbahn zurückzugehen. Als ich so über den Atlantik Richtung England schaute, bemerkte ich violette Gewitterwolken, die rasch näher kamen; dazwischen tanzten helle Blitze. Sekunden später war das Gewitter über uns, und der Regen prasselte auf uns herunter.

Die letzten Touristen rannten in Deckung und drängten sich in die Bergstation der Seilbahn. Rund um uns donnerte und blitzte es mit solcher Heftigkeit, daß der Betrieb der Seilbahn eingestellt wurde, bis das Gewitter vorüber war.

Ein Blitz schlug in das Kabel ein und zischte bis zu uns hoch. Das Licht ging aus, und wir standen zwei Zentimeter tief im Wasser im Dunkeln. Nach einer Viertelstunde funktionierte endlich der Ersatzgenerator, und das Licht ging wieder an. Die nervösen Hurrarufe waren eben verstummt, als ein weiterer heftiger Blitz in die Leitung schlug. Diesmal gingen die Lampen endgültig aus. Wir warteten über eine Stunde, während die Blitze die Nacht durchtrennten.

Eine Gruppe amerikanischer evangelischer Touristinnen versuchte, unsere Stimmung zu heben, indem sie »We shall overcome« sangen. Dem hatte das Gewitter nichts entgegenzusetzen, und es rumpelte über die Bucht davon.

Es gelang mir, mich in die zweite Gondel nach unten zu drängen. Die meisten Evangelischen waren auch dabei.

»Mensch, hast du Angst gehabt, Mary?«

»Himmel, nein, wenn der Herr will, daß ich sterbe, dann sterb' ich.«

Ich fand das sehr egoistisch von Mary, denn wenn sie so etwas Schlimmes gemacht hatte, daß der Herr wollte, daß sie starb, wäre ich mitgeopfert worden. Ich war heilfroh, wieder festen Boden unter den Füßen zu haben und von der selbstmörderischen christlichen Schwesternschaft wegzukommen. Wir schafften es ins Hotel zurück und beschlossen, noch einen Tag in Rio zu bleiben. Ich mußte mir schließlich noch die Schönheiten an der Copacabana ansehen.

Am nächsten Morgen machte ich mich in aller Frühe auf die Suche nach Sonnenschutzcreme. Ich fand eine Drogerie, wählte eine Flasche, auf der quer über die Brust einer üppigen Blondine »Faktor 4« geschrieben stand, und ging damit zum Tresen. Die beiden Männer und eine Frau, die bedienten, warfen mir einen vorwurfsvollen Blick zu, weil ich sie bei ihrer Unterhaltung gestört hatte. Sie rührten sich nicht, also schwenkte ich die Flasche schließlich vor der Frau. Das Glück wollte es, daß damit die Verkaufsprozedur in Gang gesetzt wurde. Sie nahm mir die Flasche aus der Hand und stellte mir eine doppelte Quittung aus. Dann gab sie mir die beiden Quittungen und winkte mich weiter. Ich schlurfte zum nächsten Mann. Er nahm mein Geld und die Quittungen. Eine riß er ab und gab mir die andere zurück. Dann winkte er mich weiter. Hier wurde eindeutig eine fortgeschrittene Form der Arbeitsteilung praktiziert.

Mein einziges verbliebenes Erinnerungsstück an die Transaktion umklammernd, ging ich zum letzten Mann. Seit sich die Maschinerie in Bewegung gesetzt hatte, war keine Spur von meiner Sonnencreme mehr zu sehen gewesen. Der dritte Mann streckte die Hand nach meiner Quittung aus. Ich gab sie ihm unter leichtem Protest. Da zog er wunderbarerweise eine eingewickelte Flasche Sonnencreme hervor. Ich hätte gern um eine Quittung gebeten, fand dann aber, daß mein Portugiesisch der verwirrenden Komplexität dieses Vorgangs nicht gewachsen war.

Der Strand war ebenfalls eine Enttäuschung. Ich hatte erwartet, ein paar echte Sexgöttinnen zu sehen. Statt dessen war das Wasser braun und kalt und der Sand voller gestrandeter Wale. Ich hatte genug von Rio.

Am nächsten Morgen gingen wir zum Busbahnhof. Der Bus nach Montevideo fuhr jedoch erst in fünf Stunden. Dennis hatte im Hotelmagazin die Anzeige eines Juwelierladens gesehen, also machten wir uns auf, um die Zeit totzuschlagen. Brasilien ist berühmt für seine billigen Amethyste, und wir wollten welche kaufen.

Wir gelangten zu einem beeindruckenden Steingebäude und betraten die Eingangshalle aus Marmor. Der Mann hinter dem Schalter sagte, die Juwelenfabrik schließe leider gerade, deshalb könnten wir keine Führung mitmachen, um zu sehen, wie die Steine poliert werden. Das Geschäft sei jedoch noch geöffnet. Wir mußten unsere Namen ins Gästebuch eintragen. Eine uniformierte junge Dame begleitete uns in einem auf Hochglanz polierten Messinglift nach oben.

Die Türen glitten zurück, und ein Mann in einer Smoking-jacke, der eine Klemmtafel hielt, begrüßte uns mit Namen. Überall gab es Kristalleuchter, und die Wände waren mit Vitrinen bedeckt, in denen sorgfältig arrangierter Schmuck im Wert von Millionen lag. Unser Mann im Smoking stellte uns Clara vor, die uns zeigen würde, was immer wir wünschten. Die elegante Dame führte uns zu ihrem Tisch, wo wir uns setzten. Ich fühlte mich denkbar schlecht angezogen in meinen Jeans und dem T-Shirt. Wie sie uns so gegenübersaß, sah Clara aus wie eine schicke kleine Mieze aus Paris. Sie fragte, ob wir etwas trinken wollten. Ich dachte daran, einen Drink zu bestellen, begnügte mich dann aber mit einer Cola. Hinter Clara stand ein Fotomodell, das unsere Getränke holen ging. Außer uns gab es nur noch etwa fünf weitere Kunden, die alle an einem eigenen Tisch saßen und von ehemaligen Gewinnerinnen des Miss-Brasilien-Schönheitswettbewerbs bedient wurden.

Während wir warteten, machte unsere Tischdame höchst gewandt Konversation. Die Colas kamen, und Clara gab mir Feuer für meine Zigarette. Sie fragte, was wir sehen wollten. Nach einer vornehmen Pause antwortete ich, wir interessierten uns für Amethyste.

Unsere Verkäuferin fragte, welche Preislage wir uns vorgestellt hätten. Ich sagte, obwohl dies nur kleine Geschenke sein sollten, dürften sie doch bis zu hundert Dollar kosten. Clara sandte die Bedienung weg, um etwas in dieser Preislage zu holen. Das Fotomodell kam mit zwei staubigen Schubladen zurück. Hier war man es offensichtlich nicht gewohnt, Geschäfte unter tausend Dollar zu tätigen.

Dennis betrachtete die Steine und kam zu dem Schluß, daß er sich keinen leisten könne. Ich war entsetzt. Nach all der Zeit mußten wir etwas kaufen. Ich fand, daß ich ebensogut einen Amethyst für meine Mutter kaufen könnte. Ich wählte den billigsten Stein, den sie hatten, aber selbst der kostete noch immer sechzig Dollar. Der Amethyst war in Gold gefaßt, und Clara gratulierte mir zu meinem hervorragenden Geschmack. Sie stellte eine wunderschön verschnörkelte Quittung aus und verschloß sie in einem goldenen Briefumschlag. Der Stein verschwand in den Tiefen eines samtenen Beutels. Clara dankte uns für unseren Einkauf, und wir mußten versprechen, daß wir bei unserem nächsten Besuch in Rio bei ihr vorbeischauen würden. Dann gesellten wir uns zu dem uniformierten Liftgirl und traten die lange Fahrt nach unten an. Zum Dank wurden wir im Firmenwagen zum Busbahnhof gefahren, wo wir den Bus nach Montevideo bestiegen.

Seither habe ich eine Postkarte von dem Geschäft erhalten, die sich an einen geschätzten Kunden richtet. Sie freuen sich auf meinen nächsten Besuch.

Sechsunddreißig Stunden später überquerten wir in Chuy die Grenze nach Uruguay. Frühmorgens kamen wir durch den Badeort Punta del Este, wo die Segeljachten bei ihren Regatten um die Welt haltmachen. Der Ort schien verblüffend sauber und reich, und als wir die Küstenstraße hinunterfuhren, ging es im gleichen Stil weiter. Es gab Wälder aus Pinien und Eukalyptusbäumen. Aber das verblüffendste waren die Ferienhäuser. Die Küstenstraße wurde von reichen Villen in den verschiedensten Baustilen gesäumt. Da gab es schweizerische Chalets, und ich sah sogar ein kleines strohgedecktes englisches Landhaus mitsamt den dazugehörigen Rosen. In den Zufahrten parkten Autos aus den dreißiger, vierziger und fünfziger Jahren.

Obwohl es noch früh am Morgen war, erkannte ich, daß Uruguay ein schales, mit Spinnweben überzogenes Land war.

Alles wies auf einen leicht heruntergekommenen Wohlstand hin. Uruguays Haut war erschlafft und wurde rasch runzlig.

Wir fuhren weiter bis an den Stadtrand von Montevideo. Nicht nur die Gebäude, die Autos und die Wirtschaft waren mittleren Alters, auch die Leute schienen im Schnitt etwa vierzig Jahre alt zu sein. Das Ganze hätte als Filmkulisse für *Tschitti-Tschitti-Bäng-Bäng* herhalten können. Da ich sehr viel davon halte, kleine Kinder in feuchte Höhlen unter Schlössern zu sperren, beschloß ich, daß mir Montevideo gefallen würde.

Direkt neben der Bushaltestelle fanden wir eine Touristeninformation und erhielten die Adresse eines anständigen Hotels im Zentrum. Wir erledigten die Formalitäten und gingen zu Bett.

Am nächsten Morgen standen wir um elf Uhr auf und unternahmen einen ersten Erkundungsgang. Wir brauchten Visa von der argentinischen Botschaft. Schließlich entdeckten wir die blau-weiße Fahne. Ich erhielt ein Formular mit tausend detaillierten Fragen und wurde angewiesen, zur Bank von Argentinien zu gehen und die Visumgebühr direkt auf ein Nummernkonto einzuzahlen. All dies erschien mir etwas knifflig, aber ich kehrte mit der erforderlichen Quittung zurück und übergab sie zusammen mit dem Paß, um den notwendigen Stempel zu erhalten. Es hieß, wir könnten die Pässe am nächsten Tag abholen.

Dann zogen wir erneut los, um die Stadt kulinarisch auszuloten, und da Montevideo berühmt ist für sein Rindfleisch, gingen wir in ein billiges Grillrestaurant. Ich wählte mein Steak persönlich aus, dann wurde es auf einem erstaunlich heißen und rauchigen Rost vor dem Geschäft gegrillt.

Am nächsten Tag stellten wir uns in der argentinischen Botschaft geduldig in die Schlange. Dennis erhielt seinen

Paß sofort, aber ich mußte noch drei Stunden warten. Sie hatten den Falklandkrieg offenbar noch nicht vergessen.

Mit den offiziellen Stempeln versehen, beschlossen wir, die Küste entlang zu dem Badeort La Floresta zurückzufahren. Dort verbrachten wir ein paar Tage am Strand und betrachteten die Oldtimer. Ich hätte Dennis so gern das Sündigen beigebracht, aber ich fand nicht einmal ein Mädchen für mich. Das ständige Reisen brachte ihn um seine Gebetszeit. Er hatte bereits zweimal hintereinander die Sonntagsmesse verpaßt. Ich sagte ihm, hinter seinem Namen werden am Jüngsten Tag zwei schwarze Kringel in Gottes Anwesenheitsliste stehen. Er antwortete nur, er werde für mich beten.

19
Bestechung

An einem warmen Abend saßen Dennis und ich in Montevideo in einem Straßencafé. Während ich meine Kehle mit sechs Bier anfeuchtete, nuckelte er mit einem Strohhalm sprudelnde Limonade. Die ruhige, entspannte Atmosphäre gefiel uns beiden. Jene aggressive Gewalt, die wir in Brasilien kennengelernt hatten, fehlte hier völlig. Die Stadt besaß die Würde und Eleganz eines alten Mannes, der soeben sein letztes Paar Pantoffeln gekauft hat.

Erst vor kurzem hatte sich die Wirtschaft nach Jahren der Hyperinflation stabilisiert. Geld aus der katastrophalen argentinischen Wirtschaft war auf uruguayische Banken geflossen. Dieses Geld hatte die müden Falten etwas gestrafft und deutete auf eine Verjüngung hin.

Beim Einsteigen in den Bus gaben wir dem Fahrer unsere Pässe, damit er sie stempeln lassen konnte, wenn wir um Mitternacht die Grenze nach Argentinien passierten. Ich verließ Montevideo nur ungern. Ich hatte das Gefühl, wenn ich je die Gelegenheit haben sollte, hierher zurückzukehren, wäre die Stadt nicht mehr dieselbe. Der alte Mann wäre entweder in ewigen Schlaf gesunken und seine Pantoffeln hätten den Weg in die Müllabfuhr gefunden, oder aber er trüge eine blonde Perücke und Cowboystiefel.

Als wir bei Fray Bentos die Grenze überquerten, wachte ich auf. Hierher hatte ich schon lange einmal kommen wollen.

Ich war mit den gleichnamigen Steak-und-Nieren-Pasteten groß geworden, und nun stand Fray Bentos für alle Zeiten in meinem Paß.

Jeder, dessen Eltern beide berufstätig waren, kennt wohl diese Pasteten in Dosen. Sie sind meist das letzte, das im Schrank noch übrig ist, als Notreserve, wenn die Eltern nicht da sind. Es braucht bereits ein besonderes Geschick, um sie zu öffnen, und dann beginnen sie auf wunderbare Weise im Ofen zu wachsen. Man ißt Schichten knusprigen Teigs und dicker Soße und wirft die unkenntlichen Klumpen, die das Fleisch darstellen sollen, weg. Obwohl die Fray-Bentos-Pasteten im großen und ganzen etwas Unerfreuliches waren, denkt man doch immer wieder gern an sie zurück. Wahrscheinlich kommt das daher, weil ein Fray Bentos für mich als Teenager nach einer Woche Selbstversorgung mit Bier und Cornflakes die einzige Möglichkeit war, den elterlichen Ratschlag »Iß etwas Ordentliches!« zu befolgen.

Wir befanden uns zum erstenmal auf argentinischem Boden. Eine sechs Meter breite Tafel begrüßte uns: »*Las Malvinas son de Argentina.*«

Nach dem Zweiten Weltkrieg war Argentinien das siebtreichste Land der Welt. Jetzt, nach vierzig Jahren Korruption, Staatsstreichen und Diktatur ist es auf dem Papier ärmer als Bolivien. Argentinien hat jedoch noch immer einen gewissen Reichtum. Oder vielmehr besitzen einzelne große Reichtümer. Sie behalten sie nur nicht in Argentinien.

In Buenos Aires berichteten die Zeitungen über die jüngsten politischen Unruhen. Bei einem Bombenattentat waren vierundzwanzig Menschen getötet worden. Wir beschlossen, gleich nach Córdoba weiterzufahren.

Vierzehn Stunden später checkten wir für neun Dollar in einem Hotel neben dem Busbahnhof ein. Die Wände waren so dünn, daß wir die Durchsagen hören konnten. Dennis ging auf die Suche nach geistlicher Erquickung, ich nahm eine Erfrischung mit Eis zu mir.

Inzwischen kam es uns vor, als ob wir nur noch von Busbahnhof zu Busbahnhof reisten. Nachdem wir beinahe einen Monat unterwegs waren, wollte ich an einen Ort, wo wir etwas ausspannen konnten. Wir beschlossen deshalb, direkt nach Santa Cruz zurückzufahren und auf einen Abstecher nach Chile zu verzichten.

Bei jeder Abfahrt beneideten wir unsere Mitreisenden, die eine Familie hatten, die ihnen beim Abschied winkte. Als wir von Córdoba wegfuhren, trösteten wir uns, indem wir uns eine winkende Familie borgten. Zu ihrer Verwirrung winkten wir ihnen herzlich durch das Busfenster zu.

Als nächstes trafen wir in Guemes ein, wo wir nach Poçitos, das an der argentinischen Grenze liegt, umstiegen. Mit jeder Stadt, die uns Bolivien näher brachte, nahm der Reichtum sichtlich ab. Ich hatte das Gefühl, daß wir uns allmählich in das verrottete Herz Südamerikas hineingruben. Für mich symbolisiert Bolivien die Grundproblematik Südamerikas: ein vergänglicher Reichtum, der von den nichtsnutzigen Generälen geplündert und verpraßt worden ist. Es begann 1561 mit den Spaniern und dauert bis heute an.

In Poçitos lernten wir zwei Belgierinnen kennen, die ebenfalls auf der Durchreise waren. Sie waren die ersten Ausländer, die wir seit langem zu sehen bekamen. Wir gerieten ins Plaudern und erfuhren, daß sie Krankenschwestern waren. Sie befanden sich auf dem Weg nach Ecuador, um von dort nach Belgien zurückzureisen. Sie wollten auch den Zug nach Santa Cruz nehmen. Er fuhr auf der bolivianischen Seite der Grenze ab.

Bei der Grenzkontrolle hieß es, einen Ausreisestempel

206

bekämen wir nur bei der argentinischen Bahnstation, da, wo wir hergekommen waren. Wir blickten den Beamten zweifelnd an und machten uns auf die Suche nach dem Bahnhof. Wir mußten uns in eine lange Schlange stellen, da die Passagiere des einzigen Direktzuges darauf warteten, nach Bolivien einzureisen. Für diesen Zug gab es keine Karten mehr, da er bereits bei der Abfahrt in Buenos Aires voll besetzt ist und die Passagiere dann drei Tage lang im Zug leben.

Ich reichte meinen Paß einem der beiden sitzenden Polizisten, um den *Salida*-Stempel zu erhalten. Er betrachtete die Stempel darin lange und gründlich. Dann hielt er den Paß anklagend in die Höhe: »Sie haben keinen Entrada-Stempel.«

Ich nahm meinen Paß und sah nach. Tatsächlich, als wir die Grenze nach Argentinien überquerten, hatte der Busfahrer einen uruguayischen *Salida*-, aber keinen argentinischen *Entrada*-Stempel erhalten.

Man würde meinen, das wäre leicht zu überprüfen gewesen, aber mein Paß enthielt ungefähr dreißig Stempel, und die Grenzbeamten stempeln nie einer hinter dem andern. Offiziell waren wir also gar nicht hier.

»Sie müssen dorthin zurückfahren, wo Sie eingereist sind, damit Sie einen *Entrada*-Stempel erhalten!« Er sah Ex-Präsident Galtieri auffallend ähnlich.

»Aber das ist zweitausend Kilometer weit weg.« Er winkte mich zur Seite und streckte seine Hand nach Dennis' Paß aus. Ich gab nicht nach.

»Wir sind zusammen.«

Der Beamte sah zu mir hoch. »Ich weiß nicht, ob ich etwas für Sie tun kann.« Er sah mir in die Augen, und sein Schweigen machte deutlich, was er meinte. Er wollte Bestechungsgeld. Starr vor Angst ließ ich eine Zwanzig-Dollar-

Note in meinen Paß gleiten und sagte, auf Dennis deutend: »Wir haben dasselbe Problem.« Ich reichte ihm erneut meinen Paß. Es bedurfte keiner weiteren Aufforderung – der Beamte nahm ihn mir sofort aus der Hand. Dann lehnte er sich zurück und öffnete den Paß, so daß ihm der Geldschein unter dem Tisch in den Schoß fiel. Die Banknote löste sich in Luft auf, und er stempelte meinen Paß.

Dann nahm er Dennis' Paß, stempelte ihn und lachte: »Kein Problem für einen Amerikaner!«

Als wir endlich draußen waren, seufzte Dennis und sagte: »Hast du das gehört? ›Kein Problem für einen Amerikaner!‹ Du hast Glück gehabt.«

»Ja, Dennis.« Mein Herz klopfte noch immer wie wild, und ich konnte mich jetzt nicht mit seiner Naivität auseinandersetzen. Ich mußte mich ein paar Schritte von ihm entfernen, damit ich nicht seine zarte Moral und seine nationalistischen Illusionen verletzte, indem ich ihm die Wahrheit sagte.

Wir warteten auf die Belgierinnen und gingen über die Brücke nach Bolivien. Sofort waren wir wieder von der erstickenden Armut umgeben. Die kleine Grenzstadt heißt Yacuiba und ist ein armer, aber geschäftiger Ort. Es gelang uns, ein paar Dollars zu wechseln. Kinder, die um Münzen bettelten, und Männer mit Schubkarren, die sich anerboten, unser Gepäck zu tragen, umringten uns. Frauen mit Tabletts rempelten uns an, um Zigaretten und Kaugummi zu verkaufen. Es gab eine einzige, unbefestigte Straße, und die führte von der Grenzbrücke zur Bahnstation.

Auf halbem Weg befand sich der bolivianische Einwanderungsschuppen. Der Beamte hieß uns herzlich willkommen und verlangte eine Gebühr von fünf Dollar für den *Entrada*-Stempel. Ich hatte nicht gewußt, daß eine solche Gebühr existierte, aber Beamte zu bezahlen war mir mittlerweile zur zweiten Natur geworden.

Inmitten einer Kinderschar gingen wir weiter zum Bahnhof. Der Fahrkartenschalter war geschlossen, und wir fanden heraus, daß sämtliche Karten für den heutigen Zug bereits ausverkauft waren. Die Einheimischen drängten sich mit Fahrkarten in der Hand um uns. Dies hier war kein organisierter Schwarzmarkt. Ein schüchterner kleiner Mann sagte uns, wieviel er für seine Karte haben wollte, und wir sagten ihm, wieviel wir bezahlen würden. Dann tauschten wir Geld gegen Fahrkarten. Alle einheimischen Kinder standen um uns herum und beobachteten diese Transaktion mit offenen Mündern. Der Zug fuhr erst in zwei Stunden, daher beschlossen wir, mit den beiden Belgierinnen etwas essen zu gehen.

Wir setzten uns unter einen Baum an den einzigen Tisch im einzigen Café in Yacuiba und bestellten Huhn mit Reis. Wie immer war das Huhn zäh wie Schuhleder. Ausgemergelte, räudige Hunde drückten sich um unseren Tisch, um die Reste zu ergattern.

Plötzlich streckte die tonangebende Belgierin das Kinn vor und sagte: »Wir sind, was man Freundinnen nennen würde.«

Diese Enthüllung machte uns sprachlos. Ich brauchte erstaunlich lange, bis ich begriff, was sie meinte. Der Satz war aus heiterem Himmel gekommen, und ich betrachtete sexuelle Vorlieben nicht gerade als geeignetes Thema fürs Mittagessen, vor allem nicht im Gespräch mit Fremden. Das Schweigen wurde allmählich unangenehm, und ich betete darum, daß Dennis nicht sagen würde: »Ich hoffe, wir können alle Freunde sein.«

Schließlich antwortete ich: »Wir zwei sind, was man einfach als gute Freunde bezeichnen würde.«

Die Mädchen lachten, und zum Glück fiel der Groschen

nun auch bei Dennis. Seine Augen leuchteten auf. Mit Lesben zu sprechen war eine weitere neue Erfahrung für ihn.

Von all der Armut, die ich in Südamerika gesehen habe, war Yacuiba wohl das schlimmste Beispiel. Eine Frau ging an uns vorbei, die ihr Baby unter dem Arm trug. Der Kopf des Kindes war viel größer als sein kleiner Körper. Er hing zur Seite, der Hals vermochte das Gewicht nicht zu tragen.

»Unterernährung. In einer Woche ist es tot.«

Ich wurde immer ärgerlicher auf die Belgierinnen, die, während sie noch dem Baby nachsahen, ihre Hühnerknochen den Hunden gaben. Ihre Diagnose klang so sachlich, und gleichzeitig bemitleideten sie die armen Hunde. Trotzdem konnte ich es ihnen nicht übelnehmen. Vermutlich waren sie im Krankenhaus so oft mit Leid und Tod konfrontiert worden, daß sie abgehärtet waren.

Wir kauften ein paar Kekse und Äpfel für die Reise und suchten unsere Plätze. Der Zug hatte sich schnell gefüllt, und es gab keinen Platz mehr, wo wir unser Gepäck hätten verstauen können. Über unseren Sitzen befanden sich Schachteln, also fragte ich, wem sie gehörten. Ein kleiner Mann auf der anderen Seite des Ganges sagte, es seien seine. Als ich ihm erklärte, wir wollten unser Gepäck dort unterbringen, sprang er auf, machte uns Platz und hievte sogar unsere Rucksäcke hinauf.

Abgesehen von den beiden Belgierinnen sah ich keine Gringos und auch keine Polizisten. Niemand wollte Kokain nach Bolivien hineinschmuggeln.

Diese Fahrt war sogar noch unbequemer als jene im Todeszug. Die Wagen waren so vollgestopft mit Schachteln und Säcken, daß wir keinen Zentimeter Bewegungsfreiheit hatten.

Obwohl Bolivien das ärmste Land Südamerikas ist, sind

dort Gebrauchsgegenstände sehr teuer. Deshalb kaufen Bauern mit Unternehmungsgeist solche Produkte in Argentinien und Brasilien ein und bringen sie nach Bolivien. Die Behörden versuchen diesen Handel einzudämmen, indem Gepäckbeschränkungen für Bahnreisende eingeführt wurden.

Der Schaffner und zwei weitere Beamte betraten unseren Wagen und fragten, wem die verschiedenen Gepäckstücke gehörten. Der kleine Mann von gegenüber hatte seine Quote bald ausgeschöpft. Die Beamten fanden Säcke unter Sitzen und unter Tüchern auf den Sitzen. Der Mann ließ seine kleine Tochter auf einem Stapel Schachteln liegen und so tun, als sei sie taub. Die Beamten fanden noch mehr verstaute Schachteln, und als sie fragten, wem die gehörten, meldete sich niemand. Jedes Gepäckstück, das niemand beansprucht, wird automatisch beschlagnahmt.

Also begannen die Bahnbeamten, die Schachteln aufzuheben. Da sprang der kleine Mann auf und sagte, es seien seine. Die Beamten runzelten die Stirn und gingen weiter zu einer anderen Schachtel, die auch niemandem zu gehören schien. Unter dem wachsenden Druck gab der Mann zu, daß auch die ihm gehörte. Es sei aber bestimmt die letzte. Unglücklicherweise fand sich in der nächsten Reihe eine weitere seiner Kisten, die er vergessen hatte. Dies sei nun wirklich die letzte – abgesehen von drei Säcken und zwei weiteren Schachteln. Dann sandte der Mann seinen Freund in den nächsten Wagen, um weitere Gepäckstücke zu identifizieren. Als die Beamten schließlich fertig waren, war es dem kleinen Mann dank seiner sorgfältigen Verteilungsstrategie gelungen, seine Geldstrafe auf ein Minimum zu reduzieren.

Als wir uns Santa Cruz näherten, sandte er seine Familie los, um die Schachteln wieder einzusammeln. Sie schwärmten in alle Richtungen aus und kamen schwerbeladen zurückgewankt. Klugerweise hatte der kleine Mann die letzten beiden Reihen Sitzplätze in unserem Wagen belegt. Den zusätzlichen Platz zwischen der Bank und der Wand benützten sie, um ihre Waren aufzutürmen. Sie verschwanden immer wieder und kehrten mit noch mehr Schachteln zurück. Sie schichteten sie aufeinander, bis sie unter die Wagendecke reichten. Dann holten sie noch ein paar und setzten sich im Gang darauf.

Wenig später hielt der Zug an einem Bahnhof. Da es keinen Fahrplan gab, nahm ich an, wir seien in Santa Cruz. Sie mochten wohl die Technologie besitzen, um ein Lautsprechersystem einzubauen, aber der Wille dazu ging ihnen gänzlich ab. Noch bevor der Zug ganz stillstand, sprang der Freund des kleinen Mannes aus dem Fenster und rief nach einem Taxi. Dann begann der kleine Mann, die Kisten, die ihm seine Frau und seine Tochter reichten, aus dem Fenster zu werfen. Der Freund fing sie draußen auf und verlud sie ins Taxi. Der Zug pfiff und begann weiterzufahren, aber die Familie warf ihre Waren unbeirrt weiter aus dem Fenster. Ich blickte hinaus und sah, daß sich diese Szene den ganzen Zug entlang mit anderen Gruppen wiederholte.

Schließlich beschleunigte der Zug wieder, und die Familie sank für kurze Zeit auf ihre Sitze zurück. Erstaunlicherweise hatten sie fast alle Schachteln entladen. Sie blieben jedoch nur zwei Minuten ruhig. Dann verschwanden sie wieder in die anderen Wagen und brachten weitere Schachteln, Flaschen mit Speiseöl, Rindfleischdosen und Säcke mit Teigwaren zurück. Sie füllten ihre Sitzplätze ein zweites Mal mit Paketen. Zu guter Letzt kamen wir in Santa Cruz an, wo wir die geschäftstüchtige Familie beim hektischen Entladen aus den Augen verloren.

Als wir endlich im Pfarrhaus von Santa Cruz ankamen,

waren wir vollkommen erschöpft. Wir waren froh, wieder zurück zu sein. Trotzdem hatte uns die Reise Spaß gemacht. Das ständige Beisammensein war nicht spurlos an uns vorübergegangen, hauptsächlich was unsere Sprache anging. Ich fluchte jetzt beträchtlich weniger, und Dennis konnte fluchen wie ein Teilzeitfuhrmann.

20
Karneval

Wir trafen gerade rechtzeitig zum Karneval in Buena Vista
ein. Anita schloß mich wieder in die Arme, und zu meiner
Überraschung merkte ich, wie sehr sie mir gefehlt hatte. Nach
all der Mühe beim Einkauf des Bikinis war er ihr zu klein.
Sie gab ihn Charo. Das Kleid gefiel ihr jedoch sehr.

Trotz der Geschenke wich sie mir immer wieder aus. Ich
mußte mir eine neue Strategie einfallen lassen. Jemand, der
sehr alt und weise war, hat einmal gesungen: »Money can't
buy love.« Liebe läßt sich nicht mit Geld kaufen. Ich fragte
mich, ob dies auch für Reiseschecks zutraf.

Der Karneval riß Buena Vista aus seinem ländlichen Schlum-
mer und verwandelte es in eine geschäftige Metropole. Alle
reinigten ihre Vorratsräume und versuchten, sie zu vermieten. Die meisten Besucher kamen jedoch bei Verwandten
unter. Die unternehmerischen Einheimischen, die neben der
Plaza wohnten, waren entschlossen, aus diesem Zustrom von
Leuten einen Profit herauszuschlagen. Sie stellten Tische und
Stühle auf und verkauften billige Mahlzeiten aus Fleisch und
Reis.

Die Vorbereitungen für den Karneval hatten bereits begonnen, als wir noch weg waren. Alle wurden auf Festgrup-
pen verteilt, sogenannten *Cumparsas*. Jede Cumparsa hatte
ihre eigene Farbe. Die Mitglieder mußten einen Geldbetrag
entrichten; davon wurden in Santa Cruz billige Stoffballen

gekauft. Dann nähten die Frauen Hemden für die Gruppen-mitglieder. Doch auch die Stoffreste wurden nicht vergeudet, daraus fertigten sie Arm- und Stirnbänder.

Guy und ich durften der modebewußten Cumparsa der Jungen beitreten, sie hieß *Huacha* (Kälbchen). Unsere Gruppenfarbe war ein ziemlich scheußliches Grün. Leider traf ich zu spät ein, um noch ein maßgeschneidertes Hemd zu erhalten. Charo lieh mir jedoch ein grünes T-Shirt. Anita vervollständigte meine Ausstattung durch eine grüne Schärpe, die sie mir um den Kopf band, und Stoffstreifen um meine Handgelenke. Wir übten unser Cumparsa-Lied: »Welche Cumparsa ist die beste? *Bomba Huacha!*«

Charo, Anita und ich bereiteten Wasserbomben vor. Wir füllten Ballons mit Wasser und sahen uns nach Opfern um. Immer wieder kam es zu Wasserkämpfen mit anderen Cumparsas oder sogar innerhalb der eigenen Gruppe, also mußte man seine Vorbereitungen treffen. Als sich kein passendes Ziel mehr bot, leerte ich meine Ballons kurzerhand der ahnungslosen Charo und Anita den Nacken hinunter. Danach berief ich mich auf die Immunität des Pfarrhauses, ehe sie sich erholen konnten.

An jedem Tag dieser Woche richtete eine andere Cumparsa auf dem Hauptplatz ein Fest aus. Alle anderen waren eingeladen. So saßen wir alle in unseren Stammesgruppen um den Haupttanzboden herum. Am Ende des Abends krönte dann jeweils die einladende Cumparsa ihre Cumparsa-Königin.

Die Huacha-Party war die fröhlichste. An jenem Abend sah ich zum erstenmal unsere Cumparsa-Königin. Sie war sehr schön, aber mit Anitas Anziehungskraft konnte sie es nicht aufnehmen. Sie stammte ursprünglich aus Buena Vista, lebte jetzt aber in Santa Cruz.

Am Freitagabend fand die Krönung der Karnevalskönigin statt. Alle Cumparsas waren vertreten, und der Platz leuchtete in grellen Farben. Die beiden Zweitplazierten erhielten Blumen, und zur großen Freude der Huacha wurde unsere Königin zur diesjährigen Karnevalskönigin gewählt. Sie stand in einem tollen fließenden Goldkleid auf der Bühne. Es war plissiert und mit weißen Spitzen eingefaßt, die schön mit ihrer gebräunten Haut kontrastierten. Als ihr der Bürgermeister die Krone auf das lockige, glänzende Haar legte, strahlte sie Schönheit und Eleganz aus. Sie drückte die Blumen an die Brust, und eine einsame Träne rann aus ihren großen haselnußbraunen Augen. Sie bot das schönste Bild heiterer Schönheit, das ich je gesehen habe.

Dann wischte sie sich die Träne von der Wange und lächelte. Als sie die Lippen öffnete, kamen jedoch faule, verfärbte Zähne zum Vorschein. Wie so viele Südamerikaner war sie der Fernsehwerbung auf den Leim gegangen und hatte ihre Jugend mit dem Trinken von Coca-Cola zugebracht. Da es keine zahnärztliche Versorgung gab, war ihre perfekte Schönheit von einer vergänglichen westlichen Modeerscheinung zerstört worden. In jenem kurzen Augenblick symbolisierte sie für mich den Zustand von ganz Südamerika. Sie verkörperte die Schönheit, die Unschuld, die Reinheit und die unbegrenzten Möglichkeiten dieses Kontinents, der von der Gier und dem Mißbrauch, die aus dem Westen importiert worden waren, entstellt und verdorben war. Ich gab Anita einen Kuß und ging zurück ins Weiße Haus.

Dort wuchsen im Garten mehrere Kakaobäume. Die Frucht ist eine zwanzig Zentimeter lange orangefarbene Schote, die direkt aus dem Stamm und den Ästen des Baumes hervorsprießt. In der Schote befinden sich die Samen, die getrocknet werden, um daraus Kakao und schließlich Schokolade zu gewinnen. Zum Schutz sind die Samen in den Schoten von einem weißen, gallertartigen Saft umgeben. Dieser Saft ist sehr kräftigend, und die Einheimischen glauben, er wirke als Aphrodisiakum.

Samstag mittag schleppte ich mich schwerbeladen mit Kakaoschoten zu Anitas Haus. Meine Werbung hatte ein neues Stadium erreicht. Anita war nicht länger nur ein Ansporn, um meinen Erfindungsgeist auf die Probe zu stellen. Sie zu gewinnen war ein Kreuzzug, eine Mission, eine Notwendigkeit geworden. Wenn auch diese Anstrengung fehlschlug, würde ich mir den Schubkarren der Wäscherin borgen und den gesamten Schokoladenbaum zu ihr hinauffahren müssen. Vor Anitas Haus waren Arbeiter dabei, die letzten Dekorationen an der Plaza anzubringen.

Während der letzten drei Tage des Karnevals gab es auf der Plaza strohbedeckte Promenadenwege. Es herrschte ein emsiges Treiben. Eine große Umzäunung für den Stierkampf wurde errichtet, und Stände mit den üblichen Spielen wurden aufgestellt. Es gab eine Bude zum Pfeilewerfen auf Spielkarten, die auf einem Brett befestigt waren, außerdem einen Schießstand mit Luftgewehren, deren Läufe so verbogen waren, daß Treffsicherheit eher ein Nachteil war.

Und es gab sogar Buden, wo äußerst unbegabte Kartenspieler ihre Tricks mit den obligaten drei Karten vorführten. Man wurde aufgefordert, sich zu merken, wo die Königin lag. Angesichts der immer drohenden Armut erwartete ich, ein besonderes Taschenspielerkunststück zu sehen. Ein Trottel nach dem anderen behielt die Königin im Auge, die immer am selben Ort blieb, und zückte dann den Geldbeutel, bevor er sagte, wo sie sich befand. Diesen Augenblick nutzte der Taschenspieler, um die Karten zu vertauschen.

Dann beobachtete ich zwei etwas schlauere Jugendliche,

die ihr Geld bereits in der Hand hielten. Unter diesen Umständen mußte der Spieler auf die Dienste der Freunde in seinem Gefolge zurückgreifen. Diese Männer gaben vor, zum Publikum zu gehören, und stolperten wie zufällig vor dem Herausforderer durch oder klopften ihm auf die Schulter. Während dieser Ablenkung vertauschte der Taschenspieler dann die Karten. Das Erstaunlichste an der ganzen Farce war der ungläubige Blick der Herausforderer, wenn sie falsch geraten hatten.

Die Bolivianer haben diese westlichen Spiele übernommen, da viele ihrer eigenen verboten wurden. Erst vor kurzem hörten sie zum Beispiel damit auf, ihre Version von Blindekuh zu spielen. Das Spiel bestand daraus, eine Ente bis zum Hals im Sand einzugraben. Den mitspielenden Kindern wurden die Augen verbunden, und jedes erhielt einen Stecken. Das erste Kind, das den Kopf der Ente traf, erhielt ein junges Entchen.

Es war noch immer warm, also machte ich mich auf die Suche nach etwas Ruhe und Erfrischung. Ich fand Dennis im Pfarrhaus. Zusammen schlenderten wir hinüber, um uns den Stierkampf anzusehen. Die Leute scharten sich bereits um die Einzäunung. Die beweglicheren saßen auf der obersten Stange.

Anita hielt mir einen Platz frei. Kaum hatte ich mich gesetzt, brauste auch schon ein Laster heran und entlud einen festverschnürten Stier. Er lag unbeweglich auf dem Boden. Als einer der Organisatoren ihm einen Fußtritt versetzte, jubelte die Menge. Zwei andere gesellten sich dazu, bis dem Tier reichlich Blut aus der Nase floß. Dann banden sie es los. Es kam schwankend auf die Beine, und als topausgebildeter Feldbiologe erkannte ich, daß es sich dabei in Wahrheit um eine Kuh handelte. Offenbar sind bei dieser Rasse die Kühe beinahe ebenso aggressiv wie die Stiere. Ich stellte mir jedoch vor, daß jedes Tier aggressiv wird, wenn man es minutenlang auf die Nase tritt.

Die jungen Männer standen zusammengedrängt innerhalb der Einzäunung. Die Menge ermunterte sie, es mit der Kuh aufzunehmen. Auf einer Seite grenzten die Häuser der Plaza die Arena ab. Dort stellten sich die Männer in die Türrahmen, bereit zu verschwinden, falls Gefahr drohte. Die wagemutigeren begannen die Kuh zu reizen, indem sie ein paar Schritte vortraten und sie verhöhnten. Außerdem warfen sie mit Steinen nach ihr. Trotz der anfeuernden Rufe des Publikums entfernten sie sich jedoch nie sehr weit von ihren Schlupflöchern.

Ein Jugendlicher kletterte in die Arena und wankte zu der Kuh hin. Sein Mut war eindeutig alkoholischen Ursprungs. Die Menge jubelte, als er die Kuh zu sich heranwinkte. Die Kuh ließ sich nicht lange bitten, denn sie sah eine Chance, rechtmäßige Vergeltung für die ihr angetane Quälerei zu üben. Sie scharrte im Staub, dann rannte sie los. Eine Sekunde lang blieb der Junge mit der festen Absicht stehen, einen Schritt zur Seite zu tun. Dann vergaß er seinen Vorsatz und gab dem Instinkt nach. Er drehte sich um und lief mit himmelwärts gereckten Armen – um längere, schnellere Beine betend – davon. Doch er wurde nicht erhört. Nach drei Schritten überholte ihn die Kuh, und er verschwand in einem Wirbel von Hufen und Staub.

In ihrer Rachsucht hatte die Kuh jedoch zuviel Anlauf genommen, und ihr Schwung ließ sie über die zerknitterte Gestalt hinauslaufen. Sie stolperte weiter und gewann die Kontrolle erst kurz vor der drohenden Wand wieder.

Als der Junge wieder aufstand, schnappte die Menge enttäuscht nach Luft. Er war genauso erstaunt, daß er noch stehen konnte und wie durch ein Wunder unverletzt geblieben war. Er brüstete sich mit seiner Tapferkeit und Geschicklichkeit, zuerst bei den Zuschauern und dann bei der Kuh. Die Kuh, die seine Gesten als weitere Provokation deutete, scharrte mit den Hufen, um ein weiteres Mal loszustürmen. Aber der Junge war zu der Auffassung gelangt, daß er seinen Beitrag geleistet habe und es Zeit für ein Bier sei. Noch bevor die Kuh den Kopf senken konnte, hatte er den Zaun überwunden.

Darauf sah sich das Tier nach neuen Opfern um. Doch die anderen Jugendlichen waren nicht so abenteuerlustig. Während der nächsten paar Minuten lief die Kuh deshalb vor und zurück, ohne auch nur entfernt in die Nähe der flüchtenden Matadore zu kommen.

Schließlich fanden die Organisatoren, es sei an der Zeit für den Auftritt des professionellen Stierkämpfers. Sein traditionelles Kostüm war eine geschmacklose Angelegenheit in Rot und Gold aus falschem Satin. Es wurde beinahe von der Werbung für das einheimische Bier, Ducal, überdeckt. Sogar auf dem roten Umhang prangte der Schriftzug in goldenen Lettern.

Den Umhang hatte der Stierkämpfer teilweise um das Heft eines langen Schwerts gewickelt. Er hielt den geschmückten Griff in der Hand und wirbelte das Ganze über seinen Kopf, wobei sich der Umhang theatralisch bauschte. Als er auf die halb erschöpfte Kuh zustolzierte, jubelten und klatschten die Zuschauer. Die Kuh scharrte im Staub, senkte den Kopf und stürmte los. Unser Matador machte in paar zaudernde Schritte und hüpfte dann gerade noch rechtzeitig aus dem Weg. Nachträglich schwang er den Umhang in Richtung der vorbeilaufenden Kuh. Erfreut über den tosenden Applaus nach seinem ersten Auftritt, trat er dem Tier mit gestärktem Selbstvertrauen entgegen. Mit erstaunlicher Entschlossenheit stürmte die Kuh noch etwa ein halbes Dutzend Mal auf ihn los. Der Matador lernte fortwährend dazu, trat zur Seite und parierte mit zunehmender Geschicklichkeit.

Schließlich war die Kuh vollkommen erschöpft und demoralisiert. Sie gab auf und stand schwer schnaufend still, während ihr Blut aus der Nase tropfte. Auch ein paar halbe Ziegel aus der Menge, die sie trafen, konnten sie nicht mehr in Bewegung setzen. Das mutige Tier war zur vorübergehenden Erheiterung einer Menschenmenge erniedrigt worden.

Unser Matador näherte sich seinem Opfer bis auf drei Meter und kniete nieder. Damit erwies er dem Gegner die Ehre und stellte seinen Sieg über die Kuh unter Beweis. Die Menge brüllte, und er grüßte sie wichtigtuerisch, indem er sein mit dem Umhang verhülltes Schwert hochhielt.

In diesem Moment des endgültigen Triumphes entglitt der Umhang seiner allzu begeisterten Umklammerung. Er rutschte hinunter und enthüllte, daß der juwelenbesetzte Griff an einer hölzernen Schneide befestigt war. In seiner Siegeseuphorie schwang der Stierkämpfer das Kinderspielzeug jedoch weiter in die Höhe, bis die Spottrufe der Zuschauer allmählich seine Kampfesmüdigkeit durchdrangen. Er starrte auf den Umhang, der zerknüllt auf der Erde lag. Mit gespreizten Beinen stand er reglos da und konnte die Grausamkeit des Schicksals nicht fassen. Er blickte zu seinem Schwert hoch, um sich zu vergewissern, daß sein schlimmster Alptraum wahr geworden, sein Betrug allen offenbart war. Damit hatte er seine Würde für immer verloren. Er hob den Umhang vom Boden auf und lief aus der Arena. Die Menge lachte Tränen.

Dann kam der Lastwagen zurück und brachte eine weitere verschnürte Kuh. Enttäuschtes Murren wurde laut. Die Einheimischen neben mir sagten, der diesjährige Bürgermeister sei ein Geizhals. Sie erzählten, der letzte Bürgermeister sei vor zwei Jahren wirklich großzügig gewesen und habe zwei wilde Stiere gekauft. Zwei einheimische Jugendliche seien dann allerdings der Qualität dieser importierten Stiere zum Opfer gefallen und zu Tode getrampelt worden. Die Leute um mich herum nickten zustimmend und lächelten in Erinnerung an einen ausgelassenen Karneval.

Als die neue Kuh losgebunden war, begann die ganze Prozedur von vorn. Der Betrunkene kehrte zurück, um noch einmal sein Glück zu versuchen. Aber diesmal, noch betrunkener, hatte er Pech. Als ihn die Kuh zum dritten Mal umwarf, gab es ein unangenehmes Knacken, da sein Arm den vollen Aufprall einer halben Tonne künftiger Hamburger abbekommen hatte. Nach dieser Demonstration fast-food-viehischer Zerstörungskraft wollten die anderen Jugendlichen ihr Leben nicht mehr aufs Spiel setzen. Der in Ungnade gefallene Matador mußte es noch mit einer etwas frischeren Kuh aufnehmen. Die Spannung war jedoch vorbei, also ging ich davon, um mich mit Anita ins Gras zu setzen.

An jenem Abend war die Plaza erfüllt von Spielen und Liedern. Eine Kapelle baute ihre Instrumente auf dem zentralen Podium auf. Ein anderes Fest, nur für Cumparsa-Mitglieder, fand im Saal statt. Die jungen Frauen trugen regionale Trachten und tanzten solo zur Begleitung der passenden Melodien. Das Finale bildete der Tanz der Karnevalskönigin. Sie wurde von Vertretern der verschiedenen Cumparsas um die Tanzfläche geführt, wobei es üblich war, daß jeder beliebig den vorhergehenden Tänzer ablösen konnte. Ich spielte mit dem Gedanken, die junge Schönheit zu einem kleinen Breakdance zu bitten, entschied mich dann aber dagegen, weil ich fürchtete, den Einheimischen könnte das nicht gefallen. Das Fest im Saal endete ziemlich früh, und wir gingen alle hinaus, um uns unter das Volk auf der Plaza zu mischen.

Die Kapelle spielte, und jeder, der ein Lied singen wollte, konnte hingehen und den Versuch wagen. Ein stolzes Elternpaar schubste sein Töchterchen aufs Podium. Das Lied war etwas unglücklich gewählt, denn der Anblick einer Sechsjährigen, die versuchte, dem Herzschmerz unerwiderter Liebe Ausdruck zu verleihen, ließ die Leute Tränen lachen.

Höhepunkt des Karnevals war der Sonntag. Viele der durchreisenden Festteilnehmer hatten Buena Vista bereits wieder verlassen, und die Einheimischen blieben allein zurück, um den Karneval zu Ende zu feiern. Jede Cumparsa traf sich zu einem Privatfest.

Die Huacha fand sich im Hinterhof des Fleischers ein. Bierkästen türmten sich an der Wand. Eine vierköpfige Band spielte monotone bolivianische Musik mit Gitarren und Schlagzeug. Die Leute liefen mit Schüsseln und Eimern voll Wasser herum, und innerhalb von Minuten waren alle tropfnaß. Wir tanzten Hand in Hand im Kreis, zuerst in die eine Richtung und dann in die andere, ständig unter dem Beschuß von Wasserbomben. Nach zwei Stunden Bier, Wasser und bolivianischem Ringelreihen gaben wir uns in Dreier- und Vierergruppen die Hand und tanzten auf die Straße hinaus. Wie durch ein Wunder strömten alle Cumparsas zur selben Zeit auf die Straße.

Alle strebten der Plaza zu. Die Huacha war die energiegeladenste Cumparsa und führte die bunte Prozession an. Zwei- oder dreihundert Leute jeden Alters in leuchtenden Cumparsa-Hemden tanzten singend in einer Reihe. Jede Gruppe versuchte ihre Nachbarn an Lautstärke zu übertreffen. Wie erwartet übertönte *Bomba* Huacha alle anderen. Sämtliche Musiker der verschiedenen Gruppen gesellten sich zu dem Umzug und spielten in wilder Disharmonie.

Der Tanz war sehr einfach. Anita, Charo, noch ein Mädchen und ich hielten uns an den Händen und liefen nach vorn. Wir schwangen die Arme, und als ob wir gegen einen Sturmwind anlaufen würden, hielten wir an. Dann stolperten wir ein paar Schritte zurück, um darauf erneut nach vorn zu stürmen. Die gesamte Reihe wogte vor und zurück. Wenn man sich nicht in die Bewegung einreihte, lief man Gefahr, erdrückt zu werden. Die ungefähr acht Cumparsas mit ihren rund dreißig Mitgliedern unterschiedlichen Alters ergaben eine fröhliche Prozession.

Wir bildeten einen Kreis und rückten immer enger zusammen, bis wir uns in der Mitte der Plaza trafen. Die Grünen führten das ganze Dorf an, und die Huacha stieg die Stufen zum zentralen Punkt der Plaza empor, dem Musikpodium. Wir reichten uns die Hände und tanzten im Kreis, zuerst nach rechts und dann nach links. Die anderen Cumparsas hielten sich ebenfalls an den Händen gefaßt.

Schließlich bildeten alle Cumparsas konzentrische Kreise und tanzten in entgegengesetzter Richtung zu den Kreisen vor und hinter ihnen. Die Kapellen spielten ein Crescendo, die Schlagzeuger schlugen den Rhythmus zu unseren stampfenden Füße, und dann, als die größtmögliche Lautstärke erreicht war, stürzten alle in die Mitte und zogen die Kreise zu einem großen, farbenfroh gekleideten Menschenknoten zusammen. Alle jubelten und küßten einander.

Es war ein unglaubliches Finale, und ich ließ mich treiben, meine Hand ganz leicht auf Anitas Gesäß gestützt. Ich fragte mich, wo sonst auf der Welt ein Fremder, der mit den örtlichen Sitten, Problemen und Nöten nicht vertraut war, mit einer solchen Bereitwilligkeit eingeladen wurde, an den seltenen Freuden teilzunehmen. An jenem Tag gab es in dem kleinen Ort keine Fremden, die Einheimischen ließen uns großzügig an ihrem Spaß teilhaben. Wir feierten das Leben – ein Leben mit Hunger statt mit europäischen Lebensmittelbergen, mit Armut statt Mikrowelle und Videorecorder. Und doch gab es genug zum Feiern. Das Fest weckte nicht nur Gefühle, es riß die Leute völlig aus ihrem lethargischen Alltag heraus. Es war Magie!

21
Kokain

Der Februar war angenehm. Ich hatte keine Arbeit im Park, und Robin und Guy waren mit dem Verfassen von Berichten beschäftigt. Also konnte ich frei über meine Zeit verfügen.

Ich stand spät auf, setzte mich mit dem Luftgewehr auf die Veranda und schoß mir ein paar Grapefruits zum Frühstück. Ich hätte sie leicht vom Baum pflücken können, aber irgendwie machte mir eine halbe Stunde Jagen vor dem Frühstück mehr Spaß. Nach einem Omelett zum Mittagessen spazierte ich zur Plaza hinauf. Dann verbrachte ich den Nachmittag entweder mit Dennis im Pfarrhaus oder mit den einheimischen Jugendlichen. Mit ihnen spielte ich Volleyball auf dem Schulhof.

Später ging ich zum Weißen Haus, um mich für den Abend umzuziehen, und kehrte dann wieder auf die Plaza zurück. Eine der Einheimischen hatte beschlossen, ihren Essensstand nach dem Karneval weiterzuführen. Auch Delsie, die Hotelbesitzerin und wichtigste Angehörige der oberen Zehntausend des Dorfes, hatte begonnen, Mahlzeiten anzubieten. Für rund sechzig Pence konnte ich mir ein Abendessen auswählen.

Da sie keine Fernseher hatten, saßen die einheimischen Jugendlichen an den warmen Abenden am Rand der Plaza, spielten Gitarre und sangen. Mittlerweile kannte ich alle ziemlich gut. Den Abend verbrachte ich meist mit dem Versuch, Anita dazu zu bewegen, mit mir ins Dunkle zu kommen. Dann rief ihre Mutter über die Plaza und befahl ihr, nach Hause zu kommen. Es war ein unkomplizierter, wenn auch etwas frustrierender Lebensstil.

Ich beschloß, Anita nach Santa Cruz zu locken. Rohe Kakaoschoten genügten offenbar nicht. Das Pulsieren des Großstadtlebens würde die Romantik vielleicht erhöhen.

Als ich in meinem Hotelzimmer in Santa Cruz von meiner Siesta aufwachte, dauerte es noch immer zwei Stunden, bis Anita eintreffen sollte. Ich beschloß, etwas zu trinken, und ging in eine Bar in der Nähe der zentralen Plaza. Ich setzte mich an einen der Tische am Straßenrand, nippte an einem Bier und beobachtete das geschäftige Hin und Her des frühen Abends. Die Plaza wimmelte von Leuten, die ausgingen, nach Hause strebten oder einfach nur herumstanden und plauderten. Eine wunderschöne Frau fiel mir auf, die allein am Nebentisch saß. Ich lächelte ihr zu und blickte dann weg. Nach einer Pause, die mir ausreichend cool schien, sah ich sie wieder an. Sie lächelte, also sagte ich hallo. Sie sah aus wie eine reife Achtzehnjährige. Ohne Umschweife fragte sie, ob sie sich zu mir setzen dürfe. Als sie aufstand, um herüberzukommen, sah ich, daß sie jedes Recht hatte, dreist zu sein. Ihre Figur hätte einem Mönch nicht nur den Kopf verdreht, er hätte einen steifen Nacken bekommen. Um ihre Direktheit zu entschuldigen, erklärte sie, sie warte auf eine Mitfahrgelegenheit nach Hause. Wenn sie allein am Tisch sitze, werde sie immer belästigt. Obwohl ich das im stillen für eine faule Masche hielt, nickte ich mitfühlend. Dann bestellte ich ihr etwas zu trinken, wir plauderten fröhlich und kamen einander überraschend schnell näher.

Sie erzählte mir von ihrer Familie, die ganz in der Nähe wohne. Vielleicht würde ich sie einmal besuchen kommen?

Eine solche Einladung war höchst ungewöhnlich. Normalerweise brauchte ich eine Referenz des Papstes, um ein Mädchen auszuführen. Ich mußte auf eine emanzipierte Südamerikanerin gestoßen sein. Durch ihr enges T-Shirt sah ich deutlich, daß sie keinen BH trug. Das war schade, da ich ihr gern beim Ausziehen geholfen hätte. Ich wärmte mich innerlich auf.

Sie fummelte mit zwei Schwarzweißfotos herum, und ich fand heraus, daß es Bilder von ihr als kleinem Mädchen waren, die sie ihrer Großmutter gezeigt hatte. Ich bat sie, sie mir zu zeigen. Sie lachte verlegen, als wolle sie mir die Bilder nicht zeigen. Als ich den Arm ausstreckte, um sie zu nehmen, legte ich meine Hand bedeutsam auf ihre. Da sie keinen Versuch unternahm, ihre Hand wegzuziehen, ließ ich meine dort und blickte ihr in die Augen. Ihre Pupillen waren stark erweitert. Entweder war sie so von Leidenschaft ergriffen oder so mit Drogen vollgepumpt, daß sie nicht mehr wußte, was sie tat. Sogar mein phantasievolles Ego konnte nicht glauben, daß ich spontan eine so große körperliche Anziehung auf sie ausübte. Sie mußte auf einer Kokainwolke schweben.

Schon wenn ich auf eine Meile an Drogen herankam, war mir das zu nah. Für einen Gringo war es Selbstmord. Sie fragte mich, ob ich eins der Fotos wolle. Ich verneinte und erklärte, wenn meine Freundin das Foto eines anderen Mädchens bei mir fände, geriete ich in Schwierigkeiten. Sie steckte die Bilder in die Handtasche.

Während ich versuchte, mir einen höflichen Abgang auszudenken, schlug sie ihre langen Beine übereinander, was ihren kurzen Rock verführerisch hochrutschen ließ. Mit einer lässigen Handbewegung warf sie ihr Haar zurück, wodurch ihr Busen so weit vorstand, daß ich dachte, er müßte jeden Moment herausplatzen. Diese Frau kennt jeden Trick, dachte ich.

Ihr Verhalten ließ mich jedoch noch mehr auf der Hut sein. Sie war zu gut; sie mußte ein Profi sein. Ich hatte gehofft, die Erwähnung meiner Freundin würde sie zum Gehen bewegen, aber sie wollte bleiben. Ich bemerkte, daß sie einen kleinen Beutel durch ihre Finger gleiten ließ, und fragte sie, was das sei.

»*Droga*«, antwortete sie. Ich sagte ihr, ich wolle nichts, das bekomme einem Gringo nicht gut. Die Situation drohte zunehmend außer Kontrolle zu geraten. Ich rief nach der Rechnung. Die Tische um uns herum waren mittlerweile voll besetzt, und die Bedienung lief sich die Füße wund. Das Mädchen steckte den Finger in den Beutel und zog ihn, mit einer gleichmäßigen Schicht Kokain überzogen, wieder heraus. »Hier, das ist nur ganz wenig.«

Ich war mir der Menschenmenge um uns bewußt, deshalb sagte ich, so giftig ich konnte: »Hau ab!«

Ich sah mich nach der Kellnerin um. Mein Kopf drehte sich von dem Mädchen weg, und in diesem Augenblick schob sie mir den offenen Beutel über die Nase. Es verschlug mir den Atem, und unwillkürlich schnupfte ich zwei Nasenlöcher voll Kokain. Mein Kopf wurde von einer weißen Staubwolke eingehüllt. Ich verfluchte sie und ging in die Bar. Dort warf ich der Kellnerin eine große Banknote zu und ging wieder auf die Straße hinaus. Das Mädchen war in der Menge verschwunden. Ich eilte in mein Hotel zurück und schloß mich ein. Dann legte ich mich aufs Bett und starrte zur Tür. Sie schien sich immer weiter zu entfernen, als ob ich mich am Ende eines langen Flurs befände. Ich benetzte mein Gesicht mit kaltem Wasser und legte mich wieder hin. Meine Augen wurden ständig zu der wegsinkenden Tür hinübergezogen. Alle paar Minuten sah ich auf die Uhr und erwartete, daß mindestens eine halbe Stunde vergangen sei.

Das Telefon schreckte mich schließlich auf und zwang mich zu handeln. Es war der Empfang, der mir mitteilte, daß Anita da sei. Ich sagte, sie könne heraufkommen. Als ich nicht mehr allein war, konnte ich mich entspannen, und die Droge machte unser Zusammensein herrlich. Die Einnahme von Kokain ist aber trotzdem nicht zu empfehlen, da sie die Leistungsfähigkeit ernsthaft herabsetzt. Leider kannte ich das spanische Wort für Kopfschmerzen nicht.

Am nächsten Tag traf ich Paolo und erzählte ihm, was geschehen war. Er sagte mir, daß mehrere Mädchen gemeinsam mit der korrupten Polizei die Plaza bearbeiteten. Sie plünderten Touristen und fremde Geschäftsleute aus, die mit der Aussicht auf Sex oder Kokain weggelockt würden. Fünf Minuten nachdem du den Köder geschluckt hast, erscheint die Polizei auf deinem Zimmer. Das Mädchen verschwindet, und du bleibst mit einem Zimmer voll Kokain zurück.

Paolo wußte von jemandem, der in die Falle gegangen war. Der Mann wanderte jedoch nicht ins Gefängnis, da sich die Schwierigkeiten mit ein paar tausend Dollar aus dem Weg räumen ließen. Das schien eine ziemlich brenzlige Geschichte zu sein, der ich da knapp entronnen war. Ich beschloß, mich in Zukunft von fremden Frauen so weit fernzuhalten, wie es mein Hormonspiegel zuließ. Dieser Entschluß fiel mir um so leichter, da Anita all meine Gedanken beherrschte.

22
Abschied

In Buena Vista verlief das Leben wieder in den gewohnten ruhigen Bahnen. Der gesellschaftliche Höhepunkt meiner Woche war ein besonders lauter Abend mit Pablo in seinem Schuppen. Er feierte die Geburt eines weiteren Sohnes. Als ich dazukam, drückte er mir eine geöffnete Bierflasche in die Hand und ging das Baby holen, damit ich es bewundern konnte.

Es lag in einem selbstgemachten Kinderbettchen auf dem Kühlschrank. Er hielt mir das Bettuchbündel hin. Ich stellte mein Bier ab und betrachtete das rosafarbene, runzlige Ding. Obwohl es ziemlich häßlich aussah, gratulierte ich ihm höflich. Sein Bauerngesicht errötete, und ein schüchternes Grinsen überzog seine stolzen, leuchtendroten Wangen. Er legte das Baby wieder zurück, und wir nahmen eine neue Kiste Bier in Angriff.

Der Kleine hatte noch keinen Namen, also dachten wir die nächsten fünf Stunden intensiv nach. Nach einer weiteren Flasche hatte ich plötzlich eine Eingebung. »Oliver! Nenn ihn doch Oliver!«

Er starrte mich ungläubig an, dann kriegte er den Schluckauf und begann zu kichern. Ein bolivianisches Baby Oliver zu nennen ist, als würde man ein englisches Baby Rodriguez oder Chingo taufen. Betrunken wie er war, gefiel ihm die Absurdität meines Vorschlags jedoch. Er holte das rosa Bündel nochmals hervor, klemmte es sich unter den Arm, um damit im Hof herumzuwanken, und stellte es zwischen Rülpsern seinen Freunden vor: »Darf ich dich mit meinem Baby bekannt machen: Oliver.«

Seine Frau wurde wütend und schnappte ihm den Kleinen weg. Sie schalt Pablo ernsthaft für seinen sorglosen Umgang mit dem Kind. Schließlich sank er mit verdrossenem Gesicht auf einen Stuhl. Sobald sie jedoch hineingegangen war, begann Pablo zu kichern, und sein runder Bauch wabbelte im Takt. Mit gerötetem Gesicht erschien die Frau wieder im Türrahmen und schickte uns alle nach Hause. Wir stolperten davon und überließen Pablo ihren wütenden Rufen, die ihn ins Bett trieben.

Am nächsten Morgen schlief ich lange. Mit der Aussicht auf Essen gelang es mir schließlich, mein Gehirn anzuwerfen. Ich schob die Augenlider in die Höhe, und ein verschwommener Umriß nahm langsam Gestalt an. Ich erstarrte entsetzt. Fünf Zentimeter über meiner Nase baumelte ein großer, bösartig aussehender Skorpion. Ich schaffte es, darunter wegzukriechen. Er hing an einem einzelnen Spinnenfaden vom Bücherregal herunter. Ich pikte ihn mit einem Bleistift. Er war tot.

Auf dem Regal über meinem Sofa lebte eine große Spinne. Ich hatte sie Barny getauft. Ich hatte Barny immer wieder ausfindig machen und im Garten aussetzen wollen, jedoch nie den Mut aufgebracht, ihm entgegenzutreten.

Ich entdeckte meinen Spinnenfreund auf dem Regal. Er mußte mit dem Skorpion auf Leben und Tod gekämpft haben. Und der Sieg war ihm nicht leicht gemacht geworden – Barny fehlten zwei Beine. Er hatte den Skorpion in seiner Vorratskammer – oder an dem Ort, den er dafür hielt – aufgehängt, um ihn später zu verzehren.

Jetzt, da der Skorpion tot war, besaß ich Selbstvertrauen

genug, ihn mit dem Finger zu berühren. Unterdessen war Guy zur Tür hereingekommen.

»Faß ihn nicht an!«

»Wie bitte?« fragte ich, wütend über den Befehl.

»Wir legen ihn in ein Glas für das Museum in Santa Cruz«, sagte der Biologe, der niemals außer Dienst war.

Sehr zu Barnys Ärger versenkte Guy den Skorpion sorgfältig in einem mit Alkohol gefüllten Glas.

Um Barny zu trösten und als Belohnung für den furchtlosen Schutz, den er mir gewährt hatte, versprach ich ihm lebenslange Begnadigung. Von da an saß er jeden Morgen stolz auf dem Regal und beschützte mich.

Um meine angeschlagenen Nerven zu beruhigen, ging ich zu Pablo hinauf. Ich wollte nachsehen, ob er die Nacht überlebt hatte. Mir fiel auf, daß ein neuer Hund in seinem Hof angekettet war.

»Pablo, was ist mit deinem alten Hund geschehen?«

»Ich habe ihn erschossen.«

Verblüfft fragte ich: »Warum?«

»Er hatte die Tollwut.«

»Oh.«

Dumme Frage von mir. Dies war eine Geschichte, die sich nur zu oft wiederholte. In der Regel fing es damit an, daß jemand vergaß, den Hund zu füttern. Der bekam Hunger und wurde deshalb unberechenbar. Von unberechenbaren Hunden heißt es, sie seien tollwütig, und dann werden sie erschossen.

Ich nahm mir eine Flasche Bier und setzte mich wie üblich auf die Planke vorn in der Scheune. Ein Einheimischer gesellte sich zu mir, da er gesehen hatte, daß ich im Besitz einer vollen Schachtel Zigaretten war. Wir unterhielten uns über sein Getreide.

In der Ferne flimmerte eine gebeugte Silhouette in der Nachmittagshitze. Als sie näher herankam, wurden ihre Umrisse klarer. Eine schwerbeladene Gestalt trottete mit gesenktem Kopf auf uns zu, den Rücken gekrümmt unter einem rohen Brett. Es war ein Mann in zerlumpten, schmutzigen Kleidern. Er trug keine Schuhe. An seinen Kleidern oder seinem ausgemergeltem Zustand war nichts Bemerkenswertes, aber seine Körperhaltung schien förmlich Schmerz auszustrahlen. Der ganze zierliche Körper schwitzte Schmerz.

Hinter ihm gingen Hand in Hand seine Töchter, zwei schöne Mädchen im Alter von ungefähr drei und fünf Jahren. Ihre Gesichter und Haare waren geschrubbt worden, daß sie glänzten. Die ältere trug ein rosa Kleid mit weißen Spitzen, und ihr braunes Haar war mit rosa Bändern in zwei seitliche Zöpfe geflochten. Ihre kleine Schwester trug dasselbe Kleid in Gelb und gelbe Haarbänder. Jemand hatte sich große Mühe gemacht, sie hübsch anzuziehen. Dies schien besonders eigenartig, da es noch früher Nachmittag war. Trotz ihrer schönen Kleider war ihre Armut unverkennbar. Sie trugen weder Socken noch Schuhe, und ihre Füße waren von einer gebräunten Ledrigkeit, die nahelegte, daß sie nie weder das eine noch das andere kennengelernt hatten. Sie folgten ihrem ernsten Vater, dessen Trübsal einen Schatten über ihre Kindlichkeit warf.

Die Familie ging langsam an uns vorüber, ohne die Augen zu heben. Dann betraten sie die Hütte nebenan. Ich wäre nie auf die Idee gekommen, daß jemand dort wohnen könnte, da sie selbst nach bolivianischen Maßstäben einen verlassenen Eindruck machte. Ein Großteil des Palmdaches war eingefallen, und die Lehmwände drohten jeden Augenblick zusammenzubrechen.

Ich wandte mich meinem Nachbarn zu, um ihn nach dieser seltsamen Prozession zu fragen. Er sagte: »Er zimmert einen Sarg für sein Baby.«

Ich fragte, woran es gestorben sei.

Er antwortete: »Unterernährung.«

Ich hatte mich inzwischen an den Anblick der Armut gewöhnt, aber wie ich so dasaß, packte mich das Entsetzen. Was konnte es denn kosten, ein Baby zu füttern? Ich hatte Abend für Abend Tür an Tür mit der Familie des toten Kindes verbracht und mehr für Bier ausgegeben, als es kosten würde, ein Baby über eine Woche zu ernähren. All die Male, die ich hierhergekommen war, lag das Baby im Sterben, während ich wenige Meter entfernt saß und lachte und trank. Die traurige Familie hatte mit ansehen müssen, wie ihr Kind starb, während meine betrunkenen Rufe durch die zerbröckelnden Wände in ihr Heim drangen.

Ich wußte, es war lächerlich, sich verantwortlich zu fühlen, aber angesichts dieser Verschwendung eines Menschenlebens fiel es mir schwer, unbeteiligt zu bleiben. Der Vorfall störte das empfindliche Gleichgewicht meiner westlichen Ideale. Es war schwierig, unter diesen Umständen die Bedeutung siebenprozentiger Zinsen und des europäischen Freihandels einzusehen. Ich hoffte, daß ich immer so denken würde, aber ich wußte, sobald ich wieder in England wäre, würde dieser Vorfall zu einem weiteren namenlosen Tod weit weg verblassen.

Ich ließ mein Bier stehen und ging zu Dennis. Auch ihm fiel es schwer, sich an die Armut zu gewöhnen. Was er besonders beängstigend fand, war, wie leicht man sie akzeptierte.

Dennis und ich verbrachten viel Zeit zusammen und philosophierten. Er würde in zwei Wochen nach Amerika zurückkehren. Er hatte seine Entscheidung, welchem religiösen Orden er beitreten wollte, beinahe gefällt. Er wußte nur noch nicht, ob es die Jesuiten oder die Benediktinermönche sein würden. Wir diskutierten lange über beide Orden. Meiner Meinung nach sollte er sich den Jesuiten anschließen, da ein Leben als Mönch in meinen Augen eine Vergeudung war. Er sagte, sein Leben dem Gebet zu widmen sei die reinste Form der Großzügigkeit. Ich betrachtete es als selbstsüchtig, da man niemandem half außer sich selbst. Ich sagte ihm, damit sichere er sich nur seine Fahrkarte in den Himmel. Er entgegnete, das Gute, welches das kollektive Gebet der Welt bringe, sei unermeßlich.

Dennis reagierte immer mit stiller Geduld auf meine Beteuerungen. Sein Katholizismus war mir neu, da ich in Belfast auf der protestantischen Seite des Zauns aufgewachsen war. Weil ich nicht religiös war, hatte ich gehofft, von den meisten sektiererischen Vorurteilen frei zu sein. Etwas mußte trotzdem hängengeblieben sein. In unseren Gesprächen machte ich Dennis für die Unzulänglichkeiten des Katholizismus verantwortlich, insbesondere für das Beharren des Papstes darauf, daß Empfängnisverhütung etwas Verwerfliches sei, was meiner Meinung nach viel zur epidemischen Ausbreitung von Aids in Afrika beigetragen hatte.

Dennis konterte all meine Unterstellungen wortgewandt und verlor nie die Beherrschung, obwohl ich jeden Aspekt seiner Religion angriff. Wenn man bedenkt, daß es dabei nicht nur um seine religiösen Ansichten, sondern um etwas ging, dem er sein ganzes Leben widmen wollte, war seine Geduld erstaunlich. Ich war beeindruckt von der Stärke seines Glaubens und beneidete ihn um diese Absolutheit. Seine Hingabe gab seinem Leben Sinn und Zweck. Sein Lebensweg war geplant, er führte ihn hin zu seinem Gott. Er brachte zwar viele Opfer, aber er brachte sie gern. Er versuchte auch nie, mich zu bekehren. Trotzdem betete er für mich und versicherte mir, daß Gott für mich da sei, wenn ich ihn brauchte.

Während einer dieser Monsterdiskussionen saßen wir im Weißen Haus. Da bemerkte ich plötzlich drüben bei meinem Sofa ein paar Ameisen. Das war nicht weiter ungewöhnlich, einmal abgesehen davon, daß es schwarzrote waren. Ich ging hinüber, um nachzusehen. Tatsächlich, es waren Wanderameisen. Ich trat ins Schlafzimmer. Dort schwärmten etwa zweitausend Stück über den Boden. Im Garten war eine riesige Prozession unaufhaltsam auf dem Vormarsch. Zehn Minuten lang versuchten Dennis und ich, sie mit Besen vom Haus abzuhalten. Aber die Soldaten liefen die Besenstiele hinauf und griffen unsere Hände an. Es war zwecklos. Schließlich gaben wir auf und überließen ihnen das Haus. Innerhalb von Minuten ergossen sich Abermillionen von Ameisen über alles und jedes.

Dennis war in einem der Jeeps hergekommen, die den Priestern gehörten. Ich benutzte die Gelegenheit, um die letzten Schoten des Kakaobaums abzutransportieren. Dennis fragte mich neugierig, weshalb ich meiner Freundin orangefarbene Schoten brachte.

»Der Saft, der die Kakaosamen umgibt, soll ein noch stärkeres Aphrodisiakum sein als das Endprodukt, die Schokolade«, antwortete ich mit einem Augenzwinkern.

Wie immer kapierte Dennis meine Anspielung nicht. »Oh, macht man daraus Schokolade?«

»Nein, Dennis, Willy Wonka macht sie mit einem Zauberstab.«

»Ach, das wußte ich nicht.« Wir luden die Schoten ein und fuhren auf das Dorf zu. Nach etwa zwei Minuten fragte Dennis mit einem verwirrten Gesichtsausdruck: »Was für ein Willy?«

»Willy Wonka.«

»Wer ist das?«

»Der Direktor einer englischen Schokoladefabrik.«

Ich ging noch mit Dennis auf eine frische Limonade ins Pfarrhaus. Padre Paul sagte mir, die Leute hier schätzten sich glücklich, wenn die Wanderameisen in ihr Haus einfielen, weil sie alle Kakerlaken beseitigten. Ich hoffte nur, daß sie weiterziehen und sich nicht endgültig niederlassen würden.

Anita war nicht zu Hause, also deponierte ich die Liebesfrüchte auf ihrem Eßtisch. Ich entwöhnte sie allmählich von ihrer gewohnten Kost. Als ich zum Weißen Haus zurückkam, waren die Ameisen weg. Und tatsächlich war das Haus makellos sauber. Sie hatten alle Kakerlaken und Hausgrillen verzehrt. Leider hatte auch Barny, meine Bücherregalspinne, dran glauben müssen. Ich sollte ihn nie wiedersehen.

Guy war nicht zu Hause, also setzte ich mich auf mein Sofa und betrauerte Barnys Hinscheiden. In der Ruhe und Einsamkeit wanderten meine Gedanken dahin und dorthin, bis mir keine Ablenkung mehr einfallen wollte. Seit Wochen wich ich der Frage aus, doch jetzt duldete sie keinen Aufschub mehr. Ich mußte eine Entscheidung über meine Zukunft fällen.

Für mich war die Arbeit im Park vorbei. Die Regenzeit hatte vorläufig allen Exkursionen ein Ende gesetzt. Ich besaß weder die Erfahrung noch die Qualifikation, um bei den wissenschaftlichen Auswertungen mitzuhelfen. Mein Geldvorrat schwand allmählich, und obwohl ich hier in der Abgeschiedenheit kaum bemerkte, wie die Zeit verstrich, wußte ich, daß sie in der wirklichen Welt schnell verging. In den letzten sechs Monaten hatte ich mich nie darum gekümmert, welcher Wochentag war. Hin und wieder, wenn der Wind aus der richtigen Richtung blies, hatte ich das schwache Läuten der Kirchenglocken vernommen, die zur Sonntagsmesse läuteten, aber abgesehen davon war ich von der realen Zeit abgeschnitten. Es war himmlisch, mein Leben nach meinem eigenen Rhythmus zu leben, zugleich war es aber auch verwirrend. Ich stellte mir vor, wie meine Familie in England alt und grau wurde.

Ich wußte, ich hatte diese Erfahrung bis aufs letzte ausgekostet. Inzwischen stellte sich wieder eine Art Trott ein. Diesen Trott zog ich zwar dem bei der Bausparkasse vor, aber allmählich fühlte ich mich genauso eingeschränkt. Ich mußte mir eingestehen, daß die einzigen Dinge, die mich noch hier zurückhielten, die Angst vor einer unbekannten Zukunft und Anita waren.

Meine Zukunft in Angriff zu nehmen war leicht. Durch einen Anruf – die Verbindung war zwar äußerst schlecht – erfuhr ich, daß sich mein Vater in zwei Wochen mit mir in Peru treffen wollte. Er plante einen Besuch der Inkastadt Machu Picchu, den er damit verbinden wollte, mich zu sehen. Wenn ich mich mit ihm träfe, käme ich eine Weile von Bolivien weg und könnte dann entscheiden, ob ich nochmals zurückkehren wollte. Auf alle Fälle war ich noch nicht bereit, nach England zurückzukehren. Eine erwägenswerte Alternative schien ein Besuch bei meinem Onkel in Neuseeland.

Anita war dagegen das große Problem. In Bolivien würde ich niemals eine bezahlte Arbeit finden, deshalb konnte es hier keine Zukunft für uns geben. Und außerhalb Boliviens wäre ich noch viel weniger in der Lage, für ihren Unterhalt aufzukommen. Während ich über sie und darüber, was meine unsichere Zukunft bereithielt, nachdachte, wurde mir klar, daß ich völlig mit ihr brechen mußte. Ich würde es ihr jetzt gleich sagen. Dann blieb ich zwei weitere Stunden auf dem Sofa sitzen.

Als ich zu ihr ging, stand sie bereits im Türrahmen, wie immer in einem kurzen Rock, noch genauso begehrenswert. Ich nahm sie bei der Hand und führte sie zu einer Stelle, die die Nachmittagshitze nicht erreichte, wo es kühl war. Buena Vista hielt rücksichtsvollerweise Siesta. Die Straßen waren leer, die Einwohner schlummerten. Sogar die herumliegenden Hunde öffneten nur ein Auge, als wir schweigend an ihnen vorbeischlenderten und ich im Geiste nach den richtigen Worten suchte.

Wir setzten uns auf den luxuriösen Grasabhang unterhalb der Kirche. Da sie meine Hand hielt, spürte sie, daß etwas nicht in Ordnung war. Sie bezähmte ihre natürliche Ausgelassenheit und wartete, bis ich etwas sagte. Ich hatte vier oder fünf verschiedene Reden vorbereitet, doch plötzlich hatte ich ein Blackout, und meine Zunge fühlte sich schwer an. Ich kniff.

»Anita, ich fahre nach Peru, um meinen Vater zu treffen.«
»Wann?«
»In einer guten Woche.«
»Und wann kommst du wieder zurück?« fragte sie. Ihre Stimme zitterte ängstlich und unsicher.
»Ich weiß es nicht.« Ich war ihr jedoch eine ehrlichere Antwort schuldig. Schließlich sprang ich ins kalte Wasser.
»Wahrscheinlich werde ich nicht zurückkommen.«

Ich versuchte, ihr die Sache mit der Arbeit im Park zu erklären und daß es hier nichts mehr für mich zu tun gab. Ich würde niemals Arbeit finden und Geld verdienen können. Sie bat mich zu bleiben. Ich sagte, ich könne nicht. Sie bettelte, ich solle Robin fragen, ob er mir nicht eine Stelle besorgen könne. Ich kannte die politische Situation des Parks. Robin fiel es schon schwer genug, freiwillige Helfer zu rechtfertigen; eine bezahlte Beschäftigung wäre unmöglich. Sie weinte. Ich hielt sie fest und umarmte sie, bis keine Tränen mehr kamen.

Im Laufe der nächsten Woche wiederholte sich diese Szene oft. Sie versuchte es mit Wut, stampfte mit dem Fuß und trommelte mit geballten Fäusten auf mich ein. Aber es endete immer damit, daß sie in meinen unwürdigen Armen weinte. Es war eine lange Woche.

Um meinen Vater zu treffen, würde ich kurz vor ihrem achtzehnten Geburtstag abreisen müssen. Als Abschiedsgeschenk gab ich ihr das Armband, das ich in São Paulo für meine Schwester gekauft hatte. Sie versuchte wieder, mich zum Bleiben zu überreden, aber jetzt hatte sie sich besser in der Gewalt. Eine leicht zitternde Lippe machte ihre entschlossenen Gesichtszüge weicher. Sie sah mit einem mutigen, aber leicht feuchten Blick zu mir auf. »Ich möchte dir ein Essen kochen, bevor du gehst.«

Am verabredeten Tag machte ich mich so schön, wie es mein alter Rasierer und meine schubkarrengewaschenen Kleider gestatteten. Ich spazierte zu ihrem Haus hoch, und meine mit Spucke polierten Schuhe setzten mit jedem Schritt wieder Staub an. Anita begrüßte mich unter der Tür mit dem üblichen Kuß auf die Wange. Sie trug das Cocktailkleid, das ich ihr geschenkt hatte, und streckte mir ihren Arm entgegen, damit ich das Armband für meine Schwester bewundern konnte.

»Meine Mutter ist eben erst gegangen, deshalb hatte ich keine Zeit, um etwas Besonderes einzukaufen.« Ihre Mutter war noch immer gegen unsere Beziehung. Ich versicherte ihr, daß mir alles recht wäre. Sie forderte mich auf, mich an den Tisch zu setzen, und schenkte mir ein Glas Bier ein. Der Tisch war nur für eine Person gedeckt.

»Ißt du nicht mit?«

Sie schüttelte den Kopf und wandte sich ab.

»Nein, das ist nur für dich.«

Sie ließ mich in dem kahlen Raum zurück und ging in das einzige andere Zimmer des Hauses – die Küche und das Schlafzimmer, wo sie zusammen mit ihrer Mutter und ihrer Schwester schlief. Zur Beruhigung rauchte ich eine Zigarette, während Kochgeräusche und Gerüche ins Zimmer drangen.

Zwei Minuten später kam sie mit einem Teller in der Hand zurück. Sie stellte ihn vor mich hin und wandte die Augen nicht von nur ab, um zu sehen, wie ich reagierte. Ich lächelte und blickte hinunter. Die Qualität des bolivianischen Essens ist derart, daß sogar Eier und Pommes frites ein Festessen darstellen.

»Das ist großartig«, sagte ich und meinte es auch.

Während des ganzen Essens stand sie neben mir und sah zu, wie ich schlemmte. Als ich fertig war, küßte sie mich. »Ich liebe dich.«

»Ja, das dachte ich mir«, antwortete ich etwas benommen.

»Wer hat dir das erzählt?« fragte sie lächelnd. Ich erwiderte ihr Lächeln, und wir lachten beide. Ich benutzte diesen Augenblick, um ihr ein Geschenk zu geben. Es war der goldgefaßte Amethyst, den ich in dem Juweliergeschäft in Rio für meine Mutter gekauft hatte. Die Quittung hatte ich aufbewahrt, ich konnte meiner Mutter also erzählen, er sei mir gestohlen worden. Anita betrachtete ihn ernst und dankte mir. Dann sagte sie jedoch, das Armband gefiele ihr besser. Ich fand, es wäre vielleicht nicht so cool, ihr zu sagen, daß die Armkette wertlos war, während der

Stein mehr als einen bolivianischen Monatslohn gekostet hatte.

In diesem Augenblick verlor sie die Fassung, und aus einem verborgenen Reservoir brach eine Flut von Tränen hervor. Ich trocknete ihr die Augen.

»Ich will nicht, daß du gehst.«

»Ich weiß.«

»Bleib hier, du findest bestimmt eine Arbeit.«

»Ich kann nicht.«

»Bitte, geh nicht.«

»Anita, ich muß gehen. Ich habe hier keine Zukunft.«

Sie hob das Kinn und flüsterte durch zusammengepreßte Lippen: »Ich weiß.« Endlich hatte sie es akzeptiert.

In den nächsten Tagen begann ich mich zu verabschieden. Delsie, die Ein-Zimmer-Hotel-Besitzerin, fand heraus, daß Dennis und ich abreisen würden, und sie beschloß, uns ein sogenanntes *Despedido,* ein bolivianisches Abschiedsfest, zu geben. Sie lud die Padres Paul und Tom sowie Dennis und mich zum Essen ein. Ihre beiden Söhne waren auch dabei. Anita sah schön aus mit dem Amethyst meiner Mutter an ihrem zarten Hals. Nachdem die Priester gegangen waren, wurden wir alle ziemlich betrunken. Seit einer Woche war dies der erste Abend ohne Tränen.

Guy und Robin dankten mir für meine Hilfe, und ich dankte ihnen, daß sie mir die Möglichkeit geboten hatten, ihnen zu helfen. Ich sagte, ich sei nicht sicher, wann ich zurückkommen würde. Guy und ich hatten völlig gegensätzliche Charaktere. Er war eher ein Intellektueller und bis in sein tiefstes Inneres ein überzeugter Naturschützer. Ich war ein hier und dort herumgekommenes Stadtkind, das zu den Grünen übergelaufen war. In unserer Liebe zur Natur hatten wir einen gemeinsamen Nenner gefunden. Die Strapazen im

Dschungel hatten unsere Freundschaft wachsen lassen. Ich achtete Guys Wissen und seine Hingabe; zum Abschied schenkte ich ihm meine Segeltuchhose.

Robin war dankbar für meine Hilfe und wünschte mir alles Gute. Er war schon lange in Bolivien und hatte viele Leute kommen und gehen sehen. Ich wußte, er würde weiter dafür kämpfen, das zu bewahren, was er als seinen Garten betrachtete.

Ich packte meinen Rucksack, sagte »dudududu« zu Oliver dem Zweiten, bezahlte meine Barrechnung und winkte Buena Vista ein letztes *Adiós* zu.

23
Interpol

Anita wollte mich nach Santa Cruz begleiten. Ihre Mutter sollte jedoch nichts davon erfahren, deshalb stiegen wir an verschiedenen Haltestellen in den Micro. Wir checkten in ein Hotel ein und gingen dann ins Kino. Als wir ins Hotel zurückkamen, rief Anita bei ihrer Kusine an, um ein Alibi für ihre Mutter auszuhecken. Da ging ihre Mutter ans Telefon. Sie hatte den Braten gerochen und war uns nach Santa Cruz gefolgt. Anita erzählte ihr, sie sei bei Freunden und käme gleich herüber. Sie wollte versuchen, bis halb zehn wieder bei mir zu sein. Um zehn Uhr war sie noch nicht da. Mein Doppelbett erschien mir unheimlich groß.

Dann kam sie doch noch. Offenbar hatte sie schon eine ganze Weile geweint. Außerdem hatte sie blaue Flecken an den Armen, wo ihre Mutter sie geschlagen hatte. Ihre Mutter hatte ihr verboten wegzugehen. Da war sie davongelaufen. Ich sagte, sie müsse zurückgehen und sich der Auseinandersetzung stellen. Keine Frage, am nächsten Morgen früh mußte sie zurück. Ich tröstete sie, so gut ich konnte.

Am nächsten Morgen lag ich bereits wach im Bett, als der erste Lichtstrahl durch das Fenster fiel. Ich wußte, ich mußte Bolivien verlassen und würde nicht zurückkehren. Gut möglich, daß ich niemals zurückkäme. Anita mitnehmen? Unmöglich. Ich wußte ja nicht einmal, wohin ich gehen würde. Buena Vista und Santa Cruz waren ihre Welt. Sie kannte nichts anderes. Sie hatte noch nie das Meer gesehen oder Schnee berührt oder ein Glas Guinness getrunken.

Es wäre wunderschön, ihr London, Paris, Bognor Regis zu zeigen. Wir könnten in Flugzeugen fliegen, am Großen Barriereriff tauchen gehen, auf griechischen Inseln Hummer essen. Träume. Sie hatte nicht einmal einen Paß. In der Welt da draußen wäre sie verloren. Hier wurde sie von ihrer Familie und ihren Freunden behütet.

Ihr Kopf ruhte auf meiner Brust, ihr Atem ging unregelmäßig. Sie tat so, als ob sie noch schliefe. Ich umarmte sie. Da begann sie sogleich zu weinen, ihre Tränen rannen über meinen Arm.

O Gott, ich würde dem ein Ende machen müssen! Ich stand auf und sagte ihr, sie solle sich anziehen.

»Anita, du mußt nach Hause.«

Sie rieb sich die Augen.

»Ich verlasse Bolivien – ich komme nicht zurück.«

Sie weinte jetzt rückhaltlos und schluchzte an meiner Brust. Ich schob sie weg.

»Geh.«

Zitternd stand sie da, verbiß sich die Tränen. Ich öffnete die Tür. »Bitte, geh.«

Zwischen Schluchzern brachte sie eine letzte Bitte hervor:

»Paß gut auf dich auf. Wenn nicht für dich, tu's für mich.« Dann wandte sie sich um und rannte weinend aus meinem Leben.

»Ich werde dich nie vergessen«, blieb mir in der Kehle stecken.

Ich setzte mich wieder aufs Bett und wischte mir eine Träne vom Kinn. Es mußte eine von ihren sein. Nach einer halben Schachtel Zigaretten legte ich mich zurück, um noch etwas zu schlafen. Keine Chance. Ich begann, Selbstgespräche zu führen. »Da hast du's, dahin hat dich deine ewige Schürzen- jägerei gebracht.« Ich rauchte noch eine Zigarette. »Ich hät- te nie etwas mit ihr anfangen dürfen.« Ich wußte, daß ich selbst nicht daran glaubte.

Das Telefon klingelte. Die Empfangsdame. Zwei Männer von Interpol wollten mich sprechen. »Verdammt, die haben mir gerade noch gefehlt!«

Ich nahm meinen Paß und schloß die Tür ab. Am Emp- fang unten erkannte ich die Freizeitkleidung und den Gold- schmuck. Sie führten mich in einen kleinen Alkoven neben der Halle. Ich setzte mich. Einer setzte sich mir gegenüber, der andere neben mich. Dann saßen sie schweigend da und studierten meinen Paß. Sie überprüften die Stempel.

Sie fanden heraus, daß ich auf jener Bahnlinie nach Brasi- lien gefahren war, die als wichtigste Kokainschmuggelroute galt. Sie machten Bemerkungen zueinander über meine Rei- se durch Südamerika. Sie fanden es merkwürdig, daß ich wieder hier war und ausgerechnet in dem Hotel übernachte- te, das bei den Schmugglern am beliebtesten war. Erst jetzt begriff ich, daß sich dieses Gespräch eigentlich an mich rich- tete. Sie wollten mich mürbe machen. Der eine hielt meinen Paß anklagend in die Höhe und wandte sich mir zu, um mich mit der nächsten Frage zu konfrontieren.

»Wo hast du den Koks?«

»Wieviel hast du im Zug mit nach Brasilien genommen?«

»Mit wem warst du letzte Nacht zusammen?«

»Hast du sie bezahlt?«

»Wem hast du den Koks gegeben?«

»Sag uns die Wahrheit; es ist besser für dich.«

Die Fragen kamen wie aus der Pistole geschossen. Dies war nicht die übliche Masche mit einem guten und einem bösen Bullen. Dies waren zwei böse Bullen. Sie wechselten sich in der Befragung ab. Rasch war ich verwirrt. Sie saßen nur wenige Zentimeter von mir entfernt, ihre Augen ließen mich nicht los, ihre Münder klagten mich an.

»Weshalb hast du Koks genommen?«

»Warum schmuggelst du?«

»Wieviel verdienst du?«

»Bist du schon mal verurteilt worden?«

Meinen gestotterten spanischen Antworten schenkten sie keine Beachtung.

»Bist du deshalb in Bolivien?«

»Was machst du wirklich in Bolivien?«

Ich versuchte, ihnen von dem Park zu erzählen. Sie hörten nur gar nicht zu. Sie rückten näher, bis sie mich berührten. Immer gehässiger begannen sie wieder von vorn. Die Spucke aus ihren häßlichen Mäulern spritzte mir in die Augen.

»Wo hast du den Koks?«

»In deinem Zimmer?«

»Wir wissen, daß du Koks hast!«

»Lüg uns nicht an!«

»Wo hast du das Kokain?«

»Wo hast du's versteckt?«

»Wir finden es!«

»Wo hast du das Kokain her?«

Dann kam der kritische Moment.

»Wieviel Geld hast du?«

»Ich habe nichts!«

Sie lächelten und begannen nochmals von vorn. »Wo hast du den Koks?«

Sie hatten mich bereits eine halbe Stunde lang verhört. Ich wußte, ich würde bald nachgeben.

»Wieviel Koks hast du?«

»Was ist er wert?«

Ich atmete tief durch und sah dem Boß voll in die Augen. »Ich rühre kein Kokain an. Ich verkaufe kein Kokain. Ich habe kein Kokain! Ich habe nichts! Nichts! Nichts!«

Sie sahen sich an und berieten. Derjenige, der mir gegenübersaß, flüsterte: »Ich finde, wir sollten ihn mitnehmen und sein Blut testen. Der ist auf Schnee.«

Der Boß drehte sich um und betrachtete mich eingehend. »Wir kommen heute abend um sechs zurück. Denk darüber nach. Dann wollen wir Antworten!«

Die Angst und der Adrenalinschock ließen mich zittern. Ich ging hinauf und durchsuchte mein Zimmer von oben bis unten. Es war mir nichts untergeschoben worden. Ich schloß die Tür ab und machte mich auf die Suche nach dem britischen Konsulat.

Ich fühlte mich einsam und verletzlich. Die Angst brachte meine Instinkte zum Vorschein: Flieh oder kämpfe. Ich würde kämpfen.

Auf der Straße kribbelten die Haare in meinem Nacken. Obwohl ich niemanden bemerkte, war ich sicher, daß ich verfolgt wurde. Schließlich fand ich das Konsulat. Der Konsul war sehr beschäftigt. Ich sagte der Empfangsdame, ich würde mich nicht von der Stelle rühren, bis ich mit ihm gesprochen hätte. Nach einer Stunde wurde ich vorgelassen.

Der Konsul war ein amerikanischer Geschäftsmann, der sich ein paar zusätzliche Dollars verdiente, indem er als Teilzeitbeschäftigung ein Konsulat führte. Ich erklärte ihm, was mir zugestoßen war, und er schlug skeptisch meinen Namen und meine Kontaktadressen nach. Ich verstand seine Zweifel, denn die meisten Ausländer sind in den Kokainhandel involviert. Zu meinem Glück erinnerte er sich daran, meinen Vater während dessen Aufenthalt kennengelernt zu haben. Er sagte jedoch, er fahre am Nachmittag weg und könne mir nicht beistehen, wenn die Männer zurückkämen. Statt dessen wollte er mir ein paar gute Ratschläge geben.

Als erstes sagte er, ich solle sie unter keinen Umständen in meinem Zimmer empfangen. Sie würden möglicherweise Beutel mit Kokain fallen lassen, um sie dann bei der Suche wiederzufinden und zu behaupten, sie gehörten mir. Wenn sie darauf bestanden, mein Zimmer zu durchsuchen, solle ich die Empfangsdame bitten mitzukommen, damit die Wahrscheinlichkeit geringer würde, daß so etwas geschah. Außerdem sollte ich mir die Namen der Männer notieren. Es gab viele Betrüger, die sich als Polizisten ausgaben, um Bestechungsgelder zu kassieren. Doch selbst wenn sie wirklich von Interpol kamen, war das keine Garantie für ihre Ehrlichkeit.

Ich hatte den Konsul nun praktisch von meiner Unschuld überzeugt, und er willigte ein, mir eine Empfehlung zu schreiben. Auf der Rückseite einer Visitenkarte notierte er, daß mein Vater und ich dem britischen Konsulat bekannt seien und daß mein Vater für die britische Gesandtschaft gearbeitet habe. Die Frau des Konsuls, die als seine Sekretärin arbeitete, sagte, ich solle mich auf keinen Fall irgendwohin bringen lassen. Wenn ich meine Einwilligung dazu gäbe, wäre ich vollkommen in ihrer Macht und würde einfach verschwinden. Sie gab mir sogar noch ihre private Telefonnummer, falls es irgendwelche Probleme geben sollte. Sie sagte, ich solle sie sofort anrufen, wenn die Männer weg waren, um ihr mitzuteilen, daß alles in Ordnung sei. Ich dankte beiden und nahm ein Taxi zum Naturkundlichen Museum.

Paolo erklärte sich freundlicherweise bereit, um halb sechs in mein Hotel zu kommen, um mich moralisch zu unterstützen und wenn nötig für mich zu dolmetschen. Das erste Verhör hatte mein Spanisch bis an die Grenzen strapaziert. Diese Art, eine Sprache zu lernen, schien mir unnötig mit Streß verbunden zu sein. Ich ging ins Hotel zurück und durchsuchte mein Zimmer erneut von oben bis unten. Dann steigerte ich mich in eine Wut hinein. Ich würde diesen Scheißkerlen einen Empfang bereiten!

Kurz nach vier klingelte das Telefon. Ein Freund warte am Empfang auf mich, ob er heraufkommen dürfe. Panik erfaßte mich. Ich witterte eine Falle.

Zum Glück war es nur Chingo, ein Bekannter aus Buena Vista. Er sagte, Anita werde vermißt. Seit gestern abend habe sie niemand mehr gesehen. Ob ich sie noch getroffen habe.

»Ich habe sie nicht mehr gesehen, seit ich Buena Vista verlassen habe«, log ich.

»Ihre Mutter glaubt, sie sei bei dir, und wenn sie nicht bald zurückkommt, wird sie die Polizei rufen.«

Zum Glück wußte Anitas Mutter nicht, wo ich war, sonst wäre sie bestimmt schon vorbeigekommen. Chingo sagte, die Polizei könne mich verhaften, weil ich mit einem Mädchen unter einundzwanzig geschlafen hatte. Normalerweise werde dieses Gesetz nicht beachtet. Wenn es jedoch um einen Gringo ginge, könnte natürlich ein Bestechungsgeld drinliegen.

Da Interpol bereits versuchte, mir Kokainbesitz und Drogenschmuggel anzuhängen, fand ich diese Eröffnung nicht ganz fair. Ich sah die erzwungene Hochzeit bereits vor mir, wobei der Zwang in der Androhung einer Haftstrafe bestand. Ich hatte genug von Bolivien. Es war Zeit zu gehen. Je eher ich wegkam, um so schneller konnte Anita ihr Leben weiterleben. Ich ging zum Reisebüro und buchte für den nächsten Morgen einen Flug nach Peru.

Die Männer von Interpol kreuzten nicht mehr auf. Das war vermutlich gar nicht schlecht, denn in meinem Gemütszustand hätte ich wahrscheinlich versucht, sie umzubringen. Ich kann nur annehmen, daß sie mir ins Konsulat gefolgt und zu dem Schluß gekommen waren, ich sei unschuldig oder nicht in der Lage zu bezahlen.

Paolo ging zum Abschied mit mir essen. Da traf ich einen von Anitas Freunden. Es gab noch immer keine Spur von ihr, die Polizei war alarmiert worden. Ich verbrachte eine besorgte, unruhige Nacht allein in meinem Hotelzimmer.

Am nächsten Morgen verließ ich Bolivien, ohne mich noch einmal von Anita zu verabschieden. Ich hatte weder eine Nummer, die ich hätte anrufen können, noch eine Adresse, um ihr einen Brief zu schicken. Sie war jetzt seit vierundzwanzig Stunden verschwunden. Ich wußte nicht, wo sie war, ja ich wußte nicht einmal, ob sie überhaupt noch lebte.

24
Peru

Der Streß des Reisens in Südamerika lenkte mich ab. Ich war vollkommen damit beschäftigt, auf mein Gepäck und mein Geld aufzupassen, nach möglichen Gefahren Ausschau zu halten und herauszufinden, was ich zu tun hatte. Ich verdrängte alle Gedanken an das, was hinter mir lag, und konzentrierte mich auf die Zukunft. Mein Ziel war Lima – und das war alles, was ich wissen mußte.

Am Informationsschalter des Flughafens von Lima erkundigte ich mich nach dem durchschnittlichen Fahrpreis für ein Taxi ins Zentrum. Bezeichnenderweise hatten sie ihr eigenes Taxi, und zehn Dollar schien akzeptabel. Sie riefen den Fahrer herbei, und ich übergab ihm mein Gepäck.

Sein Wagen war ein Relikt aus einer vergangenen Zeit. Zu meiner Verblüffung erwachte es jedoch zum Leben, und wir tuckerten unter fröhlichem Fehlzündungsgeknatter dahin. Wenige Meilen vom Flughafen entfernt begann jedoch Rauch aus dem Armaturenbrett aufzusteigen. Der Fahrer wedelte ihn ungerührt weg und streckte den Kopf aus dem Fenster, damit er noch sah, wohin wir fuhren. Dann wurde der Rauch dichter und zog in beißenden Schwaden durch den Wagen. Ich mußte so husten, daß ich kein Wort herausbrachte. Schließlich krächzte ich: »Halten Sie an!«

Er fuhr an den Straßenrand, und ich stieg aus und fragte mich, wo ich in Deckung gehen sollte. Er sah, daß ich etwas verunsichert war, und versuchte mich zu beruhigen.

»Keine Sorge, das ist nur die Elektrik.«

Ich war sofort erleichtert. Der Fahrer bekämpfte die Flammen, bis nur noch ein Flackern zu sehen war, und ließ mich wieder einsteigen. Er versicherte, das Feuerwerk sei vorüber.

Wir fuhren weiter in Richtung Stadt. Am Rand der breiten Straßen standen baumartige Skulpturen aus Auspuffrohren und -töpfen. Der Fahrer erklärte mir, sie gehörten den inoffiziellen Mechanikern, die so Kundschaft anlocken wollten. Die Mechaniker konnten sich weder eine Werkstatt noch das Steuernzahlen leisten, deshalb arbeiteten sie vom Straßenrand aus.

Während wir warteten, bis die Ampel auf Grün sprang, stürzten kleine Jungen zwischen die Autos, wuschen Windschutzscheiben und verlangten Geld. Die Ampel zeigte jedoch Grün, bevor sie bei unserem rußverkrusteten Rennwagen angekommen waren. Die Motoren heulten auf, und die Wagen schossen los, ohne die verwahrlosten Jungen zu beachten, die sich mit Hechtsprüngen auf die Gehsteige in Sicherheit brachten. Dutzende geraten auf diese Weise jedes Jahr unter die gleichgültigen Räder.

Meine Nase, die inzwischen wieder vom Rauch geschmolzener Kabel frei war, sog den Geruch der Stadt in sich auf. Lima stank. Die beißende Ausdünstung von Urin füllte meine Lungen. Seit 1972 hat es in Lima nicht mehr geregnet, und die alten Sandsteingebäude und Straßen haben den Geruch in sich aufgenommen. Die aggressive Hitze der alles bleichenden Sonne verstärkt den Gestank noch zusätzlich.

Ich dachte mir, daß mein Vater diesen Taxifahrer mit seinem Wagen als symbolische Karikatur südamerikanischer Zustände zu schätzen wüßte. Deshalb trug ich dem Mann auf, meinen Vater abzuholen und zum Hotel zu bringen. Den

Rest des Tages verbrachte ich damit, die Getränkerechnung meines Vaters stattlich aussehen zu lassen.

Er traf am folgenden Nachmittag ein. Ich saß noch immer in der Hotelbar. Mir fiel auf, wie blaß mein Vater war, sonst wirkte er unverändert. Er war jedoch entsetzt über meinen Anblick. Unser Wiedersehen wurde etwas getrübt durch seine Besorgnis über mein Aussehen. Ich war von zweiundachtzig auf dreiundsechzig Kilo abgemagert. Doch ich versicherte ihm, daß das nichts zu bedeuten habe.

Nachdem ich all meine Überredungskünste aufgeboten hatte, willigte er schließlich ein, den Nachmittag trotzdem mit Besichtigungen zu verbringen. In einem Museum lächelten uns ein paar junge Mädchen zu. Mein völliger Mangel an Interesse machte das Maß voll. Mein Vater glaubte, ich leide an einer tödlichen Krankheit – erst der Gewichtsverlust und jetzt dieses Desinteresse am andern Geschlecht. Er kürzte unseren Ausflug ab, und in den folgenden drei Tagen schleppte er mich zu Tests in verschiedene Kliniken. Nachdem Röntgenbilder gemacht und allerlei intime Untersuchungen vorgenommen worden waren, besprachen wir die Resultate mit dem Hotelarzt. Er sagte, ich sei extrem unterernährt und müsse nur sorgfältig wieder aufgepäppelt worden. Ich war sehr erleichtert, daß ich keine bleibende Krankheit hatte – die Gelbfieberspritze war mir noch in allzu guter Erinnerung.

Da mein Vater nun zufriedengestellt war, machten wir uns daran, uns zu amüsieren. Auf einer vom Hotel organisierten Stadtrundfahrt bekamen wir den Präsidentenpalast und das Stadtkloster zu sehen. In dem Kloster führte uns der Reiseleiter schmale Gänge und zerfallene Treppen hinunter, bis wir in die dunklen Eingeweide des alten Gemäuers vordrangen. Während der Führung durch die Katakomben bildeten mein Vater und ich das Schlußlicht. Durch ein kleines Loch in der Wand eines Ganges entdeckte ich einen versteckten Keller, in dem Knochen aufgetürmt lagen – darunter auch menschliche Brustkörbe und Schädel. Wir hörten, wie der Führer erklärte, wir beträten nun den alten Friedhof der Stadt. Noch bis vor hundert Jahren hatten die Einwohner von Lima ihre Toten zur Bestattung ins Kloster gebracht. Der Boden war jedoch so hart, daß eine konventionelle Beerdigung unmöglich war. Statt dessen wurden sie einfach in diese Keller geworfen. Die Zahl der Leichen, die sich über vierhundert Jahre in diesen Gewölben angesammelt hatten, wurde auf über achtzigtausend geschätzt.

Die Führung ging weiter. Der schmale Gang lag nun etwas erhöht, und auf beiden Seiten befanden sich offene, ummauerte Gruben voller Knochen. Das bemerkenswerte daran war, daß es sich nicht um vollständige Skelette handelte, jede Grube enthielt einen anderen Körperteil. Es gab eine Grube für Oberschenkelknochen, eine für Arme, eine für Schädel und so weiter. Ein paar der Steinbehälter waren zerbröckelt, und Knochen waren in den Durchgang gefallen. Mit echtem Gespür für das Bedürfnis der Touristen wurde von uns erwartet, daß wir einen Bogen um die Brustkörbe machten. Das mußten ernstlich gestörte Nonnen gewesen sein, die diese Leichen zerlegt und sortiert hatten.

Wir folgten dem Führer in einen großen Raum. Es hieß, hier seien die sterblichen Überreste bedeutender Persönlichkeiten aufbewahrt worden. Auf dem Grund einer großen, brunnenähnlichen Vertiefung waren die Knochen kreisförmig ausgelegt; Schädel und Oberschenkelknochen bildeten konzentrische Kreise. In dem schwachen, orangefarbenen Licht wirkte das alles ziemlich makaber. Die leeren Augenhöhlen der Schädel schienen uns anzustarren, und die zahnlosen Kiefer grinsten ihre Bewunderer an.

Mein Vater wollte diesen Pseudohades unbedingt fotografieren, hatte aber leider den Blitz vergessen. Er stellte eine Belichtungszeit von einer halben Minute ein und hielt den Fotoapparat mit unnachgiebiger Konzentration auf das Motiv gerichtet. Unterdessen führte der Reiseleiter die Gruppe die Gänge entlang zurück. Ich blickte ihnen nervös nach.

»Nun mach schon!« Sie waren bereits im Labyrinth der Tunnel verschwunden. Mein Vater stand ungerührt da. Ich war hin und her gerissen, ob ich die Gruppe einholen oder bei meinem Vater bleiben sollte. Mutig entschied ich mich für letzteres. Schließlich brauchte ich meinen Vater noch, um die Hotelrechnung zu bezahlen. Bis er endlich fertig war, war sogar das Echo der Schritte verhallt. Ich betete darum, daß sie die Lichter nicht ausgeschaltet hatten. Die unheimliche Dunkelheit drohte uns zu verschlingen wie der Rachen eines hungrigen Minotaurus. Gerade noch rechtzeitig, bevor sich der Weg gabelte, hörten wir in der Ferne etwas, das dem Geräusch von Füßen täuschend ähnlich klang. Wir jagten den schwachen Schritten nach und schlossen uns der Gruppe gerade wieder an, als uns der Reiseleiter in oberirdische Gefilde führte.

Er drehte sich um und lächelte. »Sind alle da? Gut. Ich möchte Sie lieber nicht verlieren. Hier unten gibt es genug verlorene Seelen!«

Wir lachten alle höflich über diesen Standard-Reiseführer-Witz, mein Vater und ich jedoch etwas begeisterter als die anderen.

Am selben Nachmittag buchten wir bei einem Reisebüro eine Tour nach Cuzco und Machu Picchu, der einstigen Inkastadt. Ich hatte beschlossen, daß ich nach Neuseeland weiterreisen und meinen Onkel besuchen wollte. Deshalb schenkte mir mein Vater zu meinem bevorstehenden einundzwanzigsten Geburtstag ein Flugticket nach Santiago de Chile. Von dort konnte ich nach Neuseeland weiterfliegen.

Unser Hotel in Lima lag direkt an der zentralen Plaza San Martín. An unserem letzten Nachmittag stand ich auf dem Platz und sah einem Straßenkünstler zu, obwohl ich wußte, daß mich das zur Zielscheibe von Taschendieben machte. Um die Gefahr zu begrenzen, hatte ich beide Hände tief in die Taschen gesteckt. In einem kurzen Moment der Entspannung spürte ich jedoch eine heftige Drehung an meinem Handgelenk. Ich blickte hinunter, aber nichts berührte mich. Ich ließ meinen Blick über die Menge schweifen, aber niemand stand in meiner Nähe. Dies war der schnellste versuchte Überfall, den ich mir vorstellen konnte. Jemand hatte mir die Uhr herunterreißen wollen. Das Plastikarmband war eingerissen, jedoch nicht entzweigegangen, wie es bei einem aus Leder oder Metall bestimmt der Fall gewesen wäre. Ich war erschrocken und verblüfft über die Geschwindigkeit dieses Möchtegerndiebs. Ich hatte aufgepaßt, obwohl es noch früher Nachmittag war, und hatte trotzdem niemanden gesehen. Mein Handgelenk schmerzte.

Schließlich bestiegen wir das Flugzeug nach Cuzco. Ich war froh, den Gestank und die Aggressivität von Lima hinter mir zu lassen.

25
Die verlorene Stadt

Cuzco ist eine Bergstadt, nicht weit von den Inkaruinen von Machu Picchu entfernt. Im Lexikon steht, Machu Picchu bedeute »Verlorene Stadt der Inka«. Ich konnte aber nicht glauben, daß die Inka eine Stadt, die sie soeben erbaut hatten, eine »verlorene Stadt« genannt hatten. Ich nahm an, daß dieser Name für die Touristen erfunden worden war und die wahrscheinlichere Übersetzung »Schwer zu findende Stadt der Inka« lautete.

Beim Anflug auf Cuzco navigierte das kleine Flugzeug zwischen zwei Bergen hindurch, legte sich scharf in die Kurve und hatte nach der Landung noch bequeme drei Meter Rollbahn übrig. Wir wurden von einem Reiseleiter abgeholt und in unser Hotel gebracht. Die Luft war kalt, aber frisch. Cuzco war einst die Hauptstadt der Inka gewesen. Es wird von der zentralen Plaza dominiert. Eine Seite davon ist noch heute von den Grundmauern des zerstörten Königspalastes der Inka begrenzt.

Während wir die engen Kopfsteinpflastergassen erkundeten, beobachtete ich, wie einem Mann seine Uhr abhanden kam. Dabei benutzte der Dieb ein Werkzeug, das aussah wie eine lange Schere mit gebogenen Spitzen. Er hakte die Spitzen unter das Armband ein und riß es weg. Der ganze Vorgang dauerte weniger als zwei Sekunden, und bevor weder der Mann noch ich reagieren konnten, war der Dieb über alle Berge.

Am nächsten Morgen wurden wir sehr früh zur Bahnstation gebracht, wo wir den Touristenzug nach Machu Picchu bestiegen. Auf dieser Bahnlinie verkehren täglich zwei Züge. Der eine ist ausschließlich für Touristen reserviert und kostet etwa sechzig Dollar für die Hin- und Rückfahrt. Der ändere ist der planmäßige Regionalzug. Mit ihm kostet die Fahrt hin und zurück etwa zwei Dollar. Die sechzig Dollar sind jedoch gut investiert.

Der Regionalzug ist wahrscheinlich der berüchtigtste in ganz Südamerika. Ich weiß von drei Ausländern, die in den letzten zwei Jahren unabhängig voneinander auf dieser Strecke ums Leben kamen. Außerdem habe ich einen Mann kennengelernt, der einen Angriff überlebte. Er wurde von drei Einheimischen aus dem Wagen gestoßen. Sie zwangen ihn hinunter auf die Kupplung zwischen den Wagen. Um zu überleben, ließ er seinen Geldgürtel los und hielt sich am Geländer fest. Dabei wurde sein Körper nur um Zentimeter nicht von den Rädern zermalmt. Seine Schreie alarmierten schließlich den einzigen Zugführer, und die Männer verschwanden. Er konnte nicht begreifen, weshalb ihn die Männer nicht einfach mit einem Messer bedroht hatten. Es hatte den Anschein, als ob sie ihn wirklich töten wollten. Wie ich gehört habe, ist es den Mördern bei anderen Gelegenheiten gelungen, ihr Opfer unter die Räder zu stoßen. Danach liefen sie zurück, um den verstümmelten Leichnam auszurauben.

Besonders auf junge Reisende wirkt der billige Tarif des Regionalzugs verlockend. Sie tragen meistens ihren Fotoapparat, Rucksack und den Gürtel mit Reisegeld bei sich. Den außerordentlich armen Einheimischen müssen sie wie potentielle Goldminen vorkommen. Die Versuchung erweist sich für viele als zu groß. Aber auch diejenigen, die sich nicht an den Überfällen beteiligen, sehen nicht hin, wenn Fremde aus dem Wagen gedrängt werden. Niemand hat je etwas gesehen, obwohl Überfälle beinahe jede Woche vorkommen.

In der plüschigen Sicherheit unserer verschlossenen Wagen überholten wir den Regionalzug. Er war auf ein Nebengleis ausgewichen, um unser schnelleres Gefährt vorbeizulassen. Ein reicher Amerikaner streckte den Kopf aus dem Fenster und winkte den Einheimischen zu. Als wir auf gleiche Höhe mit den überfüllten Wagen kamen, lehnte sich ein Jugendlicher über den Zwischenraum hinweg und griff nach dem Handgelenk des Amerikaners. Er erwischte seine Uhr jedoch nicht, sondern versetzte der winkenden Hand des Mannes lediglich einen Schlag. Der Amerikaner blickte verdutzt zurück und fragte sich, woher der Schlag gekommen war. Er merkte gar nicht, daß er soeben einem Diebstahl entgangen war. Wir glitten den Gleisen entlang davon. Die meisten Touristen hatten die Nähe der brutalen Armut gar nicht bemerkt.

Als wir im Bahnhof von Machu Picchu ankamen, wurden wir umgehend in Minibusse verladen. Sie fuhren uns aus dem Tal die gewundene Bergstraße hoch. Die Strecke ist so steil, daß die sechzehn Haarnadelkurven aus dem Berg herausgehauen werden mußten.

Schon wenn ich die zweite Stufe einer Trittleiter erklimme, bekomme ich Nasenbluten. Also setzte ich meine Sonnenbrille auf und schloß die Augen. Mein Vater gab laufend Kommentare zum beinahe senkrecht abfallenden Gefälle ab und sagte: »Ist das nicht unglaublich?«

Hinter dem dürftigen Schutz meiner fest zusammengepreßten Augenlider waren mir diese dauernden Bemerkungen lästig. Ich nickte und gab vor, ebenfalls begeistert zu sein. »Ja, wunderschön.«

Wir stiegen aus dem Bus und gingen das letzte Stück zu der dächerlosen Stadt zu Fuß. Mir liegt nicht besonders viel an Ruinen, vor allem wenn sie auf Klippen balancieren, aber ich war ergriffen von diesem beeindruckenden Schauplatz der Geschichte, der jahrhundertelang hier im Schatten der zeitlosen Berge verborgen gelegen hatte.

Ich überwand meine Höhenangst, und wir erkundeten die einmaligen Steinsetzarbeiten der Inka.

Die Ruinen der Stadt kauern, einem trunkenen Adler gleich, auf der Spitze des zerbröckelnden Berges. Ich fragte mich, wie und weshalb sie wohl dahingekommen waren. Ich kann nur annehmen, daß die Bauhandwerker der Inka die Pläne verkehrt herum hielten und die Stadt auf der Bergspitze statt unten im Tal errichteten. Es war ihnen gelungen, sie völlig autark zu machen: Auf schmalen, in den Berg gehauenen Terrassen wurde Gemüse angepflanzt und aus nahe gelegenen Quellen Wasser geholt. In den zweihundert Steinhäusern hatten etwa tausend Leute gelebt.

Ich stellte mir vor, daß diese Stadt für ein Kind ein schrecklicher Ort gewesen sein mußte. Wenn man beim Fußballspielen nicht aufgepaßt hatte, konnte man sich nicht einfach in den Garten des Nachbarn stehlen, um den Ball zu holen, sondern mußte sechshundert Meter senkrecht den Berg hinunterklettern und den Talboden absuchen.

Unser Führer räumte schließlich alle Zweifel an dem Namen Machu Picchu aus. Er sagte, das bedeute »Alter Gipfel«. Als wir ehrfürchtig neben dem alten Gipfel standen, überzog Nebel den benachbarten Berg, den Huayna Picchu oder »Neuen Gipfel«. Innerhalb von zehn Minuten hatte er sich ausgebreitet und alle Berge vor uns verborgen. So eingehüllt und vollkommen von der Welt abgeschnitten, kam es uns vor, als ob wir auf Wolken schwebten.

Nur ungern stiegen wir wieder in unseren Bus und traten die Fahrt talwärts an. Ich hoffte nur, daß die Bremsen funktionierten. Als wir um die zweite Haarnadelkurve bogen, sprang ein Junge, der kaum älter als zehn Jahre war, auf die Straße. Er jubelte und winkte uns zu, während wir vorbeifuhren. Als wir um die nächste Kurve bogen, wartete er bereits auf uns. Er winkte und rief wieder. Wir blickten zurück und sahen, wie er uns aus der Ferne nachwinkte. Dann sprang er über den Straßenrand. Nach der nächsten Kurve tauchte er wieder auf. Ich blickte den Hang hinauf, in die Richtung, aus der er gekommen war, und sah eine abgenützte Rutschspur in der Erde zwischen dem Gebüsch. Außer bei zweien erwartete uns der Junge bei allen Haarnadelkurven. Mir fiel auf, daß er bei mehreren seiner Abkürzungen ein Seil hinunterklettern mußte, da der Fels dort beinahe senkrecht abfiel.

Schließlich fuhr unser Bus in den Bahnhof ein. Der Junge erschien am Fuß des Berges und rannte die letzten zweihundert Meter über den Talboden, um den Bus gerade noch zu erreichen, als wir ausstiegen. Er stellte sich neben die Tür und streckte die Hand aus. Er hatte sich sechshundert Meter beinahe senkrecht den Berg hinunter fallen lassen. Nach dieser olympiareifen, mutigen Vorstellung rückten praktisch alle etwas Geld heraus. Grinsend und noch immer nicht außer Atem stopfte der Junge das Banknotenbündel in seine Hose und winkte uns zum Abschied. Er ging wieder zurück in Richtung Berg. Sein Arbeitstag war noch nicht zu Ende. Wenn er rasch genug hinaufstieg, war er in zwei Stunden für einen weiteren Abstieg bereit.

Auf halbem Weg zurück nach Cuzco verließ unsere Gruppe den Zug und bestieg einen Reisebus. Er fuhr uns auf einer Alternativroute durch die Berge. Plötzlich stießen wir auf der Straße vor uns auf einen Steinschlag. Statt zu bremsen fuhr der Fahrer mit einem selbstmörderischen Schwenker die Böschung hoch. Wir schafften es haarscharf an den Felsen vorbei. Uns Reiseleiter sagte über Lautsprecher: »Tut mir leid, meine Damen und Herren, aber es ist am besten, wenn man nicht anhält.«

Eine weitere Erklärung gab er nicht ab. Ein Holländer, der die letzten Jahre in Peru gelebt und gearbeitet hatte, klärte uns auf. Die einheimische Guerilla, die sich *Sendero Luminoso,* »Leuchtender Pfad«, nennt, inszeniert Steinschläge, um die Touristenbusse anzuhalten. Wenn der Bus stillsteht, werden die Touristen ausgeraubt, teilweise sogar erschossen. Die Terroristen hätten in den Büschen am Straßenrand versteckt liegen können. Wir waren froh, als wir ohne Einschußlöcher in Cuzco ankamen.

Die letzten beiden Tage verbrachten wir mit Besichtigungen in und um Cuzco und kauften ein paar Mitbringsel für die Familie in den unzähligen Handwerksläden ein. Die Straßenverkäufer belagerten uns unablässig, wir sollten ihre Glasperlen und Schnitzereien kaufen. Ich entdeckte einen kleinen Jungen, der geschnitzte Lamas verkaufte. Er bot sie einer Geschäftsinhaberin für umgerechnet fünfzig Cent das Stück an. Sie hatte jedoch kein Interesse. Darauf ging er auf die Straße hinaus und bot sie einer Touristin für zehn Dollar an. Sie kaufte eins.

Uns bot der jugendliche Unternehmer seine Lamas auf deutsch an. Auf spanisch sagten wir ihm, wir seien nicht interessiert. Er war zwölf Jahre alt, konnte aber Spielzeuglamas in sieben Sprachen verkaufen.

Mein Vater wollte einen Teppich für sein Büro kaufen. Die besten waren aus der Wolle von jungen Alpakas. Die Alpakas sind eng mit den Lamas verwandt. Wir fanden einen

Teppich, der ihm gefiel, und ich begann zu handeln. Ich flüsterte ihm zu: »Wieviel würdest du bezahlen?«

»Sechzig Dollar.«

Er steckte mir das Geld zu.

Die Besitzerin beobachtete uns, während wir ihre Teppiche betrachteten. »Sie mögen Teppich, Señor?«

Ich antwortete auf spanisch: »Der ist in Ordnung, hat aber nicht ganz die richtige Farbe. Haben Sie noch andere?«

Überrascht über mein Spanisch und meinen südamerikanischen Akzent, antwortete sie: »Ich habe nur die, die hier sind, Sir.«

Ich beriet mich in Englisch mit meinem Vater – in dem Wissen, daß sie uns verstehen würde. »Ich fürchte, das sind alle. Sollen wir noch woandershin gehen?«

Bevor er antworten konnte, unterbrach sie. »Das ist ein sehr schöner Teppich, Sir. Er ist aus Baby-Alpaka.«

Ich lachte: »Das sagen alle.«

»Sir, ich mache Ihnen einen Spezialpreis.«

»Wieviel?«

Sie schüttelte den Kopf und seufzte: »Hundertzwanzig Dollar.«

Ich zu meinem Vater: »Nebcnan haben sie bestimmt noch andere.«

»Hundertzehn Dollar, Señor.«

Da schnaubte ich: »Señora, das ist ein hübscher Teppich, aber das ist viel zu teuer.«

»Sagen Sie mir Ihren Preis, Señor.«

Ich befingerte den Teppich gedankenverloren. »Für vierzig Dollar würde ich ihn nehmen.«

»Señor, ich führe ein Geschäft.«

»Also gut, fünfundvierzig Dollar.«

»Dieser Teppich ist hundert Dollar wert, Señor.«

»Señora, die Geschäfte hier verkaufen alle dieselben Teppiche. Wahrscheinlich bekomme ich nebenan einen für fünfzig Dollar.«

»Niemals.«

Zu meinem Vater: »Sollen wir gehen?«

»Neunzig Dollar, Señor.«

»Señora, Sie verschwenden unsere Zeit. Ich gebe Ihnen fünfundfünfzig Dollar.«

»Ich habe eine große Familie, Señor, mit vielen Mäulern, die gestopft werden wollen. Ich kann Ihnen den Teppich nicht unter achtzig Dollar verkaufen.«

»Wir haben alle eine Familie, Señora. Außerdem hat er ohnehin nicht die richtige Farbe.«

»Sie sind ein zäher Verhandlungspartner, Señor. Für siebzig Dollar gehört er Ihnen, obwohl ich dabei nichts mehr verdiene.«

»Sechzig.«

»Nein, Señor. Da müßte ich drauflegen. Wollen Sie mich in den Konkurs treiben?« Sie sah aus, als ob sie gleich in Tränen ausbrechen würde.

»Natürlich nicht, Señora.« Ich zog meine Brieftasche hervor und zählte sechzig Dollar ab. Dann hielt ich ihr die Geldscheine hin. »Sechzig Dollar.«

Sie seufzte tief mit gesenktem Kopf. »Wollen Sie mich verhungern lassen?«

»Ich fürchte, ja.«

Mein Vater, der nicht zeigte, daß er Spanisch verstand, mußte sein Lachen mit einem Husten ersticken. Die Frau sah auf, und ein breites Grinsen überzog ihr Gesicht. »Sechzig Dollar«, bestätigte sie.

Sie schüttelte mir herzlich die Hand und lächelte meinem Vater glücklich zu. Sie nahm die Banknoten, zählte sie langsam und steckte sie sich zwischen die Brüste. Sie hatte noch immer einen guten Profit gemacht. Sie rollte den Teppich ein und dankte uns noch einmal. Winkend rief sie uns von der Tür aus nach: »Wenn Sie noch irgend etwas brauchen, kommen Sie bitte wieder. Sie wissen ja, daß ich Ihnen einen schönen Rabatt gebe. Gute Nacht, Señores.«

Von dem Verkauf konnte sie bestimmt zwei Wochen die Miete bezahlen. Wir winkten zurück: »Buenas noches, Señora.«

Am nächsten Morgen flogen wir nach Lima zurück. Ich verabschiedete mich von meinem Vater und sagte ihm, ich würde in ungefähr einem Jahr zurückkommen. Er sagte, ich solle so lange wegbleiben, wie ich könnte. Ich dankte ihm für sein Verständnis.

Als ich wieder allein im Hotel war, freute ich mich darauf, Peru zu verlassen. Ich hatte das Gefühl, hier sei es am gefährlichsten gewesen. Etwas brodelte hier, das jeden Moment ausbrechen konnte.

Ich hatte jedoch noch einen Tag Zeit, bis mein Flug nach Chile ging. Ich blieb in meinem Hotelzimmer. Im Fernsehen und in den Zeitungen berichteten sie über politische und soziale Unruhen. An jenem Abend wurde in Lima ein junger Ausländer erschossen. Der Sentiero Luminoso hatte eine billige Pension überfallen, ihn als Touristen herausgepickt und ermordet. Ich sah von meinem Hotelzimmer aus zu, wie sich eine große Protestkundgebung auf der Plaza San Martín formierte.

Am nächsten Tag kam ein Anruf vom Reisebüro. Ich solle doch bitte vorbeikommen. Die Fluggesellschaft war das jüngste Opfer der Unruhen. Sie streikten alle. Ich fragte die Dame vom Reisebüro, wann der nächste Flug ginge. Bis auf weiteres waren alle Flüge ausgebucht. Wer konnte, verließ Peru. Sie konnte mir erst in drei Wochen einen Flug mit einer anderen Gesellschaft anbieten. Die streikende Fluggesellschaft weigerte sich, mir mein Ticket zu vergüten.

Der einzige andere Weg aus dem Land war eine viertägige Busfahrt durch das Gebiet der Rebellen. Die Reisebüroangestellte sagte, sie würde ihr Bestes tun und versuchen, mein Geld zurückzubekommen. Ich ging ins Hotel zurück. Davor stand ein Panzer. Die Busreise wäre Selbstmord.

Ich wagte es, das Hotel zu verlassen, um nur eine Schachtel Zigaretten zu kaufen. Auf dem Rückweg kamen zwei Sturmfahrzeuge der Armee mit quietschenden Reifen die Straße heraufgerast. Ich zog mich in die Eingangshalle des Hotels zurück, während weitere Armeefahrzeuge aus den Nebenstraßen schossen. Mehrere hunderte Leute, die auf der Plaza versammelt waren, stoben panikartig in alle Richtungen auseinander. Die meisten saßen jedoch in der Falle. Innerhalb einer Minute hatte die Armee die Plaza San Martín vollständig abgeriegelt. Ich beobachtete, wie die Polizei rund um die Menge Barrikaden errichtete und sie mit Maschinengewehren in Lastwagen trieb. Ein paar, die sich ausweisen konnten, durften gehen. Am nächsten Tag gab es in der Zeitung keinerlei Erklärung für den Vorfall. Ich wollte so schnell wie möglich weg aus Peru.

Ich ging nochmals ins Reisebüro. Die Straßen waren unnatürlich ruhig, die Gegenwart der Armee förmlich spürbar. Jetzt war innerhalb der nächsten vier Wochen nur noch ein Platz in der ersten Klasse frei. Der Flug ging in zwei Tagen. Ich sagte der Dame im Reisebüro, sie solle ihn buchen. Mein Vater hatte für das ursprüngliche Ticket mit seiner Kreditkarte bezahlt. Die Fluggesellschaft würde jenes Ticket als Anzahlung auf das Erste-Klasse-Ticket akzeptieren. Ich erklärte der Angestellten, mein Vater sei unterdessen nach

England zurückgekehrt und könne deshalb die Differenz nicht begleichen. Und ich mußte für vierzig Dollar die Nacht im Hotel bleiben, weil die Fluggesellschaft, die ihr Büro mir empfohlen hatte, nicht flog. Sie sagte, ihr Büro werde weder für die Differenz des Flugpreises noch für meine Hotelrechnung aufkommen. Ich sagte ihr, ich hätte das Geld nicht, um die Differenz zu bezahlen, sie solle sie auf die Rechnung meines Vaters setzen.

Nach längerem Hin und Her mit dem Geschäftsleiter willigten sie ein, die Rechnung meines Vaters zu erhöhen. »Wir nehmen ein großes Risiko auf uns, Señor. Wenn Ihr Vater sich weigert, die Differenz zu bezahlen, werden wir einen Verlust machen.«

»Keine Sorge, er bezahlt schon.«

»Sind Sie sicher? Haben Sie ihn gefragt?«

»Ja, kein Problem. Ich habe ihn heute morgen angerufen.« Verzweifelte Umstände rechtfertigen verzweifelte Lügen.

»Also gut. Wir glauben, daß Sie ehrlich sind. Wir werden Ihnen vertrauen.«

Sie gaben mir mein Flugticket erster Klasse. Ich verbrachte den Abend in der Hotelbar und nahm früh am nächsten Morgen das Taxi zum Flughafen.

26
Erster Klasse

Ich ging zu Fuß zu meiner Maschine und wurde an meinen Platz begleitet. Ich hatte das letzte Ticket in der ersten Klasse gekauft, das zu haben war, aber außer mir gab es nur fünf andere Erste-Klasse-Passagiere. Die Stewardeß nahm mir meine Jeansjacke ab und hängte sie zu den italienischen Designersakkos meiner Mitreisenden. Dann half sie mir in meinen Sessel, der die Größe eines Sofas hatte. Der Kapitän streckte den Kopf zur Tür herein und hieß uns an Bord der Maschine willkommen. Er schüttelte dem Mann neben mir die Hand und begrüßte ihn mit seinem Namen.

Als wir alle bequem saßen, hob die Maschine ab. Auf meinem Sitz hatte eine Tüte mit Geschenken der Fluggesellschaft gelegen: ein Spiel Karten, ein Paar Socken, Postkarten, Briefumschläge, Gepäckschilder und eine ziemlich verwegene rotschwarze Augenbinde.

Wir hatten zwei Stewardessen zu unserer Betreuung. Sie brachten einen Servierwagen mit Zeitungen. Ich bat um eine englische Zeitung. Sie gaben mir eine amerikanische. Ich sagte, ich wolle eine Zeitung aus England. Sie entschuldigten sich überschwenglich, aber das sei die einzige englischsprachige Zeitung, die sie hätten. Ich akzeptierte sie, zuckte jedoch die Schultern, um zu betonen, daß ich auf einem Flug erster Klasse auch eine erstklassige Zeitung erwartete. Eine halbe Flasche Sekt und ein paar Lachshäppchen beschwichtigten mich jedoch. Ich blätterte meine Zeitung durch, bis ich die Comics gefunden hatte, aber sie hatten durch die Übersetzung etwas an Reiz verloren, also wandte ich mich meinem Nachbarn zu, um zu plaudern. Als er die Beine übereinanderschlug, fiel mir auf, daß er seidene Socken trug. Ich hatte noch nie mit jemandem gesprochen, der seidene Socken trug.

Reiche Südamerikaner sind unglaublich empfänglich für die westliche Kultur. Allein der Umstand, daß ich Engländer war, reichte in der Regel als Empfehlung aus, um mich jemandem vorzustellen. Trotz meiner Jeans nahm mein Nachbar an, da ich Englisch sprach und erster Klasse reiste, müsse ich ein Gentleman von Rang und Namen sein. Ich sah keinen Grund, ihn eines Besseren zu belehren. Er strahlte Reichtum und Macht aus, also beschloß ich, an seinen Snobismus zu appellieren. Aber wie sollte ich das Gespräch beginnen?

»Guter Sekt, schmeckt wie ein Siebenundsiebziger« schien mir etwas riskant, da ich nichts von Sekt verstehe. Über Seidenraupen wußte ich dagegen Bescheid.

»Schöne Socken tragen Sie. Sind die aus Seide?«

»Ja, ich habe sie bei Harrods gekauft.«

»Oh, wirklich? Ich kaufe oft dort ein. (Ein einziges *Terry's Chocolate Orange,* 1977.) Waren Sie kürzlich dort?«

»Nein, seit zwei Jahren nicht mehr.«

»Sprechen Sie Englisch?«

Er sprach Englisch, und London hatte ihm sehr gut gefallen, obwohl das Hotel zweihundert Dollar am Tag kostete. Er wartete auf meine Reaktion, interessierte sich offensichtlich dafür, was ich von dem Preis hielt.

»Würde das in Südamerika als teuer gelten?« fragte ich lässig.

Er war ein cooler Typ, er zuckte nur die Schultern und

sagte: »Ja, schon eher.« Er erklärte, er interessiere sich für die Preise, weil er eine Hotelkette in Peru besitze. Ich fragte ihn, warum er nach Santiago reise. Er sagte, er sei Senator und fliege mit seinem Fußballteam nach BuenosAires. Fußball mit Politik zu verbinden war hier die Regel. Allerdings hielten die meisten Südamerikaner Fußball für wichtiger. Dieser Besuch sollte auch seine persönlichen Beziehungen zur Regierung in Buenos Aires festigen. Ich fand heraus, daß seine Partei nicht an der Macht war, also schien es mir nicht allzu gewagt, ihn nach dem verheerenden Zustand der peruanischen Wirtschaft zu fragen.

Peru verfügt über enorme natürliche Ressourcen. Die Peruaner haben Gas, Öl, Zinn, Silber und Gold. Außerdem besitzt das Land die unterschiedlichsten Klimazonen, von den Tropen bis hin zu Bergwüsten. Demzufolge würde man denken, sie könnten anpflanzen, was immer sie wollten.

Er erklärte mir jedoch, daß die Wurzel allen Übels die Korruption sei. Er sagte, die regierenden Minister zögen es vor, Waren zu importieren, statt die einheimische Produktion zu fördern. Der Grund dafür liege darin, daß sie von den multinationalen Firmen riesige Provisionen dafür kassierten, Geschäfte in die Wege zu leiten. Er lächelte über meinen empörten Gesichtsausdruck und sagte, den Rummel um Provisionen gebe es überall auf der Welt. In Peru sei er einfach außer Kontrolle geraten.

Dann erzählte er nur die Geschichte eines peruanischen Senators, der anläßlich eines Kulturaustauschs von einem amerikanischen Senator in dessen Haus eingeladen worden war. Der Amerikaner besaß eine wunderschöne Villa in einem teuren Vorort der Stadt. Der Peruaner war sehr beeindruckt vom hohen Lebensstandard des Amerikaners. Er meinte, der Amerikaner müsse wohl unabhängig von seinem Einkommen sehr reich sein, um sich ein solches Haus leisten zu können. Der Amerikaner lächelte verschlagen und sagte: »Eigentlich nicht.«

Der Peruaner war verblüfft, also klärte ihn der Amerikaner auf. Er führte ihn zu einem Fenster und zeigte ins Tal hinunter.

»Sehen Sie jene Straße und die Brücke dort unten?«

»*Sí.*«

»Nun, ich habe den Bau organisiert, und von den zehn Prozent Provision habe ich dieses Haus gebaut.«

Er klopfte sich selbstgefällig auf seine Hosentasche. Der Peruaner war tief beeindruckt.

Ein Jahr später kam der Amerikaner nach Peru. Er fuhr die drei Meilen lange, magnoliengesäumte Auffahrt zum Haus des Senators hinauf, er stieg die marmorne Treppe empor und wurde von einem Butler hereingebeten. Er traf den Senator im Westflügel seines palastähnlichen Zuhauses. Der Amerikaner war tief beeindruckt. »Sie müssen wohl unabhängig von Ihrem Einkommen sehr reich sein, um sich ein solches Haus leisten zu können.«

Der Peruaner lächelte und führte ihn zu einer sechs Meter langen Glasveranda.

»Sehen Sie jene Straße und die Brücke dort unten?«

»Nein.«

»Eben – von der hundertprozentigen Provision wurde dieses Haus gebaut.«

Alle Passagiere der ersten Klasse lachten, da auch sie der Geschichte gelauscht hatten, die eindeutig zu ihren liebsten gehörte. Mein Nachbar erklärte mir, daß die Geschichte auf Tatsachen beruhe, aber der bekannteste peruanische Politikerwitz sei.

In meiner Naivität fragte ich: »Wie können sich die Politiker diese offenkundige Korruption erlauben?« Er antwortete, fünfundneunzig Prozent der Bevölkerung seien Analphabeten und die meisten anderen akzeptierten die Korruption einfach. Sie wüßten, daß sie, wenn sie die Gelegenheit dazu hätten, genauso handeln würden. Was Peru brauchte, waren ehrliche Politiker.

Ich sagte, das gelte wohl für jedes Land. Er entgegnete, er beispielsweise sei bereits reich und wolle nur das Beste für sein Land. Er meinte, er hätte gute Chancen, der nächste peruanische Präsident zu werden.

»Haben Sie eine Tochter?« fragte ich.

Sie war neunzehn und weilte in einem Mädchenpensionat in der Schweiz. Er gab mir seine Adresse und sagte, wenn ich das nächste Mal in Lima sei, müsse ich ihn anrufen. Schmunzelnd fügte er hinzu, vielleicht wohne er dann bereits im Präsidentenpalast.

Wir unterbrachen unsere Unterhaltung zum Lunch, der von einem silbernen Servierwagen auf silbernen Tellern gereicht wurde. Als Vorspeise gab es Langusten und dann eine Auswahl einheimischer Gerichte, Fisch oder mariniertes Steak. Mein Freund, der Senator, empfahl mir das Steak. Ich spülte es mit einer Flasche importiertem französischem Rotwein hinunter. Dann streckte ich mich aus und schlief ein. Die anderen fünf Erste-Klasse-Passagiere dösten ebenfalls auf ihren komfortablen Sitzen. Unsere netten Stewardessen ergriffen die Gelegenheit, um das Silber zu polieren.

Die Stewardeß weckte mich, da wir in Kürze in Santiago landen würden. Nach der Landung stand ich auf und reckte mich. Ich spähte hinter den Vorhang in die Economy-Klasse, wo die Leute bereits standen und darauf warteten, aussteigen zu können. Sie glaubten, die Türen seien noch geschlossen und die Treppe noch nicht eingetroffen. Die Treppe war jedoch installiert, sie mußten nur warten, bis wir, die Passagiere der ersten Klasse, unsere Jacketts angezogen hatten. Während sie hinten geduldig verharrten, half mir meine Stewardeß in meine Jeansjacke und wünschte mir eine angenehme Reise.

Wir befanden uns weit vom Terminal entfernt, deshalb wurden wir, während die anderen Passagiere sich in stickigen Flughafenbussen drängten, in Wagen zum Check-in chauffiert. Ich verabschiedete mich von dem Senator und ging direkt durch den Zoll. Mein Rucksack wartete bei den Lederkoffern der anderen Passagiere der ersten Klasse. Minuten nachdem ich die Maschine verlassen hatte, war ich aus dem Flughafengebäude hinaus. Erster Klasse zu reisen hat durchaus seine Vorzüge.

27
Adiós, Südamerika

Ein moderner Flughafen-Reisebus brachte uns in klimatisiertem Luxus ins Zentrum von Santiago. Zu beiden Seiten der breiten Straßen erstreckten sich teure Vororte, wo die Häuser der Wohlhabenden von hohen Sträuchern und reichverzierten Eisentoren abgeschirmt wurden. Als wir uns dem Zentrum näherten, wurden die Straßen noch breiter und die Gebäude höher. Von allen südamerikanischen Städten, die ich gesehen hatte, war Santiago die modernste. Gebäude aus Glas und Beton umgaben die wenigen echten Plazas. Das Modernste an der Stadt waren jedoch die Leute. In den meisten anderen Großstädten Südamerikas sind die Einwohner Städter der ersten Generation. Sie wurden von den üblichen Träumen von fließendem Wasser, Bildung und Arbeit aus ihrer ländlichen Armut in die Stadt gelockt. Die Leute in Santiago waren erfahrene Städter. Sie waren modisch gekleidet und bewegten sich mit magengeschwürfördernder Geschwindigkeit durch die Straßen. Ihre Füße schienen einen bestimmten Rhythmus zu klopfen: »Arbeit, Arbeit, viel zu tun.«

Der Bus setzte mich im Zentrum ab. Es fanden gerade mehrere Tagungen statt, deshalb hatte ich nur noch ein Zimmer in einem teuren Hotel bekommen. Bei einem Preis von dreißig Dollar pro Nacht konnte ich es mir nicht leisten, lange zu bleiben, also wollte ich so schnell wie möglich meinen Weiterflug organisieren. Ich fragte am

Empfang, ob man nur ein Reisebüro empfehlen könne. Die hübsche junge Empfangsdame bot an, etwas herumzutelefonieren und den günstigsten Flug nach Neuseeland für mich herauszufinden. Ich willigte ein, obwohl mich ihre Hilfsbereitschaft etwas skeptisch machte. Wahrscheinlich hatte sie einen Bruder, der in der Branche tätig war.

Ich ging hinaus, um mich umzutun. Ich mußte etwas Geld wechseln, aber alle offiziellen Wechselstuben waren für den Rest des Tages geschlossen. Es gab keine erkennbaren Geldwechsler auf der Straße, also nahm ich an, der Schwarzmarkt sei illegal. Ich wußte jedoch, wenn ich lange genug herumwanderte, würde ich angesprochen werden. Und tatsächlich fragte eine Stimme: »¿Cambio?«

Ein gepflegter junger Mann lehnte verstohlen an einer Säule und wiederholte: »¿Cambio?«

Ich nickte, und er bedeutete mir, ihm zu folgen. Ich nahm an, wir würden uns ein paar Meter von der Straße entfernen, um unser Geschäft abzuwickeln. Statt dessen führte er mich in ein großes Gebäude, in dem viele kleine Geschäfte untergebracht waren. Er ging energisch an diesen Büros vorbei, und ich hätte ihn beinahe in der Menge verloren. Als er eine einsame Treppe in ein nur schwach beleuchtetes Untergeschoß hinunterstieg, holte ich ihn wieder ein. Ich folgte ihm in ein besonders schummriges Büro, und er bedeutete mir, mich zu setzen. Der Kundenwerber hastete davon und ließ mich etwas beunruhigt in der unterirdischen Pseudobank zurück.

Kundenwerber arbeiten auf Provisionsbasis; sie erhalten einen festen Betrag für jeden Kunden, den sie bringen, unabhängig von der Größenordnung des Geschäfts.

Ein warziger Mann sah hinter seiner Topfpflanze hervor

und beäugte mich mit starrem Blick über einen schäbigen Holzschreibtisch hinweg. »¿*Cuanto?*«

Ich hatte nur Hundert-Dollar-Noten, und da ich annahm, daß ich zwei Tage bleiben würde, beschloß ich, siebzig Dollar zu wechseln. Der Boß nahm meinen Hunderter entgegen und lehnte sich im Stuhl zurück. Er verschob ein Bild an der Wand hinter sich, und ein quadratisches Loch kam zum Vorschein. Durch die geheime Durchreiche sah man ein Paar schwielige, gekrümmte Hände Geldscheine zählen. Meine Banknote wurde nach hinten geschoben, und das Bild schwang wieder an seinen Platz zurück. Ein paar Sekunden saßen wir schweigend da; der leere Blick des Mannes wanderte wieder zu seiner Topfpflanze. Dann klopfte es leise. Er öffnete erneut die Durchreiche, und die verkrüppelte Hand reichte ihm ein paar Geldscheine. Ich sah keine Tür und stellte mir vor, daß es sich um einen mißgebildeten Verwandten handelte, der den Job bekommen hatte, damit er nicht auf der Straße betteln gehen mußte.

Behinderte, welche die Kindheit überleben, werden in Südamerika von ihren Familien oft ausgestoßen, und ohne eine soziale Versorgung bleibt ihnen nichts anderes übrig, als um Almosen zu betteln.

Ich saß noch immer auf meinem Stuhl, zählte die Scheine und prüfte, ob sie Wasserzeichen hatten. Ich war gewarnt worden, daß viele gefälschte chilenische Dollars im Umlauf seien. Außerdem wollte ich gern nochmals hinter das Bild sehen. Es kam jedoch kein neuer Kunde, also ging ich ein Reisebüro suchen.

Ein Kundenwerber begleitete mich zu seinem Geschäft, wo man mir sagte, ein Flug nach Neuseeland koste unglaubliche 1400 Dollar. Im Hotel hatte die Empfangsdame inzwischen ein Spezialangebot für 1360 Dollar ausfindig gemacht, mit Zwischenlandungen auf den Osterinseln und Tahiti. Ich wollte einfach nur noch weg aus Südamerika, also fragte ich sie nach der Adresse des Reisebüros. Sie sagte, die Angestellte werde ins Hotel kommen, um mir die Mühe zu ersparen.

Keine halbe Stunde später stand die Frau in der Eingangshalle. Sie erklärte mir, weshalb es diese Zwischenlandungen gab und weshalb das Ticket so teuer war. Die südamerikanischen Regierungen sind der Meinung, wenn man es sich schon leisten kann, außer Landes zu fliegen, sollte man auch in der Lage sein, die hohen Ausreisesteuern zu bezahlen, die einen Drittel des Preises ausmachten.

Ich konnte erst in drei Tagen fliegen, aber ich beschloß, den Flug provisorisch buchen zu lassen. Die Frau versicherte nur, sie würde dies augenblicklich erledigen. Sie gab mir ihre Karte und versprach, sich am folgenden Tag mit mir in Verbindung zu setzen.

Da ich mich mittlerweile in vollkommener Harmonie mit der allgegenwärtigen Korruption bewegte, hatte ich nicht vor, mein Geld aus der Hand zu geben, bevor ich die Frau überprüft hatte. Eine Stunde später rief ich am Flughafen an und erfuhr, daß soeben eine Reservierung in meinem Namen vorgenommen worden war. Ich war Südamerikanern gegenüber jedoch so mißtrauisch geworden – vor allem wenn sie so hilfsbereit waren –, daß ich damit noch nicht zufrieden war. Schließlich konnte es meiner Erfahrung nach sehr wohl sein, daß die Frau eine Kollegin am Flughafen hatte. Nach dem Anruf ging ich zu der Adresse auf ihrer Karte. Zu meiner Überraschung handelte es sich um ein ganz gewöhnliches Reisebüro.

Ich kehrte ins Hotel zurück. So langsam hatte ich die Nase voll vom Verfolgungswahn. Ich wollte mich entspannen,

Englisch sprechen. Ich hatte die Nase voll von Südamerika. Ich hatte gehofft, meinen einundzwanzigsten Geburtstag bei meinem Onkel in Neuseeland zu feiern, und jetzt würde ich drei Tage auf den Abflug warten müssen.

Am nächsten Tag brachte mir die Frau aus dem Reisebüro die Tickets, und ich gab ihr das Bargeld. An jenem Tag wurde ich einundzwanzig, und ich verbrachte ihn allein in einem Hotel in Santiago. Ich erzählte der hübschen Empfangsdame, daß ich Geburtstag hatte. Sie kam hinter dem Tresen hervor und gab mir einen dicken Kuß. Als der Optimist, der ich bin, dachte ich: Großartig, heute abend werde ich keine Wärmeflasche brauchen! Aber als meine Hand auf ihr Gesäß glitt, realisierte ich, weshalb ich alles so satt hatte. Es war nicht, weil ich an meinem Geburtstag allein war, und es lag auch nicht an Südamerika. Ich vermißte Anita – ihr Lächeln, ihre Berührung, ihr heftiges Temperament.

Oh, nein! Es war ein Fall des gefürchteten Unaussprechlichen, das mit »Ich« beginnt und sich auf »Diebe« reimt.

Früher hatte ich immer gedacht, eine Beziehung bestehe aus der Zeit, die es dauere, sich körperlich kennenzulernen. Aber nein, diesmal hatte ich möglicherweise eine echte Beziehung. Eine, bei der ich nicht nur zum Frühstück, sondern auch zum Mittagessen bleiben wollte. Vielleicht hieß das, daß ich jetzt erwachsen war. Ich hoffte nicht. Ich betrachtete mich noch als viel zu jung, um ausgiebig übers Wetter zu reden. Vor all dem war ich in England weggelaufen, aber es hatte mich in Gestalt einer Frau eingeholt – zugegeben, einer sehr schönen Frau. Es schmerzte, mir ihr Bild vor Augen zu rufen. Ich würde sie nie wiedersehen.

Ich versuchte, mich davon zu überzeugen, daß ein paar gute, hausgemachte Mahlzeiten in Neuseeland diesem Eine-Frau-Unsinn ein Ende bereiten würden. Ich mußte wieder in den Rhythmus meines vollkommen oberflächlichen Lebensstils zurückfinden. Ich mußte mir Anita aus dem Kopf schlagen. *Ich werde sie nie wiedersehen,* wiederholte ich in Gedanken immer wieder und versuchte, alle Erinnerungen zu verdrängen. Ich drückte das Gesäß der Empfangsdame. Die Berührung ließ meine brütende Melancholie jedoch kalt.

Ich kehrte in mein Zimmer zurück und rief meine Familie in England auf deren Rechnung an. Ich weigerte mich aufzuhängen, bis ich mit allen gesprochen hatte. Meine Schwester sagte, ich solle nicht zu bald zurückkommen, sie habe mein Zimmer neu tapeziert und sei dort eingezogen. Bezeichnenderweise machte sich meine Mutter Sorgen um mich. Vielleicht hätte ich einmal schreiben sollen. Aber seit meiner letzten Postkarte waren erst drei Monate vergangen. Sie sagte, ihr sei jetzt wohler, da sie wisse, auf welchem Kontinent ich mich befinde. Genügte es ihr denn nicht zu wissen, daß ich auf der Südhalbkugel war? Sie wünschten mir alles Gute zu meinem einundzwanzigsten Geburtstag. Ich sagte, ich amüsierte mich prächtig.

Was war das? Beinahe fühlte es sich an wie eine Träne. *Reiß dich zusammen, du Schwächling!*

Ich legte mich auf mein einsames Doppelbett in meinem einsamen Hotelzimmer und schrieb das erste Kapitel dieses Buches.

Am nächsten Morgen früh nahm ich fest entschlossen ein Taxi zum Flughafen. Vielleicht freute ich mich über die Aussicht, wieder unterwegs zu sein, vermutlich war die Aufregung in meinem Bauch jedoch einfach unterdrückte Panik. Ich fühlte mich, als ob ich verzweifelt versuchte, langsam zu gehen, während sich schwarze Gewitterwolken über mir zusammenzogen. All die außerordentlich starken Gefühle, die Südamerika in mir hervorgerufen hatte, drückten mich zu Boden wie ein wilder schwarzer Bär. Ich sehnte mich danach, im Flugzeug zu sitzen.

Als ich mich zum Einchecken anstellte, versuchte eine Frau mittleren Alters, Konversation mit mir zu machen. Ich hatte genug von der ständigen Aufmerksamkeit, die mir als Gringo zuteil wurde. Alle wollen sich in deine Angelegenheiten einmischen. Ich tat so, als ob ich ihr Spanisch nicht verstünde. Das schien ihr egal zu sein, sie plapperte weiter, über ihren Sohn und daß sie ihn zum erstenmal besuche. Sie erzählte mir, welche Geschenke sie gekauft hatte und was er mochte und was nicht. Die nächsten zwanzig Minuten schwatzte sie unaufhörlich, bis wir beinahe zuvorderst in der Schlange angelangt waren. Dann begann sie, mir zu erzählen, daß sie noch nie geflogen und sehr aufgeregt sei.

Während der letzten zwanzig Minuten hatte ich kein Wort gesagt. Sie fand, die Gepäckbeschränkungen seien unfair, vielleicht könne sie gar nicht alle Geschenke mitnehmen, die sie für ihren Sohn gekauft habe.

Da ich nur ein Gepäckstück hatte, fragte sie, ob ich nicht eins von ihren nehmen könne. Ich tat so, als ob ich sie nicht verstünde. Ich wandte mich ab, stellte meinen Rucksack auf die Waage und suchte mein Ticket hervor. Als der Mann von der Fluggesellschaft das Ticket nahm, deutete er auf das Gepäck: »Ist das Ihre Schachtel?«

Verwirrt sah ich hinunter. Die Frau hatte eine Schachtel zu meinem Rucksack auf die Waage gelegt. Ich murmelte, das sei nicht meine Schachtel. Er hatte gesehen, wie die Frau sie heimlich auf die Waage gelegt hatte.

»Sie können kein Gepäck von anderen Leuten mitnehmen.«

Darauf schnappte sich die Frau die Schachtel und verschwand in der Menge. Wie ich so dastand, packte mich plötzlich das kalte Grausen. Es konnte keinen Zweifel geben: In der Schachtel war Kokain gewesen, sonst wäre die Frau nicht so verdächtig schnell verschwunden.

Nach all der Zeit in Südamerika wäre ich im letzten Moment beinahe doch noch in die Falle gegangen. Wenn der Mann vom Check-in nicht so scharfe Augen gehabt hätte, wären zwei Kilogramm Kokain mit meinem Namensschild daran an Bord gegangen. Es hatte ganz den Anschein, als ob ich soeben dem ersten ehrlichen südamerikanischen Beamten begegnet sei. Ich hätte heulen können vor Dankbarkeit.

Ich ging in die Abflughalle und setzte mich so weit weg von allen wie nur möglich. In meiner letzten Stunde in Südamerika sprach ich mit niemandem mehr.

Hier war ich mit Drogen betäubt, ausgehungert, hereingelegt, herausgefordert, erregt und geliebt worden, und ich hatte überlebt – wenn auch nur knapp. Ich bestieg die Maschine zu den Osterinseln, nach Tahiti und Neuseeland. Mir wurde allmählich klar, daß es »drüben« auch keine Antworten geben würde. Früher oder später mußte ich nach England zurückkehren, um mich der Zukunft zu stellen. Aber noch nicht gleich. Zuerst mußte ich noch schön braun werden.

Hinweis an die Leser

Der Amboro-Nationalpark ist inzwischen finanziell abgesichert und auf 6 500 Quadratkilometer vergrößert worden. Daran angrenzend ist die Einrichtung eines weiteren Parks von ähnlicher Größe geplant, der »Huirkicocha«, kleiner Kasserollensee, heißen wird.

Guy arbeitet an einer landesweiten Erhebung über das Vorkommen der Hornhokkos für die Welt-Truthahn-Organisation. Die Ornithologen interessieren sich besonders für die Hornhokkos, weil sie als Indikatoren für die Bewahrung eines Gebiets in seinem ursprünglichen Zustand gelten dürfen. Da diese Vögel keine menschliche Störung dulden, geben ihre Aufenthaltsorte Aufschluß darüber, wie erfolgreich Schutzmaßnahmen sind. Mit der Erfassung ihrer Verbreitung in ganz Bolivien hofft man, Gebiete zu evaluieren, deren Schutz erste Priorität zukommen soll.

Guy hatte schließlich doch noch ein Nest eines Hornhokkos mit einem einzigen weißen Ei darin gefunden. Von da an blieben die Hornhokkos im Amboro-Nationalpark jedoch ihrer friedlichen Abgeschiedenheit überlassen.

Meine Wassereidechsen wurden »konserviert« und an die Universität von Philadelphia gesandt. Sie sind noch immer nicht bestimmt worden. Zur Zeit halte ich Vorstellungsgespräche mit jungen Frauen ab, die möchten, daß die Eidechse nach ihnen benannt wird. Eine gewisse Neigung zum Kinderkriegen ist die wichtigste Voraussetzung.

Valerie ist in London und versucht, die Mittel für einen Film über Naturschutz aufzutreiben. Er soll zeigen, wie das Geld verwendet wird, das der Mann von der Straße gespendet hat.

Robin arbeitet noch immer Tag und Nacht daran, den Urwald zu retten. Er hat mehr für den Naturschutz getan als irgend jemand sonst, den ich kenne. Ich fühle mich geehrt, einen kleinen Beitrag zu seiner Arbeit geleistet zu haben.

Anita geht es gut. Ich hoffe, sie ist unterdessen verheiratet.

Ich habe meinen Namen geändert, trage einen falschen Bart und studiere Europäische Wirtschaftswissenschaften in Turin.

Januar 1992   *Oliver Greenfield*

MÄNNER • LEBEN • ABENTEUER

Band Nr. 61913

Zu Fuß durch fast undurchdringlichen Dschungel und über hohe Berge zu den Papua-Stämmen Neuguineas.

Band Nr. 61914

Die abenteuerliche Reise des Kochs, seiner Frau und ihrer 3 Töchter mit dem Zug von China nach Irland und zurück.

Band Nr. 61915

Per Anhalter, zu Fuß, mit dem Wasserflugzeug und im Boot durch das Land der Dene, der letzten freien Indianer Nordamerikas.

Band Nr. 61916

Eine Expedition durch die berüchtigte Wüste Takla Makan - ein Abenteuer, das bisher noch keinem Menschen gelungen ist.

Band 61919

William Lindesay

**Im Schatten
der chinesischen
Mauer**

William Lindesay hat einen Traum: Er möchte China entlang der
Großen Mauer zu Fuß durchqueren. Voller Begeisterung
beginnt er seine abenteuerliche Tour, auf der er nicht nur die
Gastfreundschaft der Einheimischen, sondern auch seine große
Liebe Wu Qi kennenlernt...
Doch William Lindesay findet unterwegs nicht nur Freunde:
Immer wieder betritt er verbotene Geblete, Sperrzonen, in
denen er von der staatlichen Sicherheitspolizel aufgegriffen und
am Weitergehen gehindert wird. Am meisten fürchtet der junge
Engländer allerdings, des Landes verwiesen zu werden, denn
dann würde er Wu Qi nie wiedersehen.
Aber weder die bürokratischen Hindernisse noch die fast
unmenschlichen Klimaschwankungen, weder mentale und kör-
perliche Schwächen noch die ungenauen Karten können den
begeisterten Geologen von der Verwirklichung seines großen
Traums abhalten: Zwei Jahre und 2.500 Kilometer nach seinem
Start erblickt er den Kopf des steinernen Drachen, das Gelbe
Meer – und er wird bereits sehnsüchtig erwartet ...

**BASTEI
LÜBBE**